推荐序
新时代召唤着优秀企业家

在市场经济背景下,企业家精神是个永恒的话题。中外学者对企业家精神尚未形成统一的定义和一致的表述,这也是比较容易理解的。因为对一个既定的市场或社会来说,不同时代、不同发展阶段对企业家的要求以及对企业家精神强调的侧重点是不同的,影响企业家发挥作用的外界条件也是不同的。这说明企业家不仅仅具有经济属性,更具有社会属性。企业家精神中的各种优秀品质是在价值创造过程中体现出来的,这一过程又融入人民大众及全社会实践大潮之中而体现为时代的内涵和主题,进而推动社会进步。正因企业家融入了时代,顺应了时代潮流,企业家精神才能在社会实践中放射出耀眼的光芒。

改革开放 40 年，中国发生了翻天覆地的变化。其中，企业家的贡献和企业家精神所发挥的作用不可磨灭。40 年后的今天，企业家精神又成为当下中国的一个热点话题。中国已经把企业家和企业家精神上升到党和国家的最高层面，成为党和国家之大事。十八大以来，习近平主席在不同场合多次强调企业家和企业家精神的重要性。习主席明确指出："我们全面深化改革，就要激发市场蕴藏的活力。市场活力来自于人，特别是来自于企业家，来自于企业家精神。"李克强总理多次在国务院会议上就改善企业家营商环境、弘扬优秀企业家精神、更好发挥企业家作用进行部署和安排。2017 年 9 月 25 日中共中央、国务院联合发文，就营造企业家健康成长环境、弘扬优秀企业家精神、更好发挥企业家作用以文件形式下达到全党和各级政府，这在我们党和国家的历史上还是第一次。具有划时代意义的党的十九大又在文件中再次明确企业家的地位和企业家精神的重要性。由此可见，企业家和企业家精神对当今中国社会的重要性不言而喻。在这样的大背景下，黄文锋教授的《企业家精神——商业与社会变革的核能》一书出版，正当其时。作者从企业家精神本质、传统文化如何孕育企业家精神等多个不同角度进行探讨，无疑会加深对企业家精神的理解，助力企业家精神的弘扬。黄文锋教授约我为此书写序，虽感力所不胜，又觉推之不恭。好在我也从事过多年的企业管理工作，借此机会，谈一点我对企业家和企业家精神的理解和体会，希望能够抛砖引玉，激起大家更深入的讨论和思考。

一

什么样的企业家是优秀的企业家？在不同的时代、不同的国家以及不同的历史发展阶段，对优秀企业家的定义和衡量标准有所不同。中国已经进入了建设富强民主文明和谐美丽的社会主义现代化强国的新时代。首先，处在这个时代的优秀企业家要有使命感和责任感。这个使命感体现为积极拥抱这个时代，融入这个时代，牢牢把握时代主题，积极投身到时代潮流中，成为时代的弄潮儿。不要等待观望，更不要指责抱怨。社会主义是干出来的，优秀企业家是在市场上拼杀出来的。这个责任感体现为对国家、对社会、对人民大众有更大的担当。特别是先富起来的企业家，要承担起先富带动后富的责任，要更多地承担起共同富裕的责任。其次，优秀企业家要成为新发展理念的实践者、推动者和引领者。在新时代，依法合规经营已经成为企业的最低标准。绿色低碳既是企业可持续发展的重要条件，也成为企业家的一项道德标准。最后，创新是企业家精神的内核，也是优秀企业家的核心竞争力之一。用创新驱动来引领发展将会成为优秀企业家的基本功和工作常态。随着技术创新和技术迭代的时间不断加快，企业将发生两个重要变化：一是企业经营管理模式和组织结构的稳定期将大大缩短；二是未来更多的企业家将来自以技术创新见长的创业者。

概括地讲，新时代的优秀企业家应该具备大视野、大情怀、大格局、大担当等企业家素质。大视野就是要有国际视野。这个大视野会帮助我们预判未来国际国内政治经济走势，帮助我们分析判断未来技术发展方向和行业发展趋势，为企业的技术创新提供直觉和感性认知。企业家对于未来世界变化的方向、速度和力度有多少感知，其企业未来的发展能力和风险防范能力就有多强。企业家精神的核心是创新，而这种创新的基础来自企业家对未来世界的感知。眼界决定境界，企业家的视野有多远，他的企业就能走多远。在数字经济、智能制造快速发展的互联网时代，共有共享共赢已经成为企业家精神的新内涵。企业家视野的不断与时俱进是优秀企业家创新、创造的前提。

有多大的情怀，就有多大的舞台。从一定意义上讲，企业家是通过帮助别人成功实现自身成功的。你能帮助多少人成功，你的成功就有多大。这就是中国传统文化提倡的自觉觉他、自立立他精神，当然应该成为中国优秀企业家的精神内涵。企业家只为自己的企业着想，他的企业无论怎么发展也无法实现对自身的超越。当代中国优秀企业家的大情怀应该体现在：一是把国家、社会和全体人民大众视为其利益共同体和服务对象，把发展维护好企业自身利益与发展维护好国家利益、社会利益和人民大众的利益相协调、相统一，并视为己任。如果做到这一点，则国家、社会和人民大众的能量都会反过来助其成功。企业家要通过自我超越，实现对企业自身的超越而与全社会人民大众的利益融为一体。这样的企业不仅能做得大，更能行得远。习近平主席说，人民对美好生活的向往，就是我们的奋斗方向。这是习近平主席对人民的情怀，代表执政党对人民的承诺。对于肩负重大社会责任的企业家来说，不也应该如此吗？

有大情怀，就要体现大格局。企业家有大情怀必有大气度。自古以来我国就不乏以天下为公的仁人志士。宋代大学者张载提出"为天地立心，为生民立命，为往圣继绝学，为万世开太平"，这是中国古人的大格局。今天，习近平主席提出"构建人类命运共同体"并提升为国家战略，这是当代中国的大情怀、大格局。中国正在成为世界舞台的重要舞者，世界也越来越需要共商共建共享。在全球经济一体化的大潮中，"一带一路"将成为构建人类命运共同体的主旋律，成为全球经济一体化这个大潮中的一支主流。中国优秀企业家不仅要积极参加这场国际大合唱，还要勇于担当主角，成为构建人类命运共同体的积极践行者和推动者。

践行大格局要有大担当。唯有担当，方成其业。可喜的是，近年来我们看到越来越多的中国优秀企业和企业家承担起越来越多的社会责任。全社会都应该为他们的担当鼓掌、鼓劲。其实，在当代中国，无论是国有企业还是民营企业，都肩负着经济责任、社会责任和政治责任。无论你是否认识到，也无论你自觉与否，这三大责任对任何企业都是客观存在的。有人会疑惑：为什么民营企业要肩负政治责任？这就要弄明白什么是政治。首先，中国特色社会主义基本经济制度是公有制为主体多种所有制经济共同发展。因此，中国的民营企业是中国特色社会主义制度的产物，是中国特色社会主义制度的有机组成部分，带有天然的政治基因。其次，在当代中国，最大的政治是民生，凡涉民生皆政治。更不要说那些涉及国家经济安全、国防安全、网络安全、生态安全等领域的企业，怎能不涉及政治？最后，任何企业要做优做强做大，都要做大市场。在中国，自觉融入并服务于国家发展战略就是做大市场的最可靠保证。凡有一定规模、有一定市场占比的中国企业，几乎没有不涉及国计民生、不涉及国家发展战略的。在中国的国情下，任何企业都不可能完全不涉及政治，都不能完全摆脱政治责任。不仅中国是这样，放眼世界，各个国家在这方面大同小异，只是表现方式不同而已。凡涉民生皆政治，凡涉法律皆政治，凡涉社会利益皆政治，凡涉生态环境、绿色低碳皆政治。

二

弘扬企业家精神，需要企业家自身和政府两个方面共同发力。比较而言，政府营造企业家健康成长的环境显得更为重要、更为急迫。前面提到，企业家精神是当下中国热度很高的话题。凡是成为国家级热门话题的，往往是既具有全局重要性但又远没有解决好的。尽管党中央、国务院已经有了明确的规定和要求，如何让中央精神落地、可行和见效，既是企业家翘首以盼的，又是他们心有疑虑的。经验告诉我们，要把中央精神变成可执行政策和可操作制度及措施不知还要经过多少部门扯多少皮，还要等待多长时间。这就是为什么多年来基层社会、人民群众和企业家往往会出现从兴奋到淡漠再到失望的体验怪圈。支持民营企业参与市场平等竞争是中央的既定方针，国务院多次发文予以明确。然而多年过去了，"弹簧门""玻璃门"问题仍未彻底解决。因此，让中央精神落地见效才是各级政府、主管部门是否与以习近平同志为核心的党中央保持一致的最终检验标准。当下，在营造企业家健康成长环境、弘扬优秀企业家精神、更好发挥企业家作用三个方面，解决好前两项显得更为紧迫和重要，是当务之急。

第一是让企业家有安全感。这既包括财产安全，也包括人身安全。在这方面政府要营造严格依法治国的环境，特别是公正执法的环境。近年来一些民营企业的资产被他人非法占有或被国家非法没收的情况时有发生，而没有及时得到纠正。远的有薄熙来"打黑"中涉及的非法没收企业家的财产，近的有媒体刚刚报道的亚布力事件。有的则更导致企业家的人身安全问题。企业家处在没有安全感的环境下，弘扬企业家精神从何谈起？真的希望各级政府和相关部门能够尽快把中央精神落地，让中央精神可执行能见效；尽快纠正已发生的错误，用实际行动营造出企业家只要依法合规经营，其财产和人身安全就会得到法律有效保护的宽松创新创业环境。这不仅会激发和弘扬企业家的创新精神，更会推动国家的经济发展和社会进步。

第二是让企业家对未来可预期。这需要在两个方面做出改进：一是让企业家对经营的法律环境和社会环境可预期；二是各级政府注重政策的长远目标导向。这对企业家预期未来是极其重要的。各级政府政策的短期导向会导致企业对未来预期的不确定性增加，是企业家不敢对未来进行投入的一个重要原因。

改革开放40年的经验证明，中国不乏企业家精神。也正是这种深度融入中国特色社会主义制度的企业家精神，创造了中国的经济神话。中国步入了新时代，要求优秀的中国企业家跟上时代步伐，与时俱进，也要求政府为企业家创新创业营造更加安全宽松的经营环境。如此，中国的经济奇迹就还会延续。相信建设富强民主文明和谐美丽的社会主义现代化强国，实现中华民族伟大复兴中国梦一定能实现。

黄文锋教授的《企业家精神——商业与社会变革的核能》一书，针对当前我国经济与社会发展过程中的突出问题，提出了许多有启发意义的见解。总体上说，此书对于如何提升企业创新能力、激发全社会的企业家精神、加速经济与社会的转型升级都具有意义。殷切希望也相信中国会涌现出一批又一批优秀企业家，涌现出具有世界影响力的伟大企业家，发展中国，贡献世界。

不揣浅陋，特作此文，是为序。

傅成玉
政协第十二届全国委员会常务委员
中国石油化工集团原董事长

在民族复兴的伟大实践中塑造新时代的企业家精神

"当年我打起腰鼓诉说心愿,纯朴的人们翘首企盼,心灵在播种着富强的梦幻,翻身的土地争奇斗艳……"

当年我们唱着奋斗的歌,当年我们怀着富强的梦。一眨眼,我们迎来了伟大的改革开放四十年。四十年,在人类历史长河中不过一瞬间。对于中华民族来说,这一瞬间,浓缩着五千年智慧的精华,闪耀着五千年文明的光芒,承载着五千年梦想的荣光。

四十年前,党中央号召全国人民向企业家学习,四十年后的今天,党中央发布了《中共中央 国务院关于营造企业家健康成长环境弘扬优秀企业家精神更好发挥企业家作用的意见》（以下简称《意见》），从制度上保护企业家精神，从机制上激发企业家精神，从文化上塑造企业家精神。这一切都是为了更好地出发，为了两个美好的"一百年"。

中华民族的历史，就是一部自强不息的历史，就是一部励精图治的历史。在今天继续出发的征途上，我们必须深刻认识作为经济增长的发动机，作为关键的少数——企业家及企业家精神的深刻意义，为继续深化改革提供新的动力源泉和思想启迪。

企业家是一群什么样的人呢？他们是异于常人的一类人。他们有梦想，有激情，他们的行为、想法、决策模式都处于混沌和测不准状态。他们不遵守现有的、既定的路线，他们胆大包天，他们异想天开，他们痴人说梦，他们偏执，他们决绝，他们咬定青山不放松等，这些都是一种精神、一种信念，都源自生命源头的爆发力，又与人类社会的实践相互作用，从而推动社会的进步。

一个现代化强国，必须有一个有信仰、有担当、以富民强国为己任的现代企业家群体。一个走向伟大复兴的民族，必须有一支有世界眼光、以实现天下大同为己任的企业家队伍。

历史赋予了中国企业家光荣的使命，时代给予了中国企业家伟大的机会！

在党的十九大报告中习近平总书记提出，中国特色社会主义进入新时代，意味着近代以来久经磨难的中华民族迎来了从站起来、富起来到强起来的伟大飞跃。本书以独特的视角，从不同的层面探讨如何塑造新时代的企业家精神，力争为这个新时代贡献自己的力量。

从企业家生命的本源追溯企业家精神的本质

什么是企业家精神？大家耳熟能详的是熊彼特提出的破坏性创新精神，德鲁克的诚信、合作等7个要素的企业家精神，以及《意见》所概括的36字的企业家精神，这些无疑都是企业家精神的典型特征。

要深刻领会企业家精神的本质，也就是说，要知道企业家精神是怎么来的，就必须追寻这种精神的源头，必须回到企业家的生命特征中去找寻。

我认为，企业家精神源于生命本源中的不安分、喜欢折腾的拼搏精神，在人类社会实践中表现为不甘平庸、视事业为生命的特征。具有这种精神的人，总是追求突破限制，表现出一种永不满足、永无止境的精神状态。

从企业家生命的本源我们看清了企业家精神的本质。按照这样的逻辑，怎样才能激励企业家的创新精神？

"他所需要的并不是特别的激励，只是保证能够追逐他所觉察的机会。"纽约大学经济学教授柯茨纳说。

由此，当我们追溯企业家精神的本质时，就可以对当前争吵不休的产业政策产生新的理解：

企业家精神不能通过扶持而获得，它根植于一部分人的生命之中。企业家精神需要呵护，不能压抑和扭曲。从人的自性角度看，就是给企业家以选择的自由，让他们能够以此为乐、心无旁骛地追求创新。从社会的角度看，就是让他们的创新和破坏性创新活动得以为继，不被各种急功近利的行为淹没、挤压和诱惑。

让有信仰的企业家获得成功是弘扬企业家精神的最佳路径

改革开放以来，不少人为了利益不择手段，对利润的追求贪得无厌。一种普遍的观点认为，这些是与我们的文化缺乏信仰分不开的。

什么是信仰？按照鲁迅的观点，信仰是对纯物质之生活的不满，是一种力图超越"有限相对之现世"，向"无限绝对之至上"升腾的"形上之需求"，它所表现的是一个民族的向上之心。

信仰的本质是信，它起源于敬畏，并由敬畏建立深层次的精神内涵。

我们要注意的一点是，不要提到信仰，就认为一定与宗教挂钩。著名神学家巴特说，信仰并非只和一种特殊的范围——宗教有关，它和实际生活的全部有关。

改革开放以来，总体上说，企业家群体中信仰是比较缺乏的。但并不能认为是我们的文化缺乏信仰的缘故。

对照信仰的内涵我们发现，有着五千年历史传承的中华文化，完全具有信仰的全部意义。

传统文化的天人合一、厚德载物、自强不息以及人文关怀等精神，既体现了我们民族的敬畏意识，又体现了永远的向上之心。

还有一种观点认为，中华文化是个多源头的体系，没有信仰。新教伦理则只有上帝这样一个源头，所以有信仰，从而催生了资本主义精神。

我认为这是个天大的误区。

试想，如果我们的文化没有信仰、没有信仰的力量，怎么可能穿越几千年的风霜岁月，到今天仍然激发出雷霆万钧般的力量？怎么可能经历几千年封建专制的阉割、污染、扭曲，仍能够冲破历史的迷雾，焕发出新的生命力？

这种无比强大的能量不是信仰的力量，又是什么？

传统文化的信仰是怎么形成的？我们认为，来自多个文化源头的跨界而形成的超链接。

超链接是本书研究企业家如何诞生的问题时提出的一个概念。所谓超链接，是指融进了灵魂里、刻进了骨子里、化进了血液里的链接。而且我们认为，通过跨界容易建立超链接。某一个观念、思想，只是从一个领域去理解可能就不牢固，当我们从不同的学科、不同的角度、不同的领域去理解，也就是说跨界时，这一思想可能就会扎根我们的灵魂。

传统文化是由儒、释、道多个文化源头相互交融、相互碰撞、相互包容而形成的博大精深的文化体系。正是由于多个源头的文化相互跨界，由此而形成的超链接变成我们民族的信仰。如果仅仅是新教伦理这样单一的文化体系，那可能就不会经得住历史的各种考验，就可能不会有这样磅礴的气势和日夜喧嚣的力量，就不会形成生生不息的文化河流。

新教伦理催生了资本主义精神。但是今天我们看到，西方的享乐主义使这种伦理的动能不断衰减，影响式微，这会不会是由于文化源头的单一？

可能有人会说，既然传统文化是一种信仰，为什么市场上充斥着没有底线的行为？企业家作为一个群体，为什么有信仰的比较少，投机钻营的反而比较普遍？

这一设问恰恰为我们未来的制度改革指明了方向：让那些有信仰的企业得到更好的发展。设计各种激励制度，使有信仰的企业、有美德的企业可以获得成功，那么更多的企业家就会去实践这种信仰和美德。信仰使企业成功，美德使企业更好地生存，这样具有信仰的企业就能够获取更多的利润。当信仰成为获利之源时，企业家就会追求这种精神和信仰，自由市场竞争的范围和内涵就会不断延伸。

因此，当市场上诚信缺失，当社会发展陷入单纯追求物质的境地时，不要误认为我们的文化没有信仰而焦虑和自卑。我们要从制度中寻找改革的路径，要反省的是如何让有信仰的企业得到更好的回报，这才是我们应该努力的方向。

从制度上确立一个信仰激励体系是提升企业家精神层次的重中之重，也是市场经济健康发展的必由之路。

塑造植根于传统文化的企业家精神，建构新的商业文明

为什么我们四十年走过了人家两百多年的道路？

一个社会主义国家如何把市场的作用发挥到极致，创造出震惊世界的新经济奇迹？是改革开放极大地释放了蕴藏在中国人民心中的巨大能量，使中国人民的奋斗精神和拼搏精神得到极大的发挥。

四十年的辉煌成就，要做近距离的考察，更要放在五千年的文明河流里去思考。

这短短四十年所迸发出的激情、干劲、创新智慧、改革勇气，一定是源于五千年文化的潜能被激活了。传统文化是一座沉睡的火山，改革开放点燃了这座暗流汹涌的火山。而这座火山的喷发，突出的表现就是企业家精神被激活。

企业家精神被激活，是改革开放最大的成就，也是改革开放最大的生产力、最大的红利。

这次《意见》特别强调对企业家的产权等权益的保护，这是非常必要的。但是，仅有保护还不够。一些市场经济成熟的国家产权边界很清晰，法律保护也健全。但是它们的经济没有活力，甚至在衰退。原因何在？因为滋养企业家精神的文化在衰落。

每个民族的企业家精神是在自己民族的文化中孕育的，文化是企业家精神的源头活水。

在世界各民族的文化体系中，唯有中华文化最深刻、最全面地蕴涵着丰富的企业家精神。在互联网时代，传统文化的力量更加凸显。

互联网技术发源于西方，但蓬勃发展却在中国，尤其是以高铁、网购、移动支付和共享单车为代表的新四大发明，更显示出中国人民强大的创造力。

传统文化的整体观和互联网时代的整体观高度契合。天下为公、天人合一、共有均平、海纳百川、矜而不争、群而不党、天下大同等，都是互联网时代开放、包容、共享、协同思想的文化源头，这也是互联网在中国蓬勃发展的重要原因之一。

现在，周边国家都在全面复制"中国模式"：越南等亚洲国家和俄罗斯先后引进中国高铁技术，印度版支付宝、泰国版淘宝、美欧版共享单车等都是中国向世界输出的技术和模式。

在汉唐盛世千余年之后，中国又回到世界的中心，回到了东西方文明融合汇通的坐标点。

两百多年前工业革命以新教伦理为价值导向孕育出的西方商业文明，向全世界输出西方的商业伦理、管理范式以及经营哲学。

我们要真正回到世界文明的中心，就必须具有世界意义的新商业文明。

新商业文明应该是有文化信仰、充满人文精神、以人类命运共同体为坐标、开放包容的新文明。

习近平主席说，将按照时代的新进步，推动中华文明创造性转化和创新性发展。这种创造性转化和创新性发展就是进一步激活企业家精神，从而建立新时代的商业文明。

实现中华文明创造性转化，就是使中国的企业家精神，具备五千年文化源头上的那种境界、气质、胸怀和信仰。中华民族的伟大复兴需要这种精神，需要把传统文化的精神气质，融入到企业家创新的实践中去，融入到新商业文明的建设过程中去。

回望历史，中华民族曾经几次站在世界文明之巅，万邦来贺，意气风发。那是文化的盛世，那是文明的盛世。今天包括企业家在内的全体中国人民，又面临千年一遇的历史机遇。作为市场经济的主力军，作为新商业文明的创造者，企业家站在历史和未来的交汇点上，站在建设现代化强国的起跑线上，站在东西方文化互联互通的场景中。企业家要不断提升自己的精神境界，升华自己的道德信仰，自觉做市场经济的排头兵、领头羊。在此基础上构建的商业文明，才能承担起民族复兴的历史使命，才是具有中国智慧的新商业文明，才能给世界提供中国方案。

深刻认识企业家精神，让创新成为经济发展的第一驱动力

企业家精神就是永无止境的创新精神。一个人具有了企业家精神，就会永不满足，永远进取，人生充实和有意义。一个企业具有了企业家精神，就会永不懈怠，永不骄傲自满，在竞争残酷的市场上存活下来。一个民族具有了企业家精神，就会一直锐意进取，励精图治，充满希望而不会衰落。

相反，一个国家的经济停滞和失败，不是由于自然条件的贫乏，根本原因是企业家精神的缺乏和窒息；一个国家经过高速发展后陷入经济衰退，同样是因为促进经济增长和企业家创新的制度变革滞后，阻碍了企业家精神的发挥。

同样道理，社会经济发展过程中的不平衡、不充分，人口、资源、环境的压力等，归根到底都需要靠创新来化解，也就是要靠企业家精神来化解。经济与社会的转型升级更离不开企业家精神。企业家精神是社会经济转型升级的引爆点。

深刻认识企业家精神，就是希望找到能够破解企业家精神面临的各种瓶颈和困境的方法，深刻理解企业家精神和市场经济的真正含义，使全社会形成对市场和法治的信仰和敬畏。

深刻认识企业家精神，自觉把创新作为经济发展的第一驱动力，这样就不会为增长速度是6.9%还是7%烦琐论证，争吵不休。我们应该把目光放在经济增长是否建立在企业家精神主导的基础上。否则，经济发展速度越快，隐患就越大，因为靠外在的货币超发、投资拉动，没有内在的创新品质，这样的经济是不可持续的。

深刻认识企业家精神，就会使全社会认识到企业家对社会发展的重要性，从制度和法律上保护企业家进行创造的积极性，让企业家告别恐惧症、抑郁症、分裂症和强迫症，使企业家获得真正的自信，避免"五假副部"卢恩光式的自卑，使企业家获得新时代商业领袖应有的气质和风范。

…………

这本书是为改革开放四十年而著的，这首歌是为改革开放四十年而唱的。

四十年，中国人民虽有坎坷，也有挫折，但总是自信；虽有艰辛，也有苦涩，但从不放弃。这个民族有压不垮的脊梁，这个民族有浇不灭的梦想。

四十年的奋斗历史告诉我们一个真理：把企业家当英雄的民族，就一定会兴旺；四十年的辉煌成就告诉我们一个真理：企业家能够走多远，这个民族就能走多远，企业家的命运就是这个民族的命运；四十年的艰辛历程告诉我们一个真理：中华民族是最具企业家精神的民族，历尽坎坷终不悔，受尽磨难永不弃。正是这种精神，使我们的民族像涅槃的凤凰，在各种考验面前总能浴火重生，迎风飞舞。

四十年，又是新的起点；四十年，又是改革的元年。企业家精神一定会在中华民族伟大复兴的征途中，在"一带一路"建设中，焕发出新的力量。

当我逡巡在历史的长河中，当我徜徉在时光的隧道里，我仿佛看见中华民族光辉灿烂的未来，我仿佛看见天下大同的美好愿景，我仿佛听见一首美妙的歌：

"愿烟火人间安得太平美满，我真的还想再活五百年……"

第一篇　企业家精神的源头与特质

第一章
企业家形象的透视

企业家既是魔鬼又是天使 / 003

企业家是哲学家 / 009

企业家都强势 / 028

企业家具有英雄的基因 / 034

企业家是不破不立的人 / 038

企业家是孤独的决策者 / 049

企业家思维的奥秘 / 053

第二章
企业家精神来源于何处

企业家是如何诞生的：三个认知维度 / 061

企业家的人格特征 / 080

企业家精神正本清源 / 102

互联网时代的企业家精神 / 112

第二篇　企业家精神与企业的创新突破

第三章
企业文化发轫于企业家精神

企业家精神在先，企业文化在后 / 123
价值观可以当饭吃 / 128
愿景让人热爱、痴迷、癫狂 / 132

第四章
企业管理的精髓：激活企业家精神

把自己当老板 / 138
合伙人取代职业经理人 / 145
释放个体潜能是绩效考评的关键 / 153
将骨子里自私的人与团队隔离 / 161
打开员工的生命通道 / 167

第三篇 企业家精神与经济社会变革

第五章
企业家精神引爆经济与社会变革

企业家精神与当前改革的方向 / 175
企业家有了选择的自由触发持续繁荣 / 183
企业家精神是经济与社会转型升级的引爆点 / 190
资本市场要把企业家请回来 / 197

第四篇 制度、文化对企业家精神的影响

第六章
不同制度、文化背景下的企业家精神

把企业家当英雄，民族就有希望 / 213
企业家精神在与制度环境的博弈中成长起来 / 218
企业家精神孕育之道：内圣外王 / 223

第七章
打破企业家成长的路径依赖
家族亲情与企业家成长的瓶颈 / 232
重义气轻契约的传统断送了企业家的前途 / 241
国有企业改革不能无视企业家精神 / 253

参考文献 / 270
致谢 / 273
后记 / 276

第一篇 企业家精神

企业家精神的源头与特质

第一章
企业家形象的透视

企业家既是魔鬼又是天使

伟大的企业家也是伟大的魔鬼

30年前我看过一部香港电影，现在还有印象。影片里的小姑娘正在上学，父亲经营着一家餐馆。父亲对员工非常严格，一旦违反纪律就处罚甚至开除。"人之初，性本善"的小姑娘看到父亲这样残酷地对待员工于心不忍，总是规劝父亲对员工温柔些、宽容些，因为员工打工不容易，有家有口。说开除就开除，他们到哪里去找工作？

随着岁月的流逝，小姑娘长大了，父亲老了，自然接下父亲的班。开始时她对员工实行怀柔政策，不轻易处罚和开除员工，全靠员工自觉。哪知员工一天比一天懒，一个比一个坏，能偷则偷，能躲则躲，变着花样欺负这个女老板，餐馆连年亏损。这个时候女老板终于理解了当年父亲的行为，于是彻底改变了管理风格，变得比父亲更严厉、更残酷，这样才让一个濒于破产的餐馆起死回生。

这部电影告诉我们：经营企业不是做慈善，也不是经营福利院。企业面对的是残酷的市场竞争，只有把残酷的竞争规则贯彻到每一个环节、每一个人、每一个时刻，企业才不会被市场淘汰。除此之外的任何怀柔政策都是耍流氓！

凡是能够称得上成功的企业，凡是能够称得上伟大的企业，这一点都贯彻得特别到位。典型的有华为、格力和联想。

天下人都知道，任正非天天喊狼来了，把员工逼出了狼性。格力的董明珠是个在原则面前连"杀人"都敢的人，所以人家都说，她走过的路都不长草！大家可能不知道，联想的柳传志实际上在严酷方面并不比这两个人弱，只要看过几年前网上流传的《联想不是家》这篇文章就能知道他的严酷。当年，柳传志让杨元庆大胆地在互联网领域试错探索。突然有一天，杨元庆带领的IT团队成员在没有任何征兆、通知的情况下，被要求在半个小时内进行工作交接。员工们知道了要离开，准备到饭堂聚一下，却发现饭卡都被注销了！所以，员工写了《联想不是家》，明明是互联网战略失误，却要表现都非常优秀的员工埋单，整个团队全部裁掉。许多员工正在供房贷、正要生孩子，这么突然走人让人措手不及，更使人觉得在这样的企业里没有任何归属感。从《联想不是家》这篇文章描述的情况来看，这样的突然行为给人的心理打击的确非常大。

　　柳传志也针对这篇文章进行了回应。大致的意思是，企业就是一个有风险的组织，不能保证员工不失业。企业在发展过程中需要鼓励高层领导者不断进行探索和试错，一旦出现失误，要宽容、有耐心，所以不会轻易辞退高层领导者。但是这个项目失败了，整个团队都要离开。这就是企业的本质，如果不及时采取措施，不及时止损，将会把整个联想带到破产的边缘。所以，虽然残酷，但很正常。

　　柳传志说过"在商言商"这句话，被网友骂惨了。我却非常支持柳传志的观点！企业不是慈善机构，不赚钱就是犯罪，不残酷就被淘汰。所以，不把残酷的优胜劣汰原则贯彻到企业内部，不及时淘汰该淘汰的员工，企业迟早会被市场淘汰！

　　《联想不是家》的作者最后也说了句公道话：想想在联想的日子，企业并没有亏待我们，给我们良好的工作环境，给我们培训，让我们得到成长和良好的待遇。

　　这就对了！企业对员工负有责任。这个责任是成长和薪酬。企业要对每个员工根据特长进行系统的职业规划，并不断优化薪酬体系，把业绩与薪酬紧密结合起来。但一旦各种内外部因素发生变化，企业并没有责任和能力保证员工长期就业。

网上还流传一篇文章《别了！华为8年理工女硕士离职感言》，把华为之残酷、严苛淋漓尽致地刻画了出来！读起来令人震撼。但是作者最后也说了，华为让他们这些草根几年内就变成了中产阶层，在深圳买房买车！

事实说明，成功的企业家都是魔鬼。任正非是魔鬼，柳传志、董明珠是魔鬼！只有具有魔鬼特质的人才有可能成就一番伟业。

天使和魔鬼从来不会分离

世界上偏偏有不信邪的人，偏偏有和前面那部影片里的小姑娘一样纯真的人，这个人叫胖东来，他曾经拥有7家大型百货超市、1家大型电器专业卖场，在河南商界颇具知名度和美誉度。他公开宣称相信员工，所以平时不考核。他以最高的工资换取最有效率的管理，一周放假2天，员工不休假就处罚。他的店长工资是同类店长工资的2倍，达到20万元。那一阵子，许多管理学大师蠢蠢欲动，纷纷为这位善良的天使站台鼓掌。可惜，善良天使所开创的企业最后还是被一群懒惰、不思进取的员工搞垮了。他只好发微博哭诉，这个时候大多数员工皆落井下石，没有一个感恩的，使他更感到人心不可测，后悔早知如此何必当初。

企业里面有阻碍发展的各种人性的魔鬼，在一个法律和文化都不太健全的社会里，外部人性的魔鬼同样可怕，甚至比内部更可怕。

《焦点访谈》曾播出这样一个故事：河北的一个小伙子在北京上班，因工作需要得办理港澳通行证，由于不是北京户口，因此需要回原籍办理。按照规定，去一次就可以办理了。但是当地派出所的一个女员工每去一次都找一个理由，让小伙子只好回单位按她说的去补充，前前后后从北京到河北跑了五次，每次都以各种借口不予办理。最后一次给了几百元钱才办成，这一幕被节目组偷偷录了下来。看到那个女员工丑陋的面孔，我就想起自己20年前被腐败分子敲诈的一幕幕，现在还觉得非常恐怖。

王石一直说他不喜欢房地产业。真实的意思可能是，他不喜欢面对这些丑陋的人性，不喜欢天天和这些人性的魔鬼打交道。所以他跑到喜马拉雅山上去呼吸新鲜空气，跑到哈佛大学和一群年轻人一起学习，体验教室里柔和的灯光。这些地方充满真善美，都是纯真和美好的。

前段时间万科和宝能之争达到高潮时，王石的言论也有许多地方值得商榷。他开始说民营企业诚信不够，后来直接说万科不欢迎民营企业。公司治理讲究的是规则，不能拿道德说事。本书定稿时，前海人寿的实际控制人由于违反保险条例而被禁入十年。即使这样，王石关于民营企业等方面的言辞也是很难服众的。

对于王石个人，我认为非常值得敬佩。因为在人生大部分时间里，他都战胜了自己，但作为董事长，他则是不称职的。

早年在万科改制时，王石放弃了本应属于自己的40%股权，到现在怎么也值几百亿元。按他的说法是有信心做职业经理人。这是一般人很难做到的，由此可以看出他对物质贪欲的超脱，不想让自己在物欲的泥潭里不能自拔，同时对自己拥有无比的信心。从能够战胜自己的贪欲这一点看，他是值得敬佩的。之所以放弃这么多的财富和控制权，与他的价值观密切相关。他一直说不喜欢房地产业，不喜欢商业，可能也是他放弃的一个原因。他一直倡导万科人去追求丰盛的人生，万科的文化也以此为基调。所以，万科人在王石的影响下都热爱登山和马拉松，通过这些活动强身健体，并不断挑战自己。

作为个人，王石在战胜自己方面是称道的，但作为公司则是不经济的。王石说，到哈佛学英语的难度超过了攀登珠穆朗玛峰。他已经60岁，语言早已定型，难度可想而知。但作为一个公司的董事长，专门去征服另一种语言意义不大。作为一个公司的董事长，带领整个组织的员工都战胜自己才是最有效率的。

如果我是万科的大股东，基于以上理由，我肯定不同意王石去登山和游学。公司的董事长要带领整个组织的人去挑战市场上的一座座高山，在市场的艰难打拼中挑战自己。这个过程一定是上面所描述的炼狱一般的过程。任何逃避和厌恶这样的过程而又想带领公司前进的想法，都是不切合实际的。

万科原来的大股东是华润这样的国有企业，对王石无限宽容，可以说从来不干预他的行为。可能王石在心里揣测，民营企业主追求效率，不会容忍他这种天马行空的行为，所以对于民营企业的进驻心理压力大。可以说，王石前期战胜了自己，现在却没有。登珠峰、进哈佛这样的行为已经使王石退化了。所以，不经历任正非、柳传志那样魔鬼般炼狱的过程，只通过游学和登山就想变成天使，是不现实的。

天使和魔鬼从来没有分离过。总是想逃避可恶可憎的魔鬼的人，最终都成不了天使。

无独有偶，有和王石一样情结的人并不少，李宁就是其中之一。李宁也是令人敬佩的，无论是作为运动员还是企业家，做得都很成功。但他说，自己天生讨厌商业，做企业只是让自己人生充实，但是厌恶企业内外魔鬼一般的人性。他在物质和控制欲方面也是很超脱的人，而不像那些陷在物欲泥潭里不能自拔的人。但由于厌恶企业内外形形色色的魔鬼，因此他选择了逃避。多年来李宁一直在北京大学读书，先读高级管理人员工商管理硕士（EMBA），再在法学院读博士。一直读到企业被一群职业经理人搞到了破产的边缘，才非常不情愿地回来收拾残局。

又是一个纸做的天使，一个飞不起来的天使！

正如杰克·韦尔奇所说，企业的管理看上去像厨房，里面杂乱无章、坛坛罐罐。而外人看到的只是端出来的菜，色香味俱全，光洁整齐。管理需要人们无限的心力、无限的耐心。

稻盛和夫把员工分为三类：第一类是自燃型，第二类是可燃型，第三类是绝燃型。我看还有一类是介于第二类和第三类之间的，油加得多燃烧就旺一些，油加少了立即就要熄灭。企业里那种自燃型的人毕竟是少数，大多数人是绝燃和半绝燃的。对这些人一定要实行一些高压的考核和监督，才可能使他们成长起来。正如德鲁克所说，企业就是让平凡的人做出不平凡的事。而要达到德鲁克所说的这个效果，企业家必须有魔鬼精神，才能战胜人性中的懒惰、懈怠，才能把企业带上一个又一个高度。

有人可能会说，我比你上面描述的魔鬼还要魔鬼，为什么企业做不起来，做不大？我要说的是，因为他们是纯粹的魔鬼，对员工极其苛刻，对社会极端不负责任，坑害蒙骗什么都做，以拉官员下水为目标，没有底线，没有诚信，没有敬畏。一句话，只有魔鬼的手段，没有天使的灵魂。一个有天使灵魂的人，虽然不见得会高喊空洞的口号，但心中从来不会忘记对企业员工的责任，从来都懂得诚信、公平等价值观是企业立身之本。种种魔鬼一般的苛刻最终不是为了自己，而是为了组织的可持续发展。就是和极少数无德官员打交道，也是出于无奈，不搞定他们就无法使项目推进。仅具有魔鬼的心的人，专门钻政策的空子，为拉官员下水而不惜一切手段。

既是魔鬼又是天使的人，我称之为企业家。不愿意做魔鬼只愿意做天使的人，我称之为诗人。许多诗人最后都以自杀而告终，因为他们都生活在自己诗歌的意境里，回到现实中却发现丑陋不堪，所以失望而自杀。只有魔鬼的心而没有天使灵魂的人，我称之为奸商。

有人的地方就有丛林法则，就有形形色色的魔鬼般的人性出现，所以我们要锻造出一副魔鬼的心脏，面对各种魔鬼，心不怕、不伤、不痛。同时，我们要修炼天使的翅膀，使自己迟早脱离魔鬼的纠缠，能够在天空中翱翔，带领整个组织在天空中翱翔。只有这样，才能领略最美的风景，收获最美的人生。

企业家是哲学家

一部企业的成长史，也是企业家生命哲学的成长史。

企业家为了生存，一定在欲海里浸泡过。但有一部分人，很快在财富欲望的刺激下找不到人生的动力，所以他们进入我们所说的拼命干事业的阶段，成为工作狂，随着事业平台的扩张感受生命的乐趣。他们喜欢创新突破，喜欢不断超越自己，喜欢决策过程的惊心动魄。但是，随着企业的进一步发展，企业家开始对我是谁、我活着到底为了什么而困惑，这个困惑也是企业进一步发展的困惑。

一般情况下，企业家陷入人生迷途时，不是去求道问仙，也不是去追求某种宗教的仪式，而是用自己的生命和天地对话，问天问地，敬天敬地，从宇宙万物中吸取精华和灵感，再以这样的哲学制定企业的各项决策，处理企业与社会、与人类文明的关系。在这样的过程中，企业家会逐渐找到心中的信仰，把自己渺小的生命和无限的宇宙连接起来而真正感受到生命的意义。

在这样追寻的过程中，企业家也变成了哲学家。

在我所知道的中国企业家群体中，任正非比较符合这种哲学家的特质。下面以华为和任正非为例，说明企业家在不断奋斗的过程中最后会变成有深刻思想的哲学家。我们从不同的哲学流派进行分析。

道家哲学与天人合一

道生一，一生二，二生三，三生万物

世界万物都可归结到不可名状的道，由道生一，由一生二，由二生三，再创造出万物。

前段时间我到一个经营时尚服装的企业去调研，该企业陷入了资金困境。导致企业现在这种局面的原因肯定是各种各样的，但在讨论时我提出了一个问题：企业是一个在市场中竞争的组织，涉及产品定位、竞争策略、互联网转型、门店选择、加盟商政策、人才政策等，但是所有这些问题中，追根溯源都能够归结到一个最核心的问题——"一"。这个"一"是问题的起点，也是解决问题的终点。不找到这个"一"，对陷入困境的原因进行遍地开花式的分析是没有任何意义的；而找出了这个"一"，企业就找到了解决问题的方法论，找到了解决问题的钥匙。

任何一个企业，在开始时都会为了生存而在市场上不断试错，不断走街串巷，那时活下来是所有问题的核心。当企业开始有点像企业的样子时，就面临一个现实选择：企业的战略是什么？企业的方向在哪里？虽然开始时肯定看得不是很清楚，方向肯定也不明朗，但如果能够掌握正确的哲学方法论，就会使企业拨开重重迷雾，沿着正确的方向走下去。而这个方法论，我认为就是老子所说的"道生一，一生二，二生三，三生万物"的"一"。这个"一"，是企业战略的导向，是企业各项政策的起点，是判断一切问题对错的标准，是企业寻找核心竞争力的路径，也是企业配置资源的导向。要想找到这个"一"，实际上是要回答德鲁克所说的"我们的事业是什么，我们的事业将是什么"的哲学命题。这个命题是一个企业、一个企业家的哲学命题，涉及企业的使命和价值观。这个"一"是企业家对自己创立企业的目的、自己的人生追求、组织未来的预期、企业与社会的关系等元问题的回答。这些元问题最后都会指向这个"一"。没有这个"一"，企业就找不到前进和改进的方向，就没有是非判断的标准，企业就像没有航标的轮船一样在暗夜里四处徘徊。

华为发展初期，从上到下没有一种统一的思想，没有一个统领整个企业的价值观，员工没有一个共同的心灵契约，沟通起来没有一种心照不宣的共同语言。通过不懈的尝试，经过从上到下来来回回的讨论，历经三年终于形成了心灵契约般的《华为基本法》，其中最重要的是找到了这个"一"：以客户为中心！有了这个"一"，就有了"二"：以奋斗者为本，长期坚持艰苦奋斗。有了"二"就有了"三"，就有了华为的今天。

许多人可能认为这个"一"好找，其实不然。这个"一"是对企业家以及企业使命内省的结果，是把全体员工带向何处的元问题。这个"一"是宗教般的信仰！所谓信仰，就是一旦找到了，一旦信了，就终生不渝地坚持，无论什么失败挫折、无论怎样九死一生都不会改变和放弃。如同西天取经的唐僧，即使要被妖怪吃掉，也不改初衷——这就是信仰。以客户为中心之所以可以称为"一"，就是从确立这个理念的那天开始，到2008年的金融危机再到今天，无论何时没有一分钟背离它。华为每年拿出收入的10%做研发，为客户创造价值。华为内部的流程改造、员工的绩效评价，一切的一切都围绕是否为客户创造价值展开。任正非说，再大的领导他都不见，再小的客户他都要见。因为客户是企业的衣食父母。有一年因为母亲出车祸没有见一个小客户，他因此被扣分很多。有一次到下面一个子公司考察，子公司管理人员拉了个横幅欢迎，他当即进行了严厉的批评："只有客户才是你的衣食父母。要用屁股面对老板，笑脸面对客户。"

巴菲特在20多岁时，听了格雷厄姆的一堂财务分析课，格雷厄姆提出了安全边际的概念，认为要寻找价值大于价格的股票，不理会价格的随时波动，因为市场先生经常出错。从那时起，巴菲特一刻也没有离开过价值投资这个"一"！2000年网络股股灾时，整个社会都说巴菲特老了，已经被互联网企业淘汰了，大家都在吐槽，他仍然不为所动。这就是信仰！所以，全人类都知道巴菲特的理念，但是永远没有第二个巴菲特。

在企业出现问题时，在企业面临前进路上的三岔路口时，在一个复杂问题难以评判时，如果能围绕这个"一"展开，往往都会找到突破口。

由此，任何一个人，无论是企业家想创造一番事业，还是商人想赚钱，都必须找到这个"一"。否则，你和你的企业就会在茫茫的黑夜里徘徊和沉沦。

史玉柱做汉卡时把赚的4万元全部投到《中国计算机报》上做广告，第一个月就赚了100万元！那可是20世纪80年代！从此，广告的魔力这个"一"再也没有离开过他。后来他投巨额广告在"巨人脑黄金"上，但由于保健品市场名声太差，他的战线拉得太长，他从亿万富翁变成了亿万负翁。但当他东山再起时，还是依靠广告的魔力。他找到了他的"一"，所以成功了！

这个寻找"一"的过程，没有规律，不能计划，往往是偶然因素的触发，一句话就可能使你茅塞顿开，好像一道闪电划过黑暗的天空。正如巴菲特所说，格雷厄姆的理念他5分钟之内就信了，终生没有改变，但更多的人听了一辈子，都是耳边风。

找到这个"一"，是顿悟、豁然开朗，是醍醐灌顶、恍然大悟、相见恨晚。

我国大多数企业始终没有找到这个"一"。虽然墙上写着"顾客就是上帝""以人为本""科技强企"等，但都停留在叶公好龙、自我安慰的层面。所以，别说"一"，连零点一都没有达到。这也是许多企业战略模糊、思想混乱、方向不明、左右摇摆的原因所在。

天地不仁，以万物为刍狗；圣人不仁，以百姓为刍狗

天地是无所谓仁慈的，它没有仁爱，对待万事万物就像对待草做的狗一样，任凭它们自生自灭。圣人也是无所谓仁慈的，同样像对待草做的狗一样对待百姓，任凭人们自作自息。

企业里，有高超领导力的人对待员工就像天地对待万物、圣人对待百姓一样，没有亲疏之分，和组织所有成员的距离基本上是一样的。相反，领导力低下的人亲疏分明，而且经常起先认为某个人非常好，过一段时间经过若干件事又认为非常不好。在民营企业引进职业经理人的过程中，这种现象很普遍，因此民营企业主的领导力有待大幅提升。

产生这个现象的重要原因在于民营企业没有建立起基本的人力资源评价和激励机制。这与民营企业先天不足有很大关系。

民营企业成长于近四十年来经济高速成长的风口，发轫于民营企业主淘到的第一桶金，加上善于处理和政府的关系（便于拿地、享受税收优惠以及获取补贴等）。

风口、资本金和关系资源成为民营企业利润的主要来源。民营企业的老板凭借自己投入的物质资本加上自己的人力资本（企业家才能），掌握着整个企业的控制权，占有企业的绝大部分利润。民营企业的职业经理人仅作为人力，而不是人力资本，无法参与企业的利润分配。作为人力，最多是一个执行者。那些有才能的人，是不会进入这样的民营企业的（正如一句俗话所说，宁做鸡头不做凤尾）。即使进入了，也很难融入进去。这也是大多数民营企业几十年来无论规模、人才还是核心竞争力都在原地徘徊的重要原因。

更重要的是，拥有这样的先天因素使得民营企业主产生了"舍我其谁"的感觉。他们心里有意无意的想法是：为什么我是老板你不是呢？你那么有想法、有本事，为什么没有第一桶金呢？拥有关系资源更是老板的专长，职业经理人很难参与其中。所以，民营企业中有个普遍现象——企业的利润基本上没有职业经理人的份。有些企业虽然有基于业绩的薪酬激励（包括所谓的干股），但并不是真正意义上的分享机制，结果招进来的都是人力而不是人力资本。因为处在高速发展的风口，人力成本低、好使唤，所以老板的自我感觉非常好。但是在经济急剧转型、风口已经不见的今天，人们发现中国的民营企业都在裸泳。由于没有基于人力资本战略的人才积累和培育，民营企业的核心竞争力一下子原形毕露。也正是没有这样的人力资源评价与激励机制，导致民营企业老板对人的评价具有主观性的特点，这也是民营企业的现实环境造就的。

关于中小企业人力资源管理，十多年前我就提出了几点：

人才要从最基层做起，企业每年都要招收刚毕业的学生，因为他们是没有经过社会风尘荡涤的人，歪的、斜的东西比较少。这些招来的学生首先要经过诸葛亮的"八卦阵"，即根据企业需要什么样的人设计相关的面试和考试环节，从而选择符合企业文化和企业发展需求的毕业生。进入企业之后，还需要给他们补充"营养餐"，就是进行企业制度、纪律和文化的培训，让他们感受企业文化的熏陶，并快速地成长起来。

为了保证生源的质量，薪酬可以稍微高于竞争对手，这样是值得的。在"八卦阵""营养餐"的基础上建立严格的考评机制，彻底贯彻优胜劣汰的基本原则。一个企业是否有竞争力，关键看新员工能否进得来、留得住、长得大。如果经常需要从外面挖人，这个组织就是没有希望的。人力资源机制是企业的顶层设计，所以是一把手工程，老板是人力资源的第一负责人。

虽然上面这些话都是大白话，都很平常，但大多数民营企业并没有做到！处于风口时，它们没有意识到人力资本培育的重要性，它们所谓的人力资源就是寻找工资最低、能干活的人力。

相对于凭借风口起步的民营企业，华为起步时一穷二白，全部本钱就是借来的2万元钱，面对的是竞争异常残酷的电信市场。所以任正非说"我无能"绝非自谦之词，他不得不怀有"空杯"心态。由于没有第一桶金作为资本，没有关系资源，又不在一个风口，他唯一可以让人相信的就是："我无能，但我可以带领大家去创造一个美好的未来。"这个未来不是一个人独吞，而是和大家一起分享。一路分享下来，他的股份只有1.42%。如果他是上面所描述的处于风口又有第一桶金的民营企业老板，华为或许也不会有今天这样的分享机制。

当年的"空杯"心态他一直保持到今天。他经常说，因为我无能，所以要找有能力的人来，所以要和有能力的人一起分享。这不是他舍得，也不是他多么伟大，而是残酷环境下的现实选择。

一个借来2万元创业的老板，没有任何资本踌躇满志，唯有诚惶诚恐。但是这个世界就是这么奇妙，不幸有时变成了万幸，借此他把有能力的人都通过这样的利益之网拉了进来，也使得这样的分享和评价机制成为企业最重要的核心竞争力。进入者的人力资本都在华为企业文化的熏陶下不断增值，不断分享奋斗的成果。

更为重要的是，有了这样的机制，企业的老板便不再凭自己的感觉评价一个人。即使是圣人，也有主观性，也容易有自己的喜好、偏爱、偏误，而这样的分享和评价体系是最好的人才选拔和激励机制。

关于分享和评价机制的重要性，海底捞的老板更是一语道破天机。外人都认为海底捞的核心竞争力是服务，而他认为是人力资源管理体系。海底捞同样通过各种办法建立人的选择、评价、激励和约束机制，使得员工真正从内心热爱自己的工作。对于年纪稍大的员工，每月给他们的父母寄200元钱，让他们觉得在村子里很有面子；对于90后员工，给他们配备电脑和网络。只有激发员工发自内心的真诚和热爱，他们才能更好地为顾客服务。有很多人去海底捞"朝拜"，但永远学不会。海底捞的老板在某种意义上也像任正非一样"一穷二白"：面对的是残酷竞争的市场，又不是资本密集型企业。他唯一能够做的就是让员工真正热爱自己的工作，发自内心地微笑和热爱，而这就是人力资源管理体系所要解决的问题。建立人力资源管理体系的关键是深谙人性之道，深刻洞察不同层次、不同时期的人最想要什么，然后设计相应的机制去激励和约束他。

任正非说过，如果当初知道电信行业这么残酷，打死也不会进入这个行业。但是，正是这个残酷的行业，加上在国有企业被骗了

200万元而流落街头的经历，让他真真切切地觉得自己无能，同时也没有任何关系资源作为他的资本。

正是这样的开局，使他设计出特殊的利益分享机制，把全国名校的人才都网罗进来，让他们在这样残酷的环境里去拼搏。他经常说，我们没有任何背景，没有任何资源，只有艰苦奋斗。正是在这样残酷的市场上，正是这样的人力资源管理机制，使得华为人成为一群市场攻击性特别强的豺狼。

相比之下，许多民营企业处于风口之上，面对的是一个高速发展的经济环境。由于企业利润丰厚，它们没有感受到人才的重要性，根本没有动力去选择、评价和激励人才。虽然发展了几十年，却连一个像样的人才都找不到。最后当风停下来时，它们根本不知道该如何转型和发展。

在这样的民营企业里，职业经理人程序化的工作容易监督和计量，他们的报酬就是社会平均工资，所以评价体系比较简单。而问题是，企业想发展，就要引进人力资本（人才）。人才最大的特点是创新和决策，是面向未来、不确定的决策、开拓，他所创造的价值是一个变量，而且与这个分享和评价体系相互作用。从道理上说，应该把所创造的价值和他的提升、长短期回报紧密联系在一起，联系得越紧密，效率越高。如果把这个分享和评价体系比作一个网，这个网就会越来越精密。这也是华为和海底捞最核心的竞争力，这是利益之网、评价之网、核心竞争力之网。

当风停下来时，中小民营企业要靠老板和创新性人才一起编织这样的分享与评价之网（人力资源之网），让这张网说话，让这张网成为企业最核心的竞争力。这样老板就可以依靠这张网做到"圣人不仁，以百姓为刍狗"了。不编织这张网而又想开创一番事业，只是痴人说梦。

有一种看法认为，老板舍不得、不愿意与职业经理人分享，这种看法实际上是不了解民营企业的情况。由于没有从基层开始着手人力资源的招聘、培育、评价、淘汰，因此中小民营企业里没有人力资本的成长和壮大之网。从外部引进职业经理人，设计一个虚拟股权方案，这不是分享与评价之网，只能说是某一个或者几个人的利益分配机制。所以，这种方案起不到培育、识别、评价、晋升、淘汰、成长的作用。

所以，在风口已经消失的今天，传统民营企业的老板怎样去编织这样的人力资源之网，成为当务之急。

太上，不知有之；其次，亲而誉之；其次，畏之；其次，侮之

最好的领导者，人们并不知道他的存在；其次的领导者，人们亲近他并且称赞他；再次的领导者，人们畏惧他；更次的领导者，人们蔑视他。

人都有虚荣心，李开复所写的《向死而生》里就有很好的说明，现引用如下：

生病之前，我被美国《时代周刊》评选为"影响世界百大人物"之一，我意气风发地赴美受奖，自认实至名归、当之无愧。然而，吊诡的是，领奖回来没几个月，我就发现自己生病了。病中赤裸裸地暴露在病痛的风暴中，再大的影响力、再高的知名度都帮不上忙；在诊疗间、在病床上，我什么都不是，只是一个随时可能在呼吸之间顿失所有的病人。朋友看我很痛苦，特地带我去拜见星云大师，并在佛光山小住几日。有一天，早课刚过，天还没全亮，我被安排跟大师一起用早斋。饭后，大师突然问我："开复，有没有想过，你的人生目标是什么？"

我不假思索地回答："'最大化影响力'，'世界因我不同'！"这是我长久以来的人生信仰：一个人能在多大程度上改变世界，就看自己有多大的影响力；影响力越大，做出来的事情就越能够发挥效应……这个信念像肿瘤一样长在我身上，顽强、固执，而且快速扩张。我从来没有怀疑过它的正确性。

大师笑而不语，沉吟片刻后说："这样太危险了！"

"为什么？我不明白！"我太惊讶了！

"人是很渺小的，多一个我、少一个我，世界都不会有增减。你要'世界因我不同'，这就太狂妄了！"大师说得很轻、很慢，但一个字一个字，清清楚楚。"什么是'最大化影响力'呢？一个人如果老想着扩大自己的影响力，你想想，那其实是在追求名利啊！问问自己的心吧！千万不要自己骗自己……"

听到这里，简直像五雷轰顶，从来没有人这么直接、这么温和而又严厉地指出我的盲点。我愣在那里，久久没有答话。大师重重点醒了我：追求最大化影响力，最后就会用影响力当借口，去追求名利。不承认的人，只是在骗自己。

李开复因为星云大师的一番话而幡然醒悟，我们自己是不是也有类似的虚荣心作怪而不愿意承认？像李开复这样自认为为世界创造价值、内心深处自己也不知道是虚荣心在作怪的人，应该比比皆是。当然，虚荣心在一定范围内还是有利于激发人的斗志的，但是人容易被虚荣心左右，极端状态就是为了虚荣心不择手段。

中国文化传统里有两大糟粕：衣锦还乡，光宗耀祖。说白了，就是回乡显摆。显摆是虚荣心中最大的一种。我们总想让别人关注，让别人欢呼，让别人点赞。更高的就是让人山呼万岁，满朝文武跪拜。所以，德国哲学家黑格尔说，中国的历史从本质上看是没有历史的，它只是君主覆灭的一再重复而已。任何进步都不可能从中产生。为了这种荣耀，不惜兄弟残杀、父子相轧，人性的丑陋一览无余。

改革开放以来，许多人都想一夜成名天下知。当年的标王，在央视出尽了风头，接受著名主持人的专访，意气风发、神采飞扬，现在却早已灰飞烟灭。想出人头地、想显摆，最终都是你方唱罢我登场的丑剧。

真正的领导者知道，世界上唯一确定的东西就是不确定性，成功就是失败，有就是无。所以他们能够参悟人生和世界的真谛：今天的成功注定了明天的失败。西门子当时以老大心态自居，从上到下都产生了骄傲、自满的情绪，以至于在市场上节节败退。任正非经常说，人容易被鲜花和掌声冲昏头脑，忘乎所以。你觉得自己了不起，最后连员工也会觉得自己了不起，对客户、对周围世界的态度就会发生改变，这样就非常危险了。

真正的王者，是大象无形、大隐隐于市，而不是抛头露面、招摇过市。那些当年以老大自居的企业，高峰之后都跌入低谷，最后销声匿迹。

《基业长青》的作者对美国持续几十年增长的企业的统计发现，这些企业的首席执行官（CEO）都有一个特点：不爱抛头露面，在公开媒体上很少发声。

美国顶尖基金经理彼得·林奇买每一只股票前都要调研。那些办公室装修很简朴的公司都是他关注的重点，事后看许多都是翻几十倍、上百倍的大牛股。而那些搞得非常奢华的公司，买进后大多业绩不佳。因为追求办公室奢华的时候，就忘了艰苦奋斗，忘了为客户创造价值。

几十年来，任正非拒绝媒体的采访，拒绝抛头露面。以至于外界认为华为有神秘背景，逼得他接受了有限的几次采访，后来还是不习惯又退了回去。

英国诗人兰德曾说："我和谁都不争，和谁争我都不屑。"不愿意抛头露面，也是内心无比强大的表现。正合老子所说："夫唯不争，故天下莫能与之争。"

人的虚荣心从很重到最后消失可能经历这样几个阶段：显摆（打肿脸充胖子）—人前显贵，人后受罪—大象无形。

地低成海，人低成王。低调不是压抑自身的欲望，而是自然而然。更重要的是，这种超然的人生态度使整个组织都会战战兢兢，永不骄傲自满。

曲则全，枉则直，洼则盈，敝则新，少则得，多则惑

委曲反能求全，弯曲反能伸直，低洼反能充盈，破旧反能成新，少取反能多得，贪多反而迷惑。

任正非一个非常出名的管理方法就是灰度管理。这并不是一下子就能说清楚的，而且不同的人有不同的理解。用一句话解释，就是不要非白即黑。灰度理论也意味着不要钻牛角尖。他提出了灰度、妥协、宽容的方法，这里的妥协和宽容不是无原则的妥协和宽容，而是有大智慧的结果。

说明任正非的灰度理论之前，我首先要说一下邓小平，他是灰度理论的大师！

所谓灰度，就是不要走极端，不要非此即彼。但灰度绝不是和稀泥，不是各打五十大板，不是简单的平均主义，不是调和，也不是折中。灰度是在看上去两个极端的似是而非的观点之间，深刻洞察问题背后的真相，在对内外部各种因素综合考虑的基础上做出的相机选择。

例如，当年左派天天攻击改革是走资本主义道路，坚持改革的人当中也有人对社会主义制度本身产生了深刻的怀疑，要求一步过渡到自由民主制度，彻底走自由竞争的市场经济道路，而且两派尖锐对立。

作为改革派的邓小平，对此问题有着深刻、敏锐的洞察，所以他说，中国要警惕右，但主要是防止"左"。这明确了改革的大方向绝不能偏离，同时也绝不容忍俄罗斯那样的休克疗法。所以，他一直强调坚持四项基本原则一百年不动摇。这个就是灰度。关于灰度，他有许多令人叫绝的看法：

> 资本主义也有计划，社会主义也有市场。
>
> 不要为姓社姓资的问题做无聊的争论。
>
> 一切以三个有利于为检验的标准。
>
> 贫穷不是社会主义。

这是他对那些极左和极右尖锐对立的矛盾深刻透视基础上的天才选择，这就是灰度！

他既不是左又不是右，他既是左又是右，你中有我，我中有你。有时候退一步是为了进两步。

在国际关系问题上，同样体现出他高超的灰度技巧。

关于钓鱼岛问题，当时"文化大革命"刚刚结束，需要一个安静的周边环境，需要日本的资本支持，但是钓鱼岛又涉及主权的敏感问题。他的回答是——搁置争议，共同开发，如果我们这一代不能解决，下一代会比我们聪明一些，总能找到解决的办法。这样他巧妙地回避了永远不可调和的主权问题，又没有丧失主权的立场，从而达到了自己的目的。

当年东欧剧变，社会主义阵营乱了手脚，朝鲜和越南领导人来到中国。这个时候怎么看待世界、看待社会主义？邓小平提出的答案是——冷静观察，稳住阵脚，沉着应付，善于守拙，决不当头，韬光养晦，有所作为。这绝对可以称得上大智慧！既不左又不右，既不自卑又不自负。

20世纪80年代末中国人民的老朋友基辛格来华为缓解中美关系斡旋时，邓小平指出，美国强大，中国弱小，中美关系的主动权在美国手里。这是在当时环境下的权变和相机选择。

灰度管理就是在看似尖锐对立的矛盾中，在对问题本质深刻透视的基础上，超出简单二分法和庸俗调和法的一种高超领导艺术，不钻牛角尖，不走极端，为了更好地进可以暂时地退。

任正非的灰度管理也是在实践中不断修正和摸索出来的。随着企业规模越来越大，复杂程度越来越高，这种管理艺术愈发重要。

许多新员工愿意到非洲历经千难万险，为了什么？钱！3年就有100万。对一个刚毕业的大学生来说，可以冒着生命危险去博取。所以，不要把人都想得多么高尚，物质激励一直是最主要的力量。任正非非常重视物质激励的作用，但是坚决反对上市，因为上市后许多人富起来后就立即懈怠了。看上去矛盾又能够自圆其说，实际上就是灰度。

他既相信又不相信物质激励的效果，所以任何时候都提倡艰苦奋斗的精神，把美国的西点军校作为学习的榜样，把布衣院士作为楷模。

华为和竞争对手经常打官司，但是打过官司后又和对方共享专利。同样的道理，当年把竞争对手恨不得斩尽杀绝，一旦做到第一又让出空间让对手活下去，否则就没有一个竞争的生态了。以上所述都体现着华为既合作又斗争、不走极端的灰度领导艺术。

我在企业管理中也遇到过灰度管理问题。集团下面的子公司曾经为了两个部门的业务归集和责任划分问题争吵起来，董事长和副董事长把矛盾反映到老板那里，而且是尖锐对立。两人发给老板的长信息单独看都非常有道理，老板也怕下面吵起来会搞乱企业。对他们的观点分析后，我提出了让他们自己去处理的意见。虽然谁是谁非很难分清，但有一点我是清楚的：董事长和副董事长力量相当，不存在谁压制谁，他们都想把企业办好，主观上都没有明显的私心。基于这两点我向老板提议：这个问题不要管，让他们自己去争论去吵，一定会达到一个均衡的结果。所以，我的意见是：不许再向集团老板反映此问题，你们自己解决，相信你们最后能够解决这个问题。

我认为我所提出的解决方案就是一种灰度管理，因为确实不知道谁对谁错，但我们知道他们势均力敌，又都想把企业搞好，所以应该让他们自己解决。果然，他们在多天争吵后达成了妥协和一致。

我当时不是用灰度理论给老板解释的，因为老板可能听不进去。我用凯文·凯利《失控：全人类的最终命运和结局》一书中的思想来解释，用我国城乡接合部的交通来比喻。这些地方的道路上，上下班时各种机动车、自行车、摩托车、电动车川流不息，看上去杂乱无章，处于失控的状态，但这种失控其实是哲学上的混沌状态，形乱神不乱！虽然彼此之间相互插队，争先恐后，但整个交通运行得很顺畅，看上去是一种失控、混乱的样子，实际上是一种有序的"自组织"状态。如果派一些警察到路上去指挥这些车怎么走，一定会导致真正的混乱！

上面所说的董事长和副董事长就像是道路上的车辆，他们势均力敌，彼此争吵，看上去混乱，但这种混乱是一种混沌状态，如果老板作为警察来指挥，一定会导致真正的混乱。

所以，灰度理论就是哲学上的混沌。

灰度不是优柔寡断，不是诡计多端，恰恰是坦诚、坦率。而要做到坦诚、坦率，就要对问题的本质有深刻的认知。在企业里我一直强调要坦诚。什么是坦诚？坦诚就是直面问题的真相和本质，就是忠于自己的内心。所以我一直认为公司里不应该有政治。市场和客户才是我们最大的政治，让他们满意是我们最大的政治。一个有政治的公司就会有小集团，就会钩心斗角和明哲保身等。一个有政治的公司一定效率低下、没有竞争力。关于民营企业的职业经理人我一直强调，不要揣摩老板，你只要揣摩自己的事情。领悟老板的意图和揣摩老板的意图是两回事。

证伪主义与敬畏意识

证伪主义科学哲学对大家来说是一个陌生的哲学流派。大家都知道金融大鳄索罗斯，知道他说的市场易错性这个概念。索罗斯的反身性理论发源于波普尔的证伪主义，而证伪主义最核心的观点是针对逻辑实证主义的。

逻辑实证主义认为，科学主要是建立假说、收集证据、验证假说的一个过程。如果经验证据证明了假说，那么假说就变成了科学，这本质上是一种归纳法。归纳、逻辑推理演绎是科学发展的基本方法，但波普尔对此彻底否定。他认为任何科学都是假说，都不能被证实，只能被证伪。假说被证伪了，科学就前进了一步。经验归纳法是不可靠的。虽然我们在地球上观察到的经验证据都证明牛顿力学是对的，但它也是假说。当人类的活动空间扩大到天体时，牛顿力学就不适用了。所以，在波普尔看来，牛顿力学只是一个假说，不能被证实，只能被证伪。科学就是这样不断地证伪而前进的。就像我们天天看到太阳东升西落，人人都看到了这样的规律，但不能由此归纳出太阳一定东升西落。因为归纳是不可靠的，如果看到相反的现象，东升西落这个假设被证伪了，我们对太阳的认识就进了一步。

证伪主义是非常重要的哲学思想——一切过去所看到的、习以为常的、经验的都是不可靠的！因为这些不可靠，所以我们不能教条，只能"摸着石头过河"，大家都知道这是邓小平最伟大的实践。他曾经说，看准了的，大胆地试，大胆地闯。这对挣脱当时的教条主义无疑具有非常强的指导意义。任正非也非常反对大而空的战略高论，而是提出小创新大奖励，大创新不奖励。他强调渐进式的改革，和邓小平的改革思想如出一辙：不唯上不唯书，强调在实践中试错，强调实践出真知。

我国改革开放初期有部分人极端教条主义，所以邓小平强调主要是防"左"。而对资本主义先进的管理经验、技术，他一直鼓励大胆地用。

证伪主义思想的本质，就是对已经发生的经验、成功、成绩持有高度的敬畏。过去永远不代表未来！哪怕太阳升起了几亿年，也不能确定明天的太阳就一定能够升起。这样的思想在企业经营中使得企业家对过去的成功、对自己抱有强烈的怀疑态度，演化成他们强烈的忧患意识和自我否定意识。任正非经常说，华为没有成功！几十年来，他没有一点成就感，天天想着的就是失败。失败这一天终究是要到来的，泰坦尼克号也是在一片欢呼声中出海的。所以，整个世界都在说华为很成功的时候，他却视而不见，这就是证伪主义的思想潜质。我经常遇到一些企业经理人，没有什么大的成绩，但是把自己说得天花乱坠，这样的人我认为已经到头了。

华为为什么一直保持强大的创新能力、旺盛的斗志？我认为是证伪主义思想从任正非身上移植到了整个组织，从而让组织的成员一直有强烈的忧患意识，在市场上像虎狼一样去拼搏。他对组织的懈怠、自满、懒惰保持高度警惕，并通过形式多样的教育方式（如西点军校、自我评判、连队式的传帮带、芭蕾舞演员双脚的广告等），使组织成员戒骄戒躁、勇往直前。

强调试错，鼓励试错。过去所取得的一切迟早会被证伪，成功只是个伪命题，因为永远不可能被证实，就像上帝不能被证实一样，但是成功可以被证伪。任正非一天到晚就像一个苦行僧，天天喊狼来了狼来了，天天要找过冬的棉袄。正是这样，企业在2008年金融危机时不仅没有死掉，而且得到了发展，从一个散兵游勇变成今天电信行业的世界第一。

对于一般人而言，如果企业从来没有亏损，没有遇到过挫折，一定会暗暗得意。任正非怎么看？他说，别人失败过、亏损过、遇到过挫折，我们没有，这恰恰是我们的弱点！这样一旦有亏损和挫折，我们就不知道怎么面对。这就是证伪主义哲学！

形成这样的思想可能与他童年的经历有关。和索罗斯一样，他的童年只有一个目的——活着。索罗斯的父亲在纳粹的追杀下，机智巧妙地从集中营逃离。任正非一家七口，严重缺衣少食，实行严格的分餐制，否则在极饿状态下大家抢食就会有人饿死。由此形成了人生最重要的精神因子——活下去，而在竞争残酷的电信市场，活下去的竞争态势根本不亚于童年的生存状况。

系统哲学与耗散结构

系统哲学讲的系统，有开放和封闭之分。封闭系统就是拒绝和外界交换信息和能量，故步自封，最后熵值不断增加而走向解体。清朝末年的中国就是这样的封闭系统。改革开放使中国由原来的封闭走向开放，充分享受全世界的文明成果，系统的熵值不断减少，从而形成今天这样的耗散结构，经济呈现出很大的活力。

一个组织始终处于开放状态，需要领导者的思想一直处于开放状态，善于接受外界新的信息和新的能量。华为的开放就表现在很多方面。

首先是走出国门，虽然历尽坎坷，受到美国和欧洲的抵制。其次是尽量雇用当地员工，即吸纳不同文化背景的人，使企业在多种文化交融的环境下不断进化。最后是借鉴人类最先进的文明成果，花大价钱引进IBM等国际顶尖机构的咨询服务，打造出先进的供应链。上述事实证明，华为是一个不断走向开放的系统。

任正非的思想跨度非常大，用互联网思维形容就是善于跨界。当年美国攻打伊拉克，前线部队人数很少，但后台数据和支持非常强大。受此启发，他对整个组织进行整编，把后台进行彻底的改革，使其服务和支持前线的力量异常强大，确保前线能够进行精准打击。至于用军魂、军人的血性来改造企业的思想大家更是耳熟能详。所以，具有跨界思维的人善于从别的系统借鉴新的思想、新的信息，这是具有系统思维的基础。

许多老板都想干一番事业，所以都具有开放的心态。他们乐意引进外部智慧，借力发展，也乐于引进最先进的企业资源计划（ERP）等技术来改造企业，但最终效果都不太理想。

企业作为一个系统，并不是一开放就能解决问题的。就像改革开放初期，如果一下子就照搬西方的民主制度，照搬西方企业的治理结构，那一定会引起政治和经济的混乱。当时的社会是一个很封闭的系统，接受能力和承受能力都很弱，随着社会承受能力的提高，我们进一步和外资开展合作经营、合资经营，这样就逐步从封闭走向开放。

这让我想起十多年前研究民营企业时，受一个研究会计电算化同事的启发（他研究软件成熟度模型），我也以此研究民营企业的成熟度。按内部控制的完善程度、公司治理结构的科学性,我把民营企业按成熟度从低到高分为五个等级,把内部控制不健全的企业定义为最不成熟的企业。反之,最成熟的企业是有健全的内部控制且得到严格执行的企业。

当我们从外部引进人才或者引进技术时,必须考虑企业的成熟度。我曾经担任顾问的民营企业就是个典型的例子。当时企业的成熟度属于第二级。内部控制是存在的,但成本核算、销售费用结转分摊等非常混乱,以至于哪个产品赚钱、哪个产品亏损连最高层都不清楚。存货的盘点、应收账款的追踪都有相应的制度规范,但执行过程中出现偏差时和责任人的奖惩没有严格挂钩,也没有做到像海尔那样日清日结日高。这样每次盘点有偏差时,当事人往往为了图方便更改数据。管理层也知道此事,但都认为偏差不大,查起原因来非常麻烦,从成本效益来看并不经济。这个偏差算了,那个偏差也不大也算了,一直延续下来就使整个企业的内部控制制度在执行过程中慢慢走样,以至于企业的成熟度慢慢下降。在这种成熟度的条件下,企业花了1 000多万元引进ERP技术,虽然各方尽了最大的努力,但一年以后仍无奈地宣布失败。1 000多万元的投资打了水漂。

所以,在企业没有达到相应的成熟度等级时,即使老板有开放的思想,吸收外部智慧和引进ERP等技术也很难达到应有的效果,甚至很可能以失败告终。企业在吸收外部智慧和引进ERP等技术时,一定要评估自己处于哪一个成熟度阶段,再进行相应的选择。

微信上流传一篇文章《华为榨干了咨询公司的价值》。当年华为花了好几亿美元请IBM进行流程改造,企业内谁不服从谁走人。实际上确实有不少人因不能接受而离开。事实证明,这次引进服务是成功的,说明华为的系统不仅是开放的,更重要的是和当时IBM的服务所需要的成熟度是吻合的,否则再强势也没有用。

华为在几十年的发展中一直强调拿来主义,不是盲目创新,而是借力发展。在发展过程中不断提高组织的成熟度,又不断引进更高级的咨询服务，用几十年的时间就走到了电信行业的世界第一。

企业是一个开放系统，要不断和外界系统交换信息和能量。对于中小企业来说就是不断向外界借力。对于中小企业的借力我深刻的体会是，技术、制度建设等方面都可以借助外力弥补短板（当然企业的成熟度要处于相应的等级），但是能力是借不来的。例如，借助外力销售，可以短期内提升一些销量，但不能形成能力。何况有些人会忽悠，就如同南郭先生一样，结果连量都冲不上去，白白浪费钱，还闹个不欢而散。所以，我们没有捷径可走，只有靠招聘、猎头等渠道，寻找符合要求的人力资本，让他们和企业融合在一起，一起成长，打造出一个有竞争力的团队。而依靠外来团队提升销量，无法避免他们的机会主义。当结果没有达标时，又以各种客观原因做借口，这样很容易把企业引向迷途。

一个企业帝国的诞生，也是一门哲学的诞生

以世俗的眼光看，企业家一定是受尽人间折磨、历尽艰难坎坷、焦虑恐惧、孤独彷徨的那种人。他们一直谦卑、低调，对世俗的欲望损之又损，慢慢达到无为而无不为的状态。他们洗尽铅华，永葆初心，最后复归于婴儿，成为老子所言的天人合一的"真人"。

当企业家达到这种境界时，与之相伴随，一个企业帝国就诞生了，一门哲学也诞生了。对华为来说，这个哲学流派的名称可以叫任正非，也可以叫华为。至于老子、波普尔，只是我为了方便借来认识它的工具。与其说任正非创造了华为这个企业，不如说创造了华为这门哲学。

企业家都强势

企业家作为一个群体，有许多普遍的标签：偏执狂、神经质、疯子。有关女强人董明珠的一句话大家都知道：她走过的路都不长

草。史上最毒的企业家韦尔奇被称作"中子弹",什么都击得穿。

他们有些神经质,有些偏执狂。他们有些人经常大发雷霆,甚至像乔布斯那样有时候耍赖。在人们的眼中,黄光裕可能最有老板样。他平时深居简出,和高管保持距离以维持神秘感。平时给高管布置任务时,说的也是言简意赅、不明不白。这些高管开完会,摸不清老板所说的真正意思,又不敢随便问,彼此要反复讨论达成一致以后才敢去执行。所以黄光裕手下的高管见到他就害怕。还有比他更出格的,如果在电梯里看到谁不顺眼,乔布斯立即叫他走人。虽然传记有些夸大的成分,但乔布斯把周围的人折磨得死去活来是不争的事实。

但就是这样魔鬼一般的老板,去世后许多高管都怀念他。没有了乔布斯,苹果的许多高管跳槽到谷歌,因为没有魔鬼般老板的折磨,他们就失去了成长的力量。

他们强在哪里?他们凭什么强势?他们的强势学得到吗?他们的强势是企业家最本质的特征吗?

让人发抖——洞若观火

许多企业的高层见到老板都心里发虚,手心冒汗,甚至浑身发抖。这并不是因为老板有多么恶毒,而是因为老板对人、对事、对趋势有一种深刻的洞察力,即所谓的洞若观火。

许多企业开会时,经理人喜欢对过去进行数据分析,引入各种工具分析存在的问题,做出好看的PPT。这些往往会被老板粗暴地打断,甚至被骂做"垃圾"。

什么是管理?管理就是创新。创新的方向在哪里,创新的点在什么地方,这些都需要洞察力。所以,在企业里一个人具有竞争力,关键在于对企业存在的问题、对关键岗位的人、对产品发展的方向、对组织结构的运行情况,需要有一种洞察力。这种能力是不断用自己的整个身心去思考、去体察、去试错的结果,而不是借用

SWOT、PEST 等工具的归纳和总结。

  我们在学校所学的叫知识，这些知识属于技能范畴，是一种显性的东西，只要有一定的智商、付出一定的努力，都可以掌握。这些显性的知识不具有稀缺性。而企业管理中所稀缺的是洞察力、想象力。这些叫智慧。智慧是正规的学习中学不到的，是需要每个人真正热爱自己的事业，把全部身心融入其中而慢慢悟出的"道"。

  企业家一般都有洞若观火的特性。他们不一定亲临一线指挥，对生产流程、财务信息、销售技巧却能一针见血，指出的问题让人叹服。这并不表明老板是天才，无师自通。恰恰相反，许多老板并不是非常聪明的人，但都是异常勤于思考的人。他们不一定是天天学习的人，但一定是天天向上的人、不轻易放过一个问题的人、能从一个现象看出问题本质的人。他们不轻易相信所谓的专家，也不轻易相信下属的报告，而是既能深入第一线，又能不断提出为什么。他们不断深度思考，对企业每个领域存在的问题、每个领域的特点，都在梦中、在路上、在任何时间和地点反复思考和不断感悟。他们不唯书本，不唯专家，不唯下属的报告。他们深度思考，自我批判，对每个领域都练就了火眼金睛，如同在丹炉里修炼完的孙悟空，洞若观火。

  所以，强势的企业家看上去像魔鬼，实际上是因为他们洞若观火。当年通用电气的高管见韦尔奇时精神都饱受折磨，他们从韦尔奇办公室出来后，不得不到人力资源总监的办公室坐很长时间，得到人力资源总监的安慰后才能平静下来。韦尔奇经常挂在口头上的一句话是"你完蛋了！""中子弹杰克"的名声也由此而来。

  在这样魔鬼一般老板的威慑下，通用电气团队成员成为猎头公司重点进攻的对象，通用电气成为企业家的摇篮，为美国无数大企业输送了无数杰出的 CEO。

斩立决——对价值观的死命坚守

所谓价值观，就是对错的标准以及对这些标准的执行。企业作为一个组织，是由许多想法不同、追求不同的人组成的。而人性是管理中永恒的话题。人都希望少付出多享受，有漏洞时本能地希望做出有利于自己利益的事情。组织越大，就越复杂。

为了保证组织能够生存下去，真正的企业家都有这样的特点：把价值观这个看起来比较虚伪的东西挂在嘴上，而且成为"杀人"的工具。

他们的强势就是对价值观的死命坚守，在价值观这个原则方面没有折中和调和的余地，也没有下不为例的暧昧。从外面看，他们就是"杀人"不眨眼，活生生一个"刽子手"。

坚守价值观在中国转型时期确实是非常难拿捏、难把握、难处理的一件事情。但我要说的是，在这样复杂的转型期，在关键是非标准面前不妥协、不迁就的企业反而能够做大。而那些迁就不择手段地拿来订单、迁就犯了原则性错误下不为例的能人的企业，最后都没有很好地发展起来。原因就在于，不是迁就了一个人的问题，而是让所有员工都知道企业原来是说一套做一套，所谓的原则、规则只是贴在墙上做做样子而已。由此，一旦有机会、有漏洞就会充分利用成为大多数员工的共识，结果可想而知。

当年阿里巴巴费了很大的心血才引进了卫哲，作为 CEO 的他并没有辜负马云的期望。但阿里巴巴的员工在巨大的压力下与客户勾结造假，马云毫不犹豫地拿掉卫哲，整个决策时间不到半小时。用他的话说，价值观是绝对的，任何人都没有回旋的余地。

为什么中央"八项规定"的效果显著而深得人心？用一句话"斩立决——对价值观的死命坚守"概括就足够了。在是非和对错标准的价值观面前，如果下不为例、折中、调和等，就会慢慢走样，到最后形同虚设。所以，我们看到一些能够真正做大的企业的老板，在"杀人"的关键时刻非常果断、生猛、义无反顾。不是他们没有感情，不念旧情，不念旧功，而是价值观是绝对的，是不能商量和讨论的。

扭曲现实世界——化腐朽为神奇

有位朋友的创业项目让我提提意见，大多数人都说这个项目可行，而我最后说，这个项目不要做了！因为一般人都说行的项目，很可能就是一个平庸的项目。

芸芸众生，绝大多数都是平凡的人。他们只看到眼前，看到的是困难、局限，是自己眼中的一亩三分地，他们看不透未来，没有那种愿景穿透力。企业里也一样，员工只看到现在，看到太多的"不可能"。企业家提出了远大的目标，尤其是超越强大的竞争对手，或者是人类从来没有实现的目标，员工会认为这些都是不可能的，是异想天开。

眼前的现实与企业家所提出的目标之间存在一条巨大的鸿沟。这条鸿沟由多种因素造成。有员工心理懒惰、留恋舒适区的诱惑；有信心缺乏的困扰；有学习能力不足，面对新情况、新困难无所适从的困境。所以，企业家提出的目标如果让员工投票，一定会被否决。

能够成为企业家的人，面对上面所描述的状态，都有一种强大的扭曲能力。用一个形象的比喻就是：这种扭曲能力就像气功师发功把一块坚硬无比的钢板弯曲变形一样。

企业家能够面对无数个有形和无形的限制条件，扭曲员工的观念、认知，甚至扭曲员工眼里看到的一清二楚的现实环境。企业家这种强大的扭曲能力来自他的愿景所激发的力量。这是一种"有生于无"的力量、一种化腐朽为神奇的力量。

这种扭曲能力在企业运行过程中表现出来，就是企业家强大的执行力。

因此，企业家既把价值观、愿景、使命挂在嘴上，又是非常严谨的执行大师。一旦制定目标，他们就全力推进，对整个过程的关键节点进行跟踪、督导，不断纠偏、修正。这种执行能力表现为：在每个关键节点上，必须按照要求一个一个地实现，不达目的誓不罢休。

在实现目标的过程中，一定会面临无数的困难以及信心不足，也一定会面临无数的方向性困惑，企业家就需要发挥其现实扭曲能力。这种能力越发挥到极致，就越能够实现目标。

乔布斯一生信奉现实扭曲场。曾经有一个软件项目，按照正常、理性的进度要半年完成，他却提出要一个月完成。执行任务的人听到后当场吓晕，但在他扭曲场的作用下，不得不吃睡都在办公室，连夜作战。就在一个月的最后一天，员工连续奋斗了36小时终于完成了任务，有人当场就倒下睡死过去。

我们并不讨论这种扭曲对员工身体健康的损害问题（他得了癌症后也想扭曲这个现实，拖了一年没有治疗因而贻误了时机，使世界上失去了一个伟大的企业家），我只想说，在做预算、规划项目、分配资源时，千万不要轻信高管和员工的话，他们希望人越多越好，费用越多越好，时间越长越好，提成越多越好。企业家只有拥有这种强大的扭曲能力，才能战胜现实中的困难，才能战胜员工的懒惰、顽劣等，使企业朝着既定的目标前进。

为什么许多人很强势企业却死了

现实中也有一种企业老板看上去非常强势，一会儿大刀阔斧地"砍人"，一会儿豪情万丈地向前冲，摆出不达目的誓不罢休的架势。但最后员工走了，企业还是垮了。这种所谓的强势，实际上是瞎指挥，是叶公好龙。所谓叶公好龙，就是指表面上标榜自己具有某种价值观，当客户至上能够为企业带来利润时，他们会努力去满足客户的需求；而当造假、偷工减料能够赚快钱时，又把当初标榜的价值观丢到一边。

一个强势企业家的力量，追根溯源，一定来自生命源头最强大的生命力的召唤，这种生命力就像万丈瀑布，川流不息，由此衍生出强烈的事业心，衍生出愿景和使命感，进而能够鼓舞人、感召人、唤醒人，使员工虽然恨你但又对你欲罢不能，虽然痛苦但又苦中有乐，企业虽然是炼狱但又是人生的大熔炉。

这就是企业家强势最根本的秘密！

企业家具有英雄的基因

由英雄塑造的历史和未来

在我到过的地方中，有一个城市和任何地方都不同，不知道为什么它让我那样梦牵魂绕、激动、留恋。

这座城市没有美国西部大峡谷的壮丽，没有尼亚加拉大瀑布的雄伟。仅从自然风景看，它没有什么能让我们不能忘怀的。那原因是什么呢？这也是我一直好奇的地方。

这座城市名叫圣彼得堡。那穿过整个城市的涅瓦河，那一排排整齐的白桦树，以及白桦树上数不清的红领巾都让人流连。即使在九十月也非常寒冷，刺骨的寒风让人不寒而栗。在那里，不喝伏尔加是没法生活的。

城市人烟稀少，看不见俄罗斯姑娘，只有俄罗斯大妈在寒风中等公交。这里没有中国的热火朝天，也没有中国的熙熙攘攘，人们休闲地生活着。

就是这样的城市，为什么回来后我还念念不忘？我去莫斯科没有一点感触，而圣彼得堡却使我有再去一次的冲动。

这是一种不自觉的念头，我一直在思考原因。有一次，我脑海中突然冒出一个词——英雄的城市！这个词一冒出，我就立即释然了！

是的，这是一个英雄的城市，让我感动，让我震撼，让我不能忘怀。这里发生过著名的列宁格勒保卫战，这里是艰苦卓绝的反法西斯战争的主战场，千千万万的少年儿童在这里被纳粹杀害，人类历史中惨绝人寰的暴行在这里发生过。但是，只有一件事绝对不会发生——屈服！英雄的圣彼得堡人民以极大的牺牲，忍着零下40℃的极寒，没有衣服也没有粮食，即使整个世界都失去了，他们也没有放弃必胜的信念，绝不屈服于纳粹的暴行！那白桦树上系着的一条条红领巾是那么鲜艳，那么让人心碎。

是圣彼得堡人民不屈的精神、圣彼得堡人民英雄的赞歌，让我不能忘怀！

我终于明白了，为什么一想起那涅瓦河、那白桦树、那红领巾、那生死通道，我就梦牵魂绕，就想再一次去朝圣这个英雄的城市！

我的床头一直摆着两本书：一本是《钢铁是怎样炼成的》，一本是《早晨从中午开始》。摆这两本书是我不自觉的行为。实际上我也好奇自己为什么有这种行为，这两本书我都不自觉地看了20遍以上。

《钢铁是怎样炼成的》开始吸引我的地方是小时候看的同名小人书里，保尔向神甫家的面粉里撒烟沫，被神甫拧耳朵的记忆。那个时候没有书看，所以这个记忆特别深刻，特别喜欢看这本书。但后来为什么看了几十遍？仔细回想一下，是因为保尔那顽强的斗志、绝不向命运屈服的毅力，即使全身瘫痪，只要生命还在就绝不屈服，就要让自己的生命散发出光辉！

我想，正是因为这一点，这本书在不知不觉中感召我，让我像"傻子"一样一遍一遍地看。

路遥的《平凡的世界》就是我们曾经的世界！每年路遥的生日和忌日都有一大批粉丝在网上热泪盈眶，非常感谢路遥的作品给他们的人生带来的力量。网上留言中有人说:"只要迷茫了、丧失了前进的动力,就把《平凡的世界》拿出来读一遍。"

我曾经说,《平凡的世界》就是我的圣经。小说的开头简直就是我高中吃饭的场景,让我感慨万千!一看到路遥的文字,我就会被感动、被激励。

《平凡的世界》的主题是什么?永远不屈服于命运!不管环境多么恶劣,永远不要丧失奋斗之志!

路遥生活的地方和时代非常贫穷和落后,但他热爱那片土地和那片土地上不屈的人民!他像啼血的杜鹃一样,深情地讴歌那片土地和那片土地上的人民!他饱含深情,深沉地爱着那片土地,他自己就是不屈服于命运的安排、饱含奋斗激情的一分子!

这块土地就像圣彼得堡一样,是英雄的土地,土地上生活着英雄的人民!不管多么贫穷,不管条件多么恶劣,他们从来没有丧失追求幸福生活的热情,从来没有丧失对生活的信心。

在讴歌这样伟大的生活、英雄的人民的过程中,路遥陶醉着、呼唤着、哭泣着,他把自己的整个生命都融进那片多情的土地。他立志要为这段人民奋斗的历史留下一首赞歌,哪怕牺牲自己的生命也在所不惜。正是因为这样的真情、这样的深情,即使离去多年,他的歌唱、他的灵魂还在激励着无数人!

是的!回过头想一想,改革开放几十年我们取得了伟大的成就,就是因为这是一片英雄的土地!就是因为这里有着不向命运屈服的英雄的人民!

中华民族曾经灾难深重,受尽屈辱,但是几千年来,我们的基因里一直流淌着英雄的基因!我们绝不屈服!我们从没有屈服!

路遥唤醒了我们民族英雄历史的记忆,唤醒了我们对英雄人民无限的热爱!

他的随笔《早晨从中午升起》叙述了《平凡的世界》写作的起因、艰难的过程。我前后看了几十遍,今天终于有机会把自己内在的动机找出来。

人首先就是作为英雄胜出的。在无数精子的竞争中，只有一个赢得了最终的胜利。整个人类的历史实际上也是一部英雄辈出的历史。无论是面对法西斯的残暴，还是面对巨大的自然灾害，都有无数的英雄挺身而出。他们不畏强暴，不畏艰难困苦，永远对未来充满信心；他们具有坚韧不拔的斗志，无论遭受多少失败都不放弃，直至实现胜利的目标。人类正是在这些英雄的带领和感召下，才不断克服战争、疾病和贫穷，创造了异彩纷呈的物质和精神文明。

在中华民族的发展史上，也是一批批英雄推动着历史的前进。今天，同样是靠无数的英雄塑造我们的未来。

企业家是有英雄情结的人

在市场经济的今天，那些称得上企业家的人就是我们时代的英雄！他们具有英雄的基因。他们养活了多少人，交了多少税，创新了多少产品，推动了多少制度的改革？这些都是英雄壮举的见证。

柳传志说：我是有英雄情结的人，创办联想时我就想做大事，想把联想办成一个基业长青、长久发展的大企业。

刘永行一直认为，企业家是具有英雄基因的一群人。企业家也必须撞醒、激发和守护团队的英雄基因。只有撞醒员工争当英雄的意识，才能激发他们的潜能。所以企业家要激发企业中每个员工的英雄基因，让他们愿意为了生命的光辉去拼搏，去争当英雄。把企业员工的英雄基因激活了，企业就会成为英雄的企业，老板就会成为更大的英雄。

我们每个人都要拼命激活自己生命中的英雄基因。无论处在什么年龄，当你的英雄基因激活时，每天的太阳都是新的，你的生命总是十八岁。

凭借无数英雄的不懈努力，贫穷落后的面貌已经彻底改观。今天的老人可以拿补贴，农民有医保。小时候看到的人们有病就等死的现象没有了！兄弟为了不赡养父母打斗的现象也没有了！

我们都要像企业家那样在残酷的市场洗礼中争当英雄，激活自己生命中的英雄基因，和生活在一起的人们共同去创造，去拼搏。为了这片土地上有更多的欢声笑语，为了所经历的这个英雄的时代，也为了后人怀着无限崇敬的心情追忆这段英雄的历史，就像中华民族历史上伟大的英雄一样，在奋斗、竞争、艰难困苦中创造一段属于我们的英雄的历史。

企业家是不破不立的人

经济活动的三个层次：创造、构造和建造

我总是喜欢思考一些奇怪的问题，这些问题进一步思考下去则会对企业管理等方面有一些新的见解。

我常在机场看到书店里播放上课视频。其中有个人叫刘某某，还有一个人叫翟某某，梁宏达专门对这两个人进行了解剖。前者中专没有毕业，从保险营销中学到了怎样激发人的潜能，一下子着了魔，一发而不可收拾。他的课程一般是 3 天，人数是在 5 000 人以上，几年前的收费是 3 天每人 5 万元。现在则带领一帮老板去印度灵修，收费每人在百万元级。要知道，这些听课的老板都是精明人，他们不仅愿意来听，而且所费不菲。

翟某某主要讲授中国传统文化。看到他用"天地不仁，以万物为刍狗；圣人不仁，以百姓为刍狗"来骂日本侵略者是狗，我当时就笑坏了。网上许多人都揭露他根本不是什么教授，但是听众依然不减。

还有一个大家都知道的颇有争议的人物于丹，曾经被多所高校的博士、教授联名反对，但是广大听众照样追捧。一个鲜明的例子就是《于丹〈论语〉心得》卖出了 500 万册！

反观某些教授，上课时学生睡觉的多，靠每堂课点名来维持人数。老师讲得痛苦，学生听得痛苦。

为什么大学课堂上博士、教授讲得让人昏昏欲睡，而这些人讲的，多少人不仅听而且要花大价钱去听？于丹讲的《论语》确实有不少错误，那些专家认为于丹玷污了《论语》，只有他们才代表正宗的解读，所以群起而攻之，但这丝毫不减她的光芒。

我也在视频里看过有个教授讲《道德经》，下面不知从哪里拉来了几个学生，冷冷清清，因为没有自己的创造，仅是对老子思想的诠释、解释，所以学生听得打瞌睡。

董明珠原来是一个36岁的家庭妇女，迫于生计出来打工，应聘到格力做销售，一路做下来，整个公司1/3的销售额都是她一人做的。董明珠从来没有学过营销管理，而靠自己的摸爬滚打成了营销女王。

这样的话，大学里的营销课程是怎么回事呢？营销课程还有学的必要吗？

以上事实表明，他们没有闪光的头衔（于丹除外），却有大量甚至无数的粉丝；他们没学过营销专业，却做到了营销之王。为什么？因为他们每一个人都是在创造！

创造的特点是独一无二，从来没有人做过。刘某某在一个视频中说古代老子的老师是红尘，他的老师也是红尘。也就是说，他们没有老师！创造是不能通过学习、模仿、复制、改变而得到的，创造是没有老师的！

那么，营销管理教科书是怎么回事？和董明珠的营销有什么关系？

教科书是对营销人士营销活动的总结、归纳、概括，还包括一些所谓的理论提炼。这些是对创造性的丰富多彩的营销活动静态的总结和分析，是对结果的归纳。而营销活动本质上是一个创造性的、面临各种各样复杂的情况、需要现场应对和决策的过程，这不可能在教科书里刻画出来。

那么,学生通过学习营销管理这门课程能得到什么?他们可以知道一些常识,我把这些常识叫作显性知识,即事后静态的归纳总结式的知识。学习营销管理,可以少走一些摸索的弯路,知道一些渠道、分销商、消费者心理、终端动销等营销知识,也知道一些对消费者进行调查的技术。只要具有一定的智商,又愿意花时间这些都可以掌握,但离实际上的营销还相差十万八千里。

营销考验的是人的意志、权变、心理,检验的是人的反应能力,对消费者、市场、竞争对手的洞察力、理解力,以及创造力。这些能力、心理、意志等隐性的东西,教科书上不可能有,也不可能通过大学的课堂学习到。

总之,营销管理是实践,是创造,是创新,是意志力、心理素质、斗志、毅力等无形要素的较量,这些能力永远无法在课堂上练成。

这也解释了为什么大学课堂枯燥无味,因为老师不过是在对别人丰富多彩的结果进行解释、归纳和分析,是在讲别人的故事。别人的故事讲得再精彩,依然是别人的。而这些人的课程是一种活生生的创造,是创造就难免有错误,甚至贻笑大方。

即使最权威的红学家,对《红楼梦》的生生死死研究得最权威,也不过是对曹雪芹了解得最全面、最充分罢了,创造者还是曹雪芹本人。

所以,那些认为自己对《论语》研究得最权威的专家,对于丹的讲座嗤之以鼻。他们就算研究《论语》最权威、最准确,也只是不出错罢了。他们都只是解释者、诠释者、引经据典者、博引旁征者、考据者、资料收集者,并没有创造。于丹则创造性地发现,转型时期人们存在心理困惑,需要心灵鸡汤,又创造性以《论语》的典故、思想来满足这些困惑的人们。所以,创造性是于丹的标签,有创造就一定有错误,我确实发现于丹所讲的诚信是错的,但这并不妨碍她的创造性。《论语》在这里只不过是她创造性地满足客户的一个道具。也就是说，《论语》已经不是孔子的《论语》，而是于丹的一个道具，她并非来解释、诠释《论语》。她发现人们的心灵需要慰藉，从而用《论语》作道具最恰当地满足这个要求。所以，《论语》已经变成于丹的《论语》，而不是孔子的《论语》，变成她心灵鸡汤中的一个鸡块了。如果没有这个创造性，《论语》本身就毫无意义。《论语》已经流传了几千年，为什么到于丹手中就活起来了？多少人一直在解读和诠释《论语》，为什么到现在才火起来？除了现代传媒、传播的作用，最主要的就是这个创造性。也正是由于这个创造性，才让于丹的书发行了500万册。从这个意义上说，即使最差的创造，也比最完美无缺的复原好。

同样的道理，有本历史书我非常喜欢，平时舍不得看，要到出差时才会拿出来享受。这本书我之所以如此喜欢，是因为作者在浩瀚的史料海洋里，找到了红军时期的公告、海报、信件等看上去无比繁复的资料，通过对这些史料的梳理，把中国革命的脉络清晰、客观地呈现在我们面前。这就叫史学权威。作者的历史领悟能力、史学感知能力、逻辑分析能力等奠定了他在历史学界的地位。我喜欢这种横穿历史长河、把控历史脉搏、驰骋在异常繁杂史料间的能力。无论我给予怎样高的评价和肯定，从根本上说，他还只是复原工作做得最精彩、复原水平最高的。就像一个破碎的古玩，他用高超的工艺使其完整地复原出来。所以，他并非创造，只是把破碎或者混乱颠倒的历史还原出来，这当然是历史学科的特性决定的，我在此只是想说明创造和非创造的区别。即使这样的杰作、在我看来非常了不起的工程，也都不是创造，不过是非常艰难的伟大的复原而已。

基于此，我把经济活动分为三个层次——创造、构造、建造。

这三个过程可以用哲学中的道、法、术进一步阐述。

创造是道：我定义的创造即毁灭。

构造是法：构造价值实现的新范式、新通道，即寻找方法，更多来自专业的判断和反复的实践。

建造是术：按照既定的方式方法，结合相应的术（手段、技巧）予以执行和落实。

为了说明它们之间的关系，我举几个典型的例子。

美国著名建筑设计大师贝聿铭的设计就是创造，独一无二，匠心独具，让人尖叫。这种创造主要是他对建筑的形象、理念、风格、文化等独特的定位和构思。他的设计思想化为方案就是图纸设计，这也是非常艰难的构造过程。把图纸变成建筑就是建造。

广告业同样如此。《洞察远胜创意：世界最富创意的广告公司BBDO》一书中讲的也是这个道理。广告最有价值的是文案，就是在广告拍摄之前的那几句话或者一句话。例如，百事可乐1984年的广告语是"百事可乐，新一代的选择"，这么短短的一句话就是广告的创造，后面丰富多彩的广告画面、明星代言、音乐搭配等都是构造，那些现场跑腿的则负责建造。

创造的本质是破坏和毁灭

经济活动的创造、构造和我们所说的创新有什么关系？

按照熊彼特的说法，创新就是"建立一种新的生产函数"，就是把一种从来没有的关于生产要素和生产条件的"新组合"引进生产体系中，以实现对生产要素或生产条件的"新组合"。经济学研究的创新就是指资源的不同组合，实际上就是改变，包括对流程、商业模式、产品配方、工艺路线等的改变，可统称为创新。

但我所定义的创造、构造和建造三个层次更能把经济活动的本质揭示出来。

创造就是破坏。它最大的特点是对原有的毁灭、破坏、摧毁。破坏是对已经建立的标的物的粉碎、毁灭、推翻、摧毁，以再建立新的标的物。这个标的物可以是制度、模式、产品等，而创新仅仅是新的搭配、组合、优化。

人类社会在从事经济活动的过程中，逐渐摸索出一套行之有效的规则、制度、原理、原则、纲要等，这些是人类在几百年的市场经济中逐渐摸索出来的有形和无形财富。后发国家都是通过学习、借鉴、模仿这些而不断追赶甚至超越。一个国家、一个行业等组织内也会形成一些规则、制度。这些规则、制度都是利益相关者博弈的结果。能够形成大家的共识，往往是一种多赢、均衡的结果。这一状态是所有参与者的参与约束，必须遵守。

这些规则、制度是整个行业甚至整个人类多少年所形成的惯性力量，慢慢就会形成固有的思维定式甚至是顽固势力。怎样才能破坏这些牢不可破甚至如铜墙铁壁一样的顽固势力？靠破坏性的创造。

创造者就是敢冒天下之大不韪者！他们对这些所有人都接受、都认为牢不可破的规则、制度，轮起千斤大锤予以粉碎。就像苹果公司1984年名字叫《1984》的轰动一时的广告一样，开篇便是极具冲击力的画面。面无表情的人群机械前行，大屏幕上的独裁者正"慷慨陈词"，喋喋不休地告诉呆坐的人们什么是个人电脑（PC）。这时一位手拿大锤的女子冲入人群，高抛重锤将屏幕砸碎。这则广告震惊了所有美国民众。

抡起大锤者有几个明显的特征：必须有力量举起千钧之物；必须有勇气砸下去，因为现状是人们普遍接受的；必须对所有人制定的规则有"和尚打伞无法无天"的气概。

企业最核心的能力由企业家的破坏力决定

哈佛大学教授克莱顿·克里斯坦森《创新者的窘境》一书一出版就引起轰动，因为它颠覆了人们的一个常识。他通过许多案例得出一个大家意想不到的结论：许多企业并不是管理不善而死，恰恰是管理得太好而失败了！例如诺基亚。企业进入一个新的消费市场，开始时通过研发不断提高产品的性能，随后不断压缩生产成本，对管理中的跑冒滴漏进行严格的控制，最后则在这样精细化的管理下反而被一些不知名的企业逆袭，待反应过来时已经丧失了争取主动的机会。企业家在企业前进的方向上有很大的发挥空间，总是通过波特所说的价值链优化来获取核心竞争力。

不仅在研发、成本控制领域是这样，在企业的许多方面都有这个问题。例如员工的激励，开始时现金激励可以激发员工的奋斗精神，持续下去就会出现激励疲劳。为了使员工和企业同心同德，许多企业引入股权激励。但是，随着时间的延续、股权的增加，一些人凭股权的分红和增值就可以获得很好的收益，逐渐丧失了奋斗的动力。

以上种种情况在一个企业里不断出现，这也是许多企业发展到一定程度后改革推不动的原因。许多既得利益者抵制改革，想维持现有的利益格局。人皆具有思想惰性，习惯在既定的方向上前进，不愿意跳出既定的模式，不愿意脱离舒适区。所以，在这个时刻需要企业家强大的破坏力。企业家在关键时刻需要具有敢于砸烂一个旧世界、构建一个新世界的勇气。

当年通用电气的琼斯花了 7 年时间来选择接班人。通过飞机面试法和群众推荐法等措施，经过无数次考验，最后剩下 4 位非常优秀的候选人，不知道选谁好。尤其是韦尔奇，许多人对他有意见，认为他脾气暴躁、横冲直撞、不知道折中和妥协。而琼斯认为，通用电气发展了这么多年，积累了许多深层次的矛盾，机构官僚，臃肿庞大，人浮于事。需要有一个人去破坏，才能把通用电气带上新的高度。所以，最后他力排众议，选择了这个历史上最成功的 CEO 韦尔奇。

组织发展到一定阶段，都会有惰性和惯性。为了提升竞争力，组织会不遗余力地扩大规模、降低成本、扩张渠道、研发新的产品系列，通过绩效评价、研发投入、广告宣传等，把组织从初创期发展到成熟期。怎样拉长组织的生命周期？需要组织在前进的每一个环节都有破坏的力量！破坏的力量和建设的力量是相反的，构造和建造都属于建设的力量。一个缺少破坏力的组织，会慢慢产生惰性，产生路径依赖而不知。

组织成员不断处于构造过程中，而企业家在组织发展到一定阶段时就抡起大锤，砸烂原来的程序、制度、模式和规则，企业家一直扮演着双重角色——既是创新倡导者，也是规则破坏者。

企业必须有一个CEO，但几个CEO人选都有自己的优缺点，而且水平相当。如果任命其中一个，其他人可能就会被别的企业挖走。基于以上考虑，任正非创造出轮值CEO制度。他是从美国在野党和执政党的竞选中得到了启发。民主党偏公平，会强调全民医疗等福利；而共和党偏效率，会主张减税。在开始执政时都会产生比较好的效果，但一直实施下去就会引起选民的反弹，所以两党之间的轮流执政可以在公平和效率间形成一种制衡。轮值CEO制度也是对有人激进、有人和缓的一种纠偏和制衡。这是自有公司组织以来对CEO制度的破坏。所以，一个组织最核心的能力是企业家的破坏力！华为之所以生命周期不断拉长，就是在于任正非对组织强大的破坏力。

董明珠对家电行业先铺货、销售后再回款这一所有人都接受的规则嗤之以鼻，彻底粉碎，变成先打款再发货，为此不惜和流通巨头闹翻。格力之所以快速成为行业龙头，就在于她对行业强大的破坏力。

这里需要说明的是，任何一个经济学意义上的创造都是毁灭、破坏、摧毁。互联网企业好像是另起炉灶，不是对旧制度的毁灭而是凭空创造，其实不然。互联网企业恰恰是对传统企业交易模式的毁灭。

一个企业家摧毁的深度和广度越大，组织的根基就越深，组织的生命力就越旺盛。

这也说明了为什么赢者通吃。因为赢者是创造，后来者都是复制、模仿，最多是构造，所以永远不能和创造者平起平坐。微信刚推出时，马云搞了个软件"来往"，强行要求员工每人落实一千人，最后还不是以失败而告终？这充分说明了创造的力量是强大的。

规则、制度等既是利益博弈的结果，也是人的认知的结果。所以，对规则的破坏就是对人的认知的破坏。有些认知几乎成为颠扑不破的真理，任何人都不会认为有问题。如果你能够破坏这些真理性认知，一定会成就一个伟大的企业。例如，阿里巴巴摧毁的是人类传统的交易模式，谷歌摧毁的是人类传统的信息搜寻模式等。

认知会受到某种路径依赖的影响，所以人总是受过去、既定、约定成俗的规则影响。这个规则越是时间久远、范围广泛，越是整个人类社会的公理、真理，人们对它越是敬畏。所以具有强大破坏力的人，从精神气质上藐视一切，不受任何过去的羁绊，就是处于前面所说的空杯状态。一个组织的建造、构造决定了组织的规模、范围，也就是钱德勒所说的范围经济和规模经济。一个组织的破坏力则决定了组织的生死存亡和升级换代能力。

经济学、管理学中有无数的案例分析来研究组织怎样突破，也有许多比较成功的理论。蓝海战略就通过价值曲线重构来建造一个蓝海，定位理论则研究如何重新进入消费者的心智而赢得选择之道，这些都曾经非常流行，对管理思想形成了很大的影响。但从本质上看它们还是属于构造的范围，就是重新组合、创新的范围。

纵观我们的民营企业，最基本的建造都做得不好，例如内部控制没有很好地建立或者严格地执行。客观环境的复杂性使我们如果严格按内部控制执行，就显得过死。结果是今天一个例外、明天一个例外，内部控制慢慢变形和走样。

构造则是传统意义上的创新。职业经理人大多是为了生存，满足考核要求是根本，所以缺少创新的动力。我曾经在集团层面设置一些创新的指标对子公司进行考核。子公司则变着花样把各种本属于正常的运作作为创新报上来，集团要花费大量的精力去判别创新的真伪。这和当时设置创新指标的初衷相距甚远，最后不得不放弃。

创造在民营企业更是无从谈起，高速发展的经济让企业并没有强大的生存压力，导致企业的创造力彻底萎缩。

破坏性力量的来源——自我认知

人的破坏性除了无法无天的精神气质，也与自我认知有关。自我认知可以分为三个层面：自知、自省、自察（三自）。自知就是我是谁，我将往何处去；自省就是对过去的不足、缺陷等进行自我批判；自察就是对自己的思想和行为进行省察。例如，在企业内部进行改革时，我们都不遗余力。尤其是这些制度改革取得进展和成效时，我们会进一步加大力度，信心更强，推行改革的意志更坚决。但是，随着时间的推移，内外部环境发生了改变，人群的偏好、人的心理结构等都发生了改变，而我们对制度的落后却浑然不觉，缺少省察。

不仅一个人会这样，一群人也会这样。在牛市时，许多保守的人看到别人发财后，也忍不住冲进去。越来越多的人冲进去后，指数不断创新高，基金超发、配资、杠杆等都用到极致，所有人都被发财刺激着，所有人都在谈股市。如果这个时候有人谈论风险，一定会被骂、被嗤之以鼻，因为大家都抱着此时不搏更待何时的气概。所有参与者被不劳而获和一夜暴富的梦想刺激，自察力彻底丧失。丧失的后果是，当大盘终于撑不住下降时，绝大多数人都认为是暂时的调整，不会改变牛市的特征，媒体也一直说下跌是暂时的，牛市才刚开始。许多人更夸张地说：要是赌国家输，就抛；要是赌国家赢，就坚持。这也说明了为什么股票市场里亏损的永远是大多数，因为贪婪和恐惧使这一参与群体的自察力在关键节点基本消失了。

成功就是失败。因为越是成功，自察力就越容易丧失。当年老福特以大无畏的气概破坏了所有人的认知——当马匹是奢侈品时，他居然要让每个美国家庭都有小汽车！通过大规模生产、流水线作业生产出 T 型车，他终于美梦成真，使美国成为车轮上的国家。但是，随着时间的流逝，新的消费人群需要奢华、美观的高档车。许多汽车厂家都在满足这一需求，老福特却任凭任何人劝说都不为所动，他有句名言："我爱 T 型车，胜过爱世界上的任何美女。"在消费者需求剧变的时代，他一直坚持己见，儿子小福特郁郁而终也没有打动他，直至公司到了濒临破产的境地，由孙子小小福特发动"政变"推翻他，采取大刀阔斧的改革，才使福特汽车起死回生。

坚持一个观点时，我们会独立思考，不人云亦云。但是，朝这个方向发展下去，就会导致对自己的观点绝对坚守，子弹都打不进去，对别人的任何不同意见自然处于屏蔽状态。所以，有时我们成为英雄——只有偏执狂、神经质才能成功；有时我们成为狗熊——倔强、顽固不化。

这个例子生动地说明自察是非常难的。成功的企业家自知和自省都做得很好，但自察需要不断修炼。

我在企业管理实践中深深感到，许多人之所以年年没有长进，最后被组织淘汰，就是"三自"一样都没做好。他们总认为自己了不起，刚做出一点成绩，尾巴就翘到了天上。

没有自知，就谈不上自省和自察。所以，我一直认为教育不是学习什么死知识，而是通过学习过程的打磨，使人具有自知、自省、自察的能力。这才是教育的真谛。有了某种程度的"三自"能力，我们就是一个人格健全、心智发达的人。如果自察力很强，那么我们的破坏力就一定很强。

破坏性力量的来源——宗教般的信仰

宗教都是关于世界本源、关于信仰的哲学，其本质是简单、归一。乔布斯的破坏力皆来自他的简单、极致、简约，而这些恰恰是他的宗教信仰，或者说他一生都以此作为自己的宗教、自己的信仰去追求，从来没有动摇、怀疑过。所以，有破坏力的人都表现为神经质、偏执狂、疯子，因为不论环境怎么变化，他们都神经质般地坚守自己的信仰。企业家正是凭着这种对自己的信仰宗教般狂热的坚守，才会对现实世界已经存在的一切产生强大的破坏力。

作为企业家，首先要问自己的是：我的破坏力有多大？提升破坏力的通道是否打开？企业家的根本任务是破坏（创造）！构造和建造是合伙人和职业经理人负责的。破坏是从0到1，构造和建造是1后面的小数部分。企业家除了发挥破坏力，还要做构造和建造的鼓吹者、监督者。使一个企业能够趟过各种激流险滩的是企业家的破坏力，使企业能够基业长青的也是企业家的破坏力，总之，破坏力才是这个世界上最稀缺的能力！

企业家是孤独的决策者

企业家决策的基本特征

我担任咨询顾问的集团老板对我说，下面有个子公司的CEO，不知和他喝过多少次茶，也不知和他沟通过多少次，他就是沉不下去，老浮在面上。我对老板说，你就差天天拿刀架在他脖子上了，他主观上肯定也不想浮在面上，而是因为他缺少我所说的战略决策能力。所以，这个人不适合担当子公司的CEO。

还有一次，子公司开展一个互联网项目。集团老板对我说，这位CEO上年所做的此项目差点就成功了。我对老板说，看上去差点成功，实际上离成功十万八千里。就像下围棋一样，虽然只输半目棋，但结果他还是输家。

对该CEO我非常熟悉，他的经营理念一套一套的，表达和写作能力都很好，听起来好像精通企业战略，实际上是天马行空。这就涉及企业中什么是战略、战略的基本特征是什么的问题。一个好的战略并非只是一个想法，而是既有顶层设计，又有执行方案，有一整套行动方略才叫战略。决策的过程既是一个艰难试错的过程，又是一个力排众议、顽固偏执的过程，还是一个忍受孤独的过程。

在企业实践的过程中我深深感受到，没有执行方案的战略（如果也能叫战略的话）都是行不通的，虽然这个执行方案也可能只是条条框框、粗线条的。当年共产党和国民党对决的几次大战役，毛泽东不仅提出整个战略的框架，而且对每个关键环节的进度亲自把关。当进度慢了、没有达到预定要求时，又及时督促和跟进。所以，战略是在一个总体布局基础上衍生的一整套行动方案，以及及时的跟进和督导，这整个过程都是战略的有机组成部分。所以在企业里，那些听起来很诱人的东西，如果没有执行线路图，就不是真正的战略。而那个 CEO 恰恰停留在一系列理念层面，这是他的特点。所以，如果让他进行第二个项目，最好的成绩还是输半目棋，但结果都一样——失败，因为他没有战略决策能力。这也是他不能成为企业家的根本原因。

企业家的决策就是一种战略决策。战略决策能力之所以在人群中分布不均衡、成为区别企业家与非企业家的重要标志，就在于战略决策需要大格局、大视野。决策过程中有时需要权变，有时则需要咬定青山不放松。战略决策的一般特征如下。

搏与险

任何战略决策都是以小搏大，甚至看上去自不量力，许多时候都是把无变成有、把小变成大、把弱变成强的杠杆化过程。因此，战略都是险招，后面没有退路，前面险象环生。联想当年把全部身家都搭上收购 IBM 的个人电脑事业部，水土不服加上金融危机差点使联想万劫不复。

舍与得

放弃眼前丰厚的利益去追求长远的利益是最艰难和痛苦的过

程。因为眼前唾手可得，未来则充满不确定性。通用电气曾经贯彻数一数二战略，只要不是行业第一第二，即使回报率再高也毫不犹豫地出售！说起来容易做起来难！

穿透力与嗅觉

战略决策基于现在，但能够透视未来，看到未来的发展趋势。即使现在是繁荣时期，也能看到危机而先知先觉地转型、撤退。能够穿透未来感知风险的决策，才是战略决策。

困兽犹斗与艰难试错

在十字路口该如何走，一下子很难看清楚，所以决策者往往就像一头关在笼子里的困兽，焦虑、矛盾、彷徨。华为做小灵通时不知道下一步的方向在哪里，任正非当时脑海里总在想的问题是一旦走错，十几万人的饭碗就没了，因此非常焦虑，以至于得了严重的抑郁症，差点丧命。

谋略

战略绝不仅仅是一个设想，更重要的是怎样实现目标的行动方略。由于战略目标都具有挑战性，因此需要决策者的谋略，有时要声东击西，有时要以退为进，有时要以空间换时间，有时要各个击破。优秀的将军打仗时对战役的每个关键点都非常谨慎、反复论证，充分体现出一个"谋"字。

全局性与系统性

战略是牵一发而动全身的决策，贯彻企业始终，具有全局性意义。所以，战略决策又叫顶层设计，是由核心理念构成的框架和构想，并配有相应的行动策略。

果敢与胆识

决策者在十字路口时长时间地迟疑、求证，而一旦找到聚焦点，就义无反顾地大胆出击，不获胜利绝不收兵。索罗斯当年就大举做空英镑，一战成名。

刀尖与突破口

战略都是以非常有限的资源，在各种矛盾中找到一个点，不断聚焦再聚焦，最后猛力一戳，直到鲜血直流。做杀毒软件的360在每年都有几亿元收入的情况下，突然宣布杀毒软件免费。这就是一个尖刀刺破的血口，尽管非常不容易找到和做到。

孤独

从上面的分析可以看出，战略决策就是决策者针对组织所面临的各种困境、挑战，经过艰苦的思考和论证，做出一种选择的艰难困苦的过程，反映了决策者的远见卓识、果敢和顿悟。它涉及组织何去何从的方向性、全局性问题，是一种顶层设计以及与之相应的行动方略。企业家的战略决策一定会被大多数人质疑、嘲讽、怀疑，因为它看上去根本不可能，或者不容易理解、不现实等。因此决策者需要具有顽强的意志、坚定的信念，耐得住孤独。没有这种忍受孤独的能力，就做不了决策。

所以，企业家决策的过程是一个非常孤独的过程。这是企业家决策最基本的特征。忍受不了这种孤独，势必会受外界各种信息的干扰，使自己在巨量的信息和各种说法的海洋里迷失。

执行力是企业家决策能力的一个组成部分

上面分析了企业家的决策能力，只有少数人才具有，是企业家之所以成为企业家的能力，是一种战略能力。

在企业管理实践中有个误区，认为战略决策仅仅是老板的事情，这是一个大错特错的认识！邓小平当时在南方画了一个圈，这是一个方向性战略。但是如何建设这个圈在当时的情况下大家都一无所知，面临无数体制、意识形态、物质条件等方面的障碍，需要经过艰苦卓绝的摸索形成一个叫战略的东西才行。邓小平是帅，建设那个圈的人叫将。帅有帅的战略，将也必须有将的战略。

在中国的民营企业中我们看到，许多企业发展了几十年，但在高层只是老板一个人，下面就是和老板能力差很多的经理人。这样的企业不可能有什么大发展，因为除了老板，没有人能够做决策，也就是没有人具有战略才能。

相反，在我们都知道的知名企业里，用柳传志的话说老板是大发动机，子公司的CEO是中发动机。这样大发动机带动着其他发动机一起转起来，这些发动机具有大小不同的战略决策能力。

这里我要说的意思是，如果你认为自己是老板、做战略决策，下面的人执行就行了，根据这样的理念去找人，结果一定是几十年都一个样，因为企业里只有老板一个人具有战略决策能力，其他人不能做决策，充其量只是一个劳动力。

我们必须明白，执行力是战略能力的一部分，绝不是一种独立的能力。执行力是由战略决策衍生出来的一个结果。所以，那些几十年都只有老板一个人的企业一定做不大，下面的人不叫执行，用一个词形象地说叫跑腿。

企业家思维的奥秘

异想天开的想象力

企业家是能够塑造未来愿景的人，这需要丰富的想象力。

世界的本质是变化、魔幻、不确定，相对应的是魔术、科幻、太极、宗教，这些都是想象力的来源，而确定性则是想象力的大忌。只有不可思议、莫名其妙、无中生有、空穴来风，才会激发人的想象力。

对一个人来说，生命越是轻柔、飘逸、空灵、风趣、幽默，就越有想象力。所以，想象力并非来自那些正确知识的启发，而是大多来自玄妙、不可思议、无厘头的故事或场景的启发。

一个好奇心旺盛的人，一定是想象力丰富的人。马云的一些行为对一般人来说有些不可思议，也招致了不少非议。但他自己说，那只是因为对自然界的怪异现象感到好奇。他先去拜道长李——为师，后来发现李——是个连初中都没有毕业的大骗子；之后去拜王林为师；王林杀人后不知道他拜谁为师。在他看来，已经发生的都没有什么值得学习和好奇的，只有那些怪异的东西说不定隐藏着启示、灵感，能够刺激自己的想象力。所以，他对武侠小说着迷，认为武侠小说里那些无厘头的魔女、仙女，以及那些梦幻的意境充满想象力。

除了武侠小说，他平时很少看书，看上去是个不学无术的人。不过这个术，恰恰是人类有史以来沉淀的各种俗套、规范、真理、学说，正是在这方面的沉淀比较少，才可以做到对整个人类过去的经验和案例彻底鄙视和抛弃，把自己置于一个婴儿的状态，使自己充满想象力。

爱因斯坦说过，想象力比知识更重要，因为知识是有限的，而想象力概括着世界上的一切，推动着进步，并且是知识进化的源泉。

对于企业而言，最重要的就是通过创新来创造价值，而创新则依赖于丰富的想象力。所以，未来最宝贵的就是想象力，最大的敌人则是想象力不足。

乔布斯是大家公认的最具想象力和创造力的人。他对产品良好的直觉、对客户体验极致的感知能力，源自他既有艺术家的气质，又有技术专家的修养，还源自他终生对禅宗的追求。禅宗要求人们放弃已有的知识和逻辑，用源自内心的感悟去解决问题。禅是一种方法，不是尽可能多地积累知识，而是通过提升觉知力来获得"证明一切事物真相的智慧"，这恰恰是需要充分发挥想象力的过程。

企业家的愿景就是大胆想象的产物，许多伟大的愿景恰恰是异想天开、痴人说梦的想象。可以说，没有异想天开的想象力，人就不能成为伟大的企业家。

感性与混沌

互联网时代的本质是什么是我一直思考的问题。我的结论是：互联网时代就是感性时代！我们正在通往感性时代的路上，而企业家恰恰是感性时代的引领者。

与感性相对应的是理性。所谓理性，就是因果，$Y=f(X)$，它是确定性的、线性的、简单的、因果的、规律的。对过去发生的事实进行总结，或者在这基础上创造理论或思想进行解释，这些都是理性行为。而决策恰恰是面向未来的，未来并不是按照过去的规律延伸的。

未来的基本特征就是不确定性、复杂性、非线性和混沌。所以，仅仅依靠理性分析而推演未来肯定是行不通的。

联想收购 IBM 的个人电脑事业部时，招致了包括哈佛大学教授在内的大多数人的质疑。根据以往的案例和数据，大家都对这桩蛇吞象式的收购持悲观态度。而柳传志最后做出这个决策一定是靠感性，靠感性基础上的勇气和决心。

创业时，如果企业家是一个理性能力很强的人，知道做企业存在那么多的风险和危机，就很难迈出创业的第一步。能够成功创业的企业家，一定是个感性很强的人。

管理者必须时刻明白，如果仅仅做一个理性的人，做一些财务分析、流程优化、管理改进、精耕细作等理性工作，那么自身的价值就非常有限，因此必须提升感性决策能力。

管理不能仅仅建立在假设、逻辑之上，管理是改变，是从无到有、从小到强、从没有条件到创造条件的过程。由此，管理就是决策，而这里的决策就是指感性决策。

感性决策的特点有：
- 面向未来，破坏性创新。
- 复杂性，高度不确定性。

● 思想跳跃，天马行空，幻想，深刻的洞察，独到的预见能力。

受教育程度越高，人的逻辑能力、理性思考能力越强。所以哈佛大学、耶鲁大学的毕业生大部分去了投资银行，很少创业。他们是理性决策者，而感性能力比较弱。

金融界人士可能都熟悉美国曾有一家著名的对冲基金——长期资本管理（Long Term Capital Management）。这家基金在20世纪90年代产生了明星般的轰动效应：它由两位诺贝尔经济学奖获得者默顿和舒尔茨参与组建和运作，另有不少学术界的权威泰斗加盟。然而，这家基金在1998年即成立后的第四年就陷入崩溃的边缘。若不是当时美联储力挽狂澜，召集14家银行向其大举注资，它就难免遭受灭顶之灾了。

所以，真正的市场远比理论模型所假设的复杂得多。这些学术权威、理论泰斗是理性能力最强的人，但是经济是面向未来的，而未来是混沌、不确定的，是一个充满感性的世界。

张近东曾经说，苏宁转型不成功他就不退休。这种壮志令人钦佩，但是苏宁可能很难转型成功。首先，苏宁今天的成功基于过去摸爬滚打积累出的范式，而在转型过程中没有新的范式，没有新的愿景。其次，团队不能清零，只有老大心态、成功者心态而没有创业心态。创业心态就是对未来有无限的渴望，像饿极了的豺狼，瞄准机会，奋勇扑上，进行许许多多的感性决策，而这些苏宁目前是不具备的，所以转型存在很大的不确定性。

吴军在《浪潮之巅》一书中描写了朗讯、甲骨文、微软、谷歌等大企业的发展史，给我们呈现了一个企业由盛到衰的周期律。它们都因为当时自身优越的基因而成为行业的龙头，但随着环境的变化，这个基因难以改变，所以许多当年的巨头在新的环境下一下子衰落了。要破坏自己已有的基因，就必须有强大的感性能力。

感性决策是对过去不断清零、面向未来的决策。一个企业创业时更多的是处于感性时代。到了一定规模后，随着管理的不断完善，就可能变成处于理性时代，这个时候要警惕理性淹没了感性。许多后来没落的大企业都与此相关。

互联网时代，想象力和感性能力更加珍贵

工业革命后生产力大幅提升，这是人类理性不断建构的过程，即对发明创造的大规模应用。现代企业的规模不断扩大，产品成本不断降低，人类的生活质量得到根本改善。这些都是在蒸汽机、电动机和计算机发明的基础上人类不断精耕细作的理性活动的结果。

随着互联网时代的来临，人类的理性活动将出现拐点。

许多精耕细作的理性活动将被集成，由机器人和智慧软件替代

未来的3D打印就是对以前所有理性活动的集成。当3D打印成为经济活动的主流时，管理这个职业将会消失。

未来的经济活动中通过模仿、复制而创业将不复存在

这不仅是因为社会产品极大饱和，而且是因为未来每一个产品都有灵魂，而灵魂是不能模仿和复制的。有灵魂的产品才是人类所需要的。这些有灵魂的产品就是感性活动的结果。因此，未来创业将成为一个常态。这个创业和传统工业的创业从内涵到意义都完全不是一回事。

未来的人类更加有质感、艺术感、情感

未来的人类将告别那种木讷、刻板、苛刻、呆板等工业时代机器流水线所造成的沉闷感。因为理性活动大大减少，人类感性决策的过程充满风险和挑战，也充满想象力、艺术感和情感，使人类更加轻盈和飘逸。

如何提升想象力和感性能力

清零

使自己处于空杯状态，将过去的经验清零，摆脱成功光环和失

败阴影的禁锢。否定自己的能力决定了你是否具有清零的能力。伟大的企业家和政治家提升的动力都来自对自己和自己组织的否定。不仅要否定自己在世俗眼光里的成功，而且要否定自己的失败，让自己不受过去一丝一毫的干扰。所以否定是对过去的一种哲学的批判和反动。

开放系统

不断跳出自己所处的系统，从不同的系统吸收信息和能量，通过不同系统的陶冶、刺激，给大脑以冲击，使脑细胞不断更新。

胆识、勇气

想象力和感性决策能力没有任何参考依据，没有任何规律可循，唯有不断在实践中尝试，让经验、见识、洞察能力更新迭代，而这一切都需要胆识和勇气。

升维思考

有意识训练自己在更高的维度思考问题的意识和能力。关于维度，《三体》写得很形象，即如果站在更高维度之上，远古人类钻木取火和宇宙飞船的动力是一样的。而站在地球这个维度看这两个事件，则存在天壤之别。所以，我们必须不断升维思考，而不是进行逻辑的推演、理论的分析。理论的分析越多，会让我们理性的东西越多，感性的东西越少。没有感性的空灵、没有想象力，很难取得成功。

丰富自己异想天开的元素

武侠和科幻小说里就充满天马行空的元素，幻想的元素可以增强我们的想象力和感性能力，跨界学习也可以丰富我们异想天开的元素。不同学科、不同思维方式的碰撞和交融，会使我们超越既有思维模式的局限，为我们的思想插上想象力的翅膀。

上面从不同的角度和侧面对大家眼中老板的形象进行了立体、全方位、多维度的剖析和透视。通过这一挖掘过程我们可以看出，企业家的形象是复杂、异类甚至深奥的。他们的形象综合如下图所示。

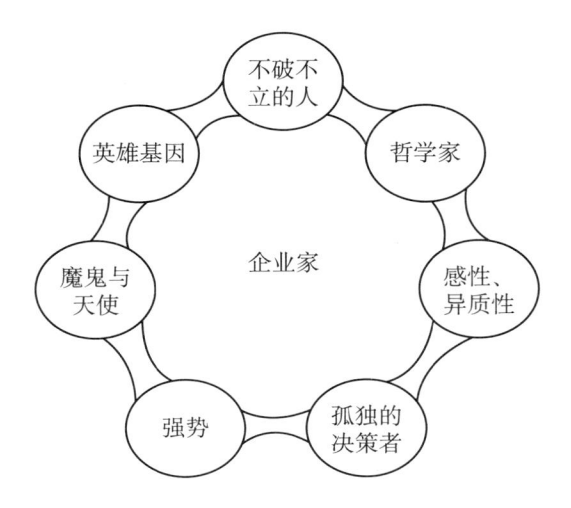

企业家形象图：
- 企业家（中心）
- 不破不立的人
- 哲学家
- 感性、异质性
- 孤独的决策者
- 强势
- 魔鬼与天使
- 英雄基因

第二章
企业家精神来源于何处

企业家是如何诞生的：三个认知维度

企业家诞生于市场，是在市场中千锤百炼出来的，这是从社会宏观角度来看的。从个体角度来看，什么样的人才能成为企业家？企业家是怎么诞生的？遗传、教育、早期环境起什么作用？

对企业家行为的研究、传播、模仿、学习过程，构成了现代媒体、管理学、经济学乃至社会意识形态的重要内容。

社会对企业家行为存在不同层次的认知。从现象到本质，我把它分为三个维度：第一维度是现象，第二维度是具象，第三维度是命象。由此构成企业家行为由现象到本质的三维空间。

现象维度——大众追捧的成功人士

起码在中国，成功的企业家往往成为媒体的宠儿、大众追捧的明星。这与中国社会成王败寇的传统有关，又与穷了几千年的人民渴望暴富，希望光宗耀祖、衣锦还乡的乡愿紧密相连。所以，一旦某个企业家成功了，有关他的故事、传说铺天盖地，各种成功学也粉墨登场。他们的故事被包装、粉饰为各种心灵鸡汤，让多少人心甘情愿地掏腰包。他们说的话成为社会流行语，许多还成为经典名言，例如遇到风口猪都会飞起来；今天你对我爱理不理，明天我让你高攀不起等。这正应了微信里某篇文章的那句话：你成功了放屁都有道理，而你失败了有道理都是放屁。

所以，在这一层次，企业家行为是大众眼里的企业家行为，是在社会大众的文化传统、意识形态的作用下被赋予各种文化烙印的企业家行为。这一维度对企业家行为的认识停留在表象、主观的层次。

下面的例子能够非常生动地说明大众对企业家行为的认识层次。

前几年江西卫视的一档节目《金牌调解》中，一对湖南的母子在节目里请求调解。儿子原来是做制造业的，勤勤恳恳，兢兢业业。有一天，不知在哪里接触了某成功学老师的成功学，于是把进原材料的几万元全部交了学费。学费要八万元，钱不够，该老师对他说等有钱了再交上来，这让他十分感动。

学成归来以后，他就彻底变成了另外一个人。以前那个起早贪黑的人不见了，现在看到每个员工他都觉得水平低，认为他们目光短浅，天天对员工说些只有自己才懂的名词。员工觉得他是神经质，而他觉得每个员工都愚蠢之极。更重要的是，他听从大师的教导（大师说西方的产品，成本一元钱，通过品牌战略可以卖到一千元），要全面打造自己的品牌。要如何打造品牌？大师让他想办法和名人、政府领导合影，挂在办公室，而且把自己的房子拿去抵押贷款买奔驰，以和品牌相配。母亲被他的行为彻底气疯了，几次要自杀，在节目上连声大哭，觉得原来好好的一个人现在变成这样，在邻居面前都抬不起头来。

现在有不少老板，可能是因为被别人的成功刺激，也可能是因为经营太艰难，平时对员工一个子一个子地抠，而学成功学几十万甚至上百万元都不眨眼。社会上的成功学只不过是迎合了人们想一夜暴富的心理，它的培训形式和传销非常类似，就是通过生动的语言、夸张的手势、人多势众的气场，再加上对成功者事迹的渲染，使参加者产生只要自己也这么做就一定会成为万众瞩目的大企业家的幻觉。

由于只停留在那些成功企业家行为的表象层次，因此简单的模仿只能是东施效颦，不仅浪费时间和金钱，而且会破坏原来艰苦奋斗的价值观，导致无心经营企业，甚至企业由此而破产。

具象维度——结果导向的工具理性

具象的"具"是工具的"具"，指工具理性。

一百多年来，工业时代的经济活动对人类的生活产生了深远的影响，彻底改变了人们的生活质量、精神面貌，也决定了一个国家的核心竞争力。面对这些由企业家主导的经济活动，管理学界和经济学界一直试图对其进行分析和解剖，以找出其中的规律，试图通过对这些规律的学习，使人们提高管理效率，使政府出台更有效率的宏观政策。

这些纷繁复杂的经济活动在管理学家的不懈努力下，形成了一些有意义的思维框架，如平衡计分卡、价值链、核心能力、战略地图、蓝海战略等。这些管理理论是研究者针对经济活动运行的结果，通过数据和事实的追溯，不断创造出的规律性的管理工具。

这个工具正是我所说的对企业家活动认识的第二个维度——具象层次，是一种工具意义上的认识。

能够创造出这些思维工具的研究者，对所发生的经济现象进行了深入的思考和研究，并且具有良好的思维品质。但这个思考过程是对经济现象结果式、静态的思维创新活动。也就是说，他们对纷繁复杂的经济活动，通过自己的思考提出一些新颖的概念、理论等，这些理论对实践有比较好的解释和检验能力，从而得到了普遍的认同。

当这些思维工具被大家认同时，就成为全世界用来解释各种经济活动的工具，也成为商科教学的基本内容。

商科教育中有一门课程"战略管理"，非常生动地说明了工具理性对企业家活动解释的局限性。

战略是企业家区别于非企业家最显著的标志。用奈特的话说，企业主要的问题是做什么，如何做的问题并不重要。这里的"做什么"就是战略问题。企业的战略涉及企业家对企业所面临的机遇和挑战不断在实践中试错、不断学习的一个过程，是企业家意志、胆量、价值观、信念等因素综合作用的结果。可以说，企业家的战略选择过程是一个混沌的过程，不是什么SWOT、PEST的简单分析（当然这些分析可以为企业家的战略决策提供基础信息，但不是战略决策本身）。而发源于哈佛大学的"战略管理"课程把战略管理当作一种工具，以理性的视角进行学习，严重背离了企业家活动的实质。

在一些公司的董事会上，一些教授对企业提出的战略评判得头头是道。因为他们接触了许多企业的案例，整天用战略管理的工具分析各种企业的战略，所以在董事会上对企业所提出的战略评头论足。这种评判听上去好像很深刻、有道理，但实际上对企业战略改进没有多大作用。因为战略是企业家洞察力、想象力的体现，战略选择往往是一个艰难的过程。教授们的评判是一种工具理性的评判，对企业家战略的启迪作用很小。

对企业家活动进行工具理性分析的另一个典型的例子是案例分析。

哈佛大学商学院是做案例分析的鼻祖。无论多么复杂的活动，他们都能总结出一些框架来。即使足球教练的活动，他们也可以作为管理学的案例。

作为史上最传奇的足球教练之一，弗格森一手发掘和教出了坎通纳、C罗、贝克汉姆、吉格斯等一大批巨星，并把曼联从一支惨兮兮的保级队带成了全球最赚钱的球队之一。1999年，他还带队拿到了史无前例的欧冠、英超和足总杯三冠王。英国女王闻讯封了他骑士爵位，从此江湖人称弗爵爷。

然而，这些都不是他最厉害的地方。弗爵爷的真正厉害之处，是他做到了每个教练都想做但从来没有做到的事——将一支球队带到全球顶尖水平,并且保持几十年之久。

关于弗爵爷如此成功的原因,业界一直众说纷纭。哈佛大学商学院的教授也就他总结了许多成功经验,比如打好基础、重建团队和建立信念等,然后运用他们讲故事的能力把这些编成案例,9美元一份往外卖。

这就是商界案例最典型的形式!它把企业家(这里是足球教练)无比生动的活动,变成了一种静态的结果导向的结论。试想,这样的案例对人们的启发意义能有多大?

国内某大学的一个教授曾经做了一个关于雅戈尔多元化的案例,也生动地说明了工具理性到底能起多大作用。

他们通过网络、杂志、现场访谈收集了几百万字的文字资料、访谈录音,再经过艰苦的逻辑梳理,运用已有的管理学思维工具,得出结论:雅戈尔的多元化之所以成功,是因为它做到了先做强服装主业,然后向地产业拓展,而做地产之前又进行了多年的团队培育,同时将主业产生的现金流回地产业。他们认为这就是雅戈尔多元化成功的原因。这个研究成果发表在中国顶尖管理学杂志《管理世界》上,而且案例团队确实花费了大量的时间和精力。但是,对企业多元化活动的这种分析,即使大家都知道了其中的原因,又能起到什么作用?

一般来说,这样的成功案例对人的启示作用很小。因为雅戈尔的多元化是一种最具有挑战性的活动,也是非常艰难的活动,是企业家的智慧、果敢、洞察力等发挥作用的结果,还有许多客观条件甚至幸运因素的作用。所以,即使案例总结的原因正确解释了雅戈尔多元化的过程和本质,别人也很难模仿该企业中企业家的思想,很难复制企业所面临的客观环境,所以,案例分析的作用有限。

失败的案例、反面的案例则可能具有很大的启发意义。就像芒格所说,如果知道我会死在哪儿,我一辈子都不会去那里。财经作家吴晓波当年的《大败局》一书成为热门畅销书,就是因为研究了大量企业失败的例子，给人带来很大的震撼。

我们经常说，世界上最远的距离不是从地球到宇宙遥远星系的距离，而是从知道到做到的距离。为什么呢？因为知道这个道理是很简单的一件事（案例研究人员得出这个结论需要管理学的知识积累、耐心、毅力、研究能力，不过得出的结论一般人一看就明白，就像上面哈佛大学教授的例子一样），而做到则是另一回事。

现在许多老板到国内外的各种EMBA班学习，主要就是学习这些分析性的思维工具，他们花费的时间和金钱都不少，学完后都知道了上面那些管理学的工具，分析问题的系统性、逻辑性提高不少。但是，由于这些都是工具层面的东西，对企业家的活动是一种线性的、因果关系的、静态的、简单的、归纳式的解释。解释和分析是一回事，而解决问题则是另外一回事。实际上，企业家就像将军一样，是通过一个一个战役打出来的，是从战胜敌人、踩着敌人的尸体走出来的，正所谓一将功成万骨枯！

通过这种方式的商科教育培养出来的学生，工具理性最强。他们往往在投资银行、会计师事务所能够有出色的表现。因为这些领域的工作就是把企业的活动，通过上面的各种思维工具，串成一个有核心竞争力的可持续成长的故事，故事越生动越精彩，拿到资本市场上去就越能融到资本。他们利用已有的思维工具，对企业进行润色、概括，这是一种工具理性活动。这些人，即使是哈佛大学的毕业生，在投资银行进行归纳、总结、提炼、包装等活动都很出色，一旦创业，则大多以失败而告终。

第二次世界大战以后，西方资本主义得到了空前的发展，企业规模不断扩大，需要大量的职业经理人从事理性的管理活动，这种工具理性的商科教育也是这一背景下的产物，对培养管理学人才、提升整个国家的管理水平起到了很大的作用。

随着世界各国消费需求的饱和、产能的过剩，大型跨国公司难有往日的风采，各种理性的管理活动需求大减，加上许多工具性的管理活动都已经或将要被智能化，例如已经发生的 ERP、将要发生的 3D 打印，使得工具理性活动逐渐减少，而依靠创新创业的企业家活动将成为未来经济发展可持续增长的核心。

所以，对企业家活动的认识仅仅停留在工具层面显然没有触及问题的本质。

命象维度——生命源头的万丈瀑布

有本书叫《海底捞你学不会》，这说明海底捞有它的基因和成功密码，而这种基因和成功密码不是学学就能学会的。也有企业组织员工到海底捞聚餐，学习人家对消费者服务极致的态度，但回来后员工依然如旧。

许多老板把华为的管理视为金科玉律，把它的理念挂在嘴边，在企业里也是群起而学习之，但实际还是实际，理念还是理念，没有产生实质性的影响。

这是为什么？因为我们的认识停留在企业家活动的现象和具象层次！

我们只看到成功人士光辉灿烂的表面，看不到成功后面的精神、斗志、毅力和坚持；我们知道要成功就必须有这些精神、斗志、毅力和坚持，但不知道怎样才具有这些成功的品格。各种成功学、励志书籍、心灵鸡汤迎合了社会上太多的人想成功的心态，但这些都是从结果和现象上似是而非的解读，很难为大众找到成功之路。

我们必须深入到企业家的命象层次，就是深入到其生命的源头，探究企业家与众不同的原因何在，以及怎样才能接近和达到他们那样的状态。然后，结合自己的特点改善自己的生命状态，这样才有可能找到解决问题的真谛。

我们要问的是，为什么华为的老板有那么强烈的忧患意识？为什么华为任何时候都能做到客户就是上帝？为什么任正非就像一个学习机器，拼命吸收军事、生物、历史、文学、电影等领域的智慧并转换成自己的管理智慧？这种永不疲倦的动力来自哪里？

要回答这些问题，必须回到企业家生命的源头才能有所了解。企业家的生命具有核能一般的能量，这种核能量是如何形成的？

爱的力量

企业家是对事业特别热爱的人，也是具有强大正能量的人，这与他们生命中注入的爱的力量密不可分。这个爱的力量在生命的起始阶段，尤其与母爱或者父爱相关，但又不限于父爱和母爱。

我们都知道，生命诞生后最重要的人就是父母。从历史经验看，母爱对一个人会有很大的影响。在前面关于企业家人格的分析中，企业家是信念的使者，他们对未来具有无限的信心，面临天大的困难都不丧失对胜利的信心，这种坚韧不拔的气概与生命初始时的母爱有非常大的关系。

有句话我非常认同，一个成功的儿子的背后一定站着一个伟大的母亲！《发现母亲》这本书我认为是国内比较系统地研究母爱的一本书。从任正非所写的文章中我们可以看到，母亲坚韧、节俭、勤劳、自强等基因在生命旅程开始时就渗入了他的基因中！

在中国，生育许多孩子的母亲往往更可能成为伟大的母亲！因为孩子多，生存艰难，那些有顽强毅力、坚韧不拔性格的母亲的精神因子就会潜移默化到孩子的生命中去。

毛主席具有藐视一切的气概，任何对手、任何困难、任何挫折，在他面前都变得渺小。我由于强烈的好奇心专门研究了毛主席的童年，发现这一切同样源于他有伟大的母爱！

毛主席的母亲文氏共生育了五男二女，在毛主席前面生的孩子都夭折了，毛主席作为第三个孩子，生下来就受到非常的疼爱。

心理学家弗洛伊德说：一个为母亲所特别钟爱的孩子，一生都有身为征服者的感觉，这种成功者的自信往往导致真正的成功。

毛主席的母亲忍耐、慈悲、布施，对贫苦人民极富同情心，经常瞒着毛主席的父亲接济贫苦乡亲。在受到父亲严苛的打压时，母亲总是及时护着他，为毛主席幼小的生命遮风挡雨。

能够称得上伟大的母亲，一定有伟大的人格做支撑。这种人格在毛主席母亲这里表现为：一是富有同情心，这样孩子长大后就可能有拯救苍生的大志；二是坚韧不拔，这样在年龄幼小时，孩子的生命就会注入克服千难万险的斗志；三是勤劳善良，这样孩子终生都会勤奋和努力向上。

孩子降临世界后母亲是第一任老师。孩子在襁褓中，母亲的人格魅力就像磁场一样，潜移默化到孩子的生命中去。当下的有些母亲可能更多的是一种溺爱，溺爱的孩子长大后反而懦弱、懒惰、胆怯。真正称得上伟大的，是人格中的坚韧、慈爱、宽厚、乐观，是情感里的疼爱、呵护、舐犊之情。

畅销书《情商》中说，孩子自出生就有情感体验。所以当孩子哭闹、情绪波动时，大人一定要有极大的耐心去抚摸、亲吻。如果出生时情绪不能受到很好的呵护和安慰，则会影响孩子一生。这本书从人脑科学的角度分析了人的情绪的困扰以及怎样抚慰孩子的情绪，并把这些研究成果应用到美国的幼儿园以及小学的情绪教育中，取得了比较好的效果。

母爱不是对孩子有求必应，也不是仅对孩子简单、本能地疼爱，而是基于一个有着丰满人格的生命所渗透的光辉，照耀孩子混沌初开的生命，在孩子的生命中注入自信、坚韧、慈悲、进取等精神因子。

所以，母爱是一个人的生命之神，甚至能够决定其一生的基本面。母爱是一个人生命的发动机。没有母爱或者被母亲忽视、虐待的人，有可能终生都在自卑、焦虑、胆小的困境中徘徊，甚至走不出来。

政治家要征服世界离不开伟大的母爱，企业家同样如此。

史上最出色的企业家韦尔奇小时候说话含糊（俗称大舌头），

他问母亲为什么会这样。你知道他母亲怎么说吗？她说，孩子，是因为你的大脑太聪明，人类还没有一个舌头跟得上你这么聪明的大脑！以至于他后来一直这样认为。韦尔奇小时候参加棒球队，待到成年了才意识到自己是整个棒球队里最矮的，而且还矮得不少，以前就根本没有意识到。

在成长过程中，母亲都是这样来让他对自己形成积极、乐观的认知。孩子出生时是一张白纸，对自己和世界的认知在生命之车刚刚出发时，完全靠母亲的帮助去构建。

母爱不仅意味着疼爱和呵护，还要给孩子创造更多竞争、挑战的机会，让他们勇敢地面对失败。一次，少年韦尔奇所在的球队输掉了比赛，母亲发现他很沮丧，就直接冲进更衣室，拽着他的衣服一顿狂骂。孩子成长过程中的这种鞭策、激励甚至打压，使孩子爱拼、敢拼，这种性格特点使得韦尔奇成为最成功的 CEO。

20 多年前我看过复星集团老板郭广昌的采访。记者问他为什么会成功时，他本能地说是因为他的母亲。他认为母亲那种遇到困难不退缩、坚韧的性格对他影响很大，而且母亲自己舍不得吃，忍着饿也要给孩子吃，这些给他留下了不可磨灭的印象。所以，母爱是坚毅、坚强、坚韧人格的磁场。

在爱的力量源泉里，父爱同样也是很重要的。由于社会分工和生理特点，孩子从母亲身上分离出来，而且一出生母亲就有哺乳的责任，所以母亲是孩子生命中的第一任老师，也是最直接的老师，对孩子人格的形成影响最大。但也有许多父亲的人格对孩子以后的人生产生了很大的影响，如巴菲特和柳传志。所以，从生理特点和社会分工来看，母爱对孩子影响大的例子很多。但就爱本身来看，父爱和母爱的力量是一样的。

从上面的分析可以看出，是生命中爱的力量，激起了企业家生命源头的万丈瀑布。有了爱，无论面对多么强大的对手、多么恶劣的环境，人都会永远充满自信，充满对未来胜利的信念。这种自信使得生命具有强大的张力。有了强大的张力，人甚至在童年时就会有鸿鹄之志，或者发拯救苍生的大愿。经营企业时，这些鸿志和大愿会变成自己孜孜以求的目标。正是这种目标感，激发出企业家对事业狂热的追求。

缺少爱，人生命中的张力就会很微弱，在压力面前就会郁闷、自卑、焦虑、诚惶诚恐，严重者可能得抑郁症。而人如果生活中主要是压力，好奇心就会被压制，就会生活在恐惧中，患得患失，行为不是由所做的事情支配，而是由不想做的事情支配。

超链接

企业家最难能可贵的品质，在于面临巨大的困难时有泰山压顶不弯腰的气概，在巨大的诱惑面前能够朝着自己的目标前进，在海啸一般的反对声中坚守自己的价值观，或者生命中因埋下了好奇心的种子而对某件事物痴迷等。

这些品质、力量、观念、好奇心，很难通过各种课堂上的教育、传导得来，也不是看几本书、听几个励志故事就可以获得，而是通过超链接才能形成。

超链接是刻进骨子里、融进血液里、化进灵魂里的链接。例如，学习伟大人物，知道了他们远大的志向、英雄的气概、坚韧不拔的意志等，但是我们知道的仅仅是这些信息，志向、气概、意志等与我们无关。如果通过某种方式，从他们那里获得了一种伟大的力量，那么我们就和伟大人物建立了超链接，把这些伟大的力量注入我们的生命中。

人经常是好了伤疤忘了疼。但是，如果某个事件给了你独特的体验，那个独特体验所产生的意识（例如风险意识）融进了你的生命里，就建立了超链接，这些理念就和你如影随形，变成你生命的一部分。

再如，有些人平时认同价值投资理论，垃圾股不碰。但是在2007年股市疯狂上涨时，看到周围的人都发财了，就把价值投资的理念抛之脑后，一头冲进去，直到亏得一塌糊涂。这说明，价值投资的价值观没有和我们建立超链接，没有变成生命的一部分。当2015年股市发疯时，开始可能因为2007年亏怕了，还保持清醒的头脑，认识到没有价值的市场是不能参与的。但是2015年的喧嚣太大，周围发财的人太多，几乎全民都发财了。这样，人们又一头扎进股市，最后落得和2007年一样的下场。

为什么价值投资的理念这样经不起外界的冲击？就是因为没有建立超链接，这个价值观没有融进我们的生命中。所以我们像浮萍一样被外界左右。

那么，怎样建立超链接？我认为，生命之始的童年是最容易建立超链接的节点。

童年时期是建立超链接的黄金期。在这个时期，生命处于混沌状态。正因如此，才容易埋下超链接的种子。年长时人已定型，且有许多雕痕，种子很难生根发芽。

孩子在年幼时容易和哪些对象建立超链接呢？

- 和千年的历史长河建立链接。在年幼时了解历史事件或者历史人物，就容易形成宏大的历史观，就会有厚重的历史感，就会明白光阴苦短、人生易逝，这样人生就会有紧迫感。

- 和广袤的宇宙建立链接。把自己置于宇宙之中，感受到人之渺小，遇到任何事情就能放得下。同时能从宇宙中吸取力量，感受到天地浩然正气。

- 和伟大的人物建立链接。伟大人物的志向抱负、进取精神会变成孩子自己的抱负和精神，这样就容易立下鸿鹄之志，具有远大的视野和宽广的胸怀。

- 和各种神话传说、武侠故事中的人物建立链接。这样会激发孩子生命中无限的想象力，获得化腐朽为神奇的精神启迪。

童年是诱发好奇心的高峰期，这个时期的孩子对自己好奇的东西会愚痴——全神贯注，废寝忘食。所以，童年种下好奇心的种子，成年以后这些种子就会发芽，让他们痴迷于某个领域或者某件事情。生命中种下了好奇心的种子就是建立了一种超链接。

之所以在幼年容易建立超链接，是因为年龄越小，越容易形成记忆敏感期。这种敏感的记忆在年幼的大脑中不断发酵、孕育、孵化，到一定年龄时就会以极大的兴趣和创造力爆发出来。俄国伟大的文学家托尔斯泰说："我难道不是在那一时期里获得了我现在赖以生存的一切东西吗？那时我获得了如此多的东西，并且如此地迅速。在我一生的其余岁月中所获得的东西都及不上那时所获得的1%。从五岁的我到现在的我之间只是一步的路程。从新生儿到五岁之间则是巨大得骇人的距离，而从胎儿到新生儿之间却是无底的深渊。"

日本本田公司创始人本田宗一郎说："过去没有电动马达，碾米的时候只好用石油发动机，记得很小的时候，我家附近有个碾坊，我对叭叭作响的发动机很感兴趣，让祖父背着我去看。据说祖父一不带我去我就发脾气，哭声惊动四邻，弄得祖父没办法，就整天背我去看。到了后来，发动机的响声在我耳朵里变得像摇篮曲一样动听，排出的油臭使我感到无比的亲切和依恋。这中间也许潜藏着后来使我成为摩托车狂的原因。"

年幼时期的这种记忆敏感特征，使得婴孩的一年等于十年。俄国教育家乌申斯基说，人的性格大多是在人生的最初几年内形成的，而且这几年内在人的性格中所形成的东西很牢固，将成为人的第二性。孩童期的这些经历是一种化育的过程，即年幼的生命在周围环境中孵化的过程。这种化育是在混沌中孕育灵感、情趣、想象的过程，容易触及生命的自性、激发生命的潜能。而长大后正规的学习是一种思维的训练、知识的积累，不可能触发生命的自性。

中国古代的私塾教育在人文化育方面是非常有可取之处的。私塾教育在很小的时候就要求背诵。这个时候并不给孩子讲很多道理，孩子理解不了。这个时期孩子的世界是混沌的、懵懵懂懂的，是好读书不求甚解的最好时期。让孩子喜好读书最重要，神话传说、武侠传奇故事等容易激发孩子的好奇心。如果孩子理解了其中的内容，他就知道这些传奇、神话是不可能的。一旦知道是不可能的，就没有什么作用了。孩子囫囵吞枣地背诵这些内容、记得这些故事，就会认为自己就是童话、神话里的人物，会飞，会力拔山兮气盖世，会坐地日行八万里等。通过朗诵、背诵记下传统文化中美丽的诗词、伟大的传说、雄伟的篇章、改天换地的传奇故事等，就会在孩子的生命中埋下伟大的种子。随着年龄的增长和实践范围的不断拓展，这些种子就会发酵、发芽，使他们获得不一般的力量。

在这样的框架下，下面我们来看企业家许多不同常人的性格、愿景、格局、思想是怎样形成的。

我最喜欢看巴菲特传记中专门写B夫人的那一节。B夫人毕生经营家具业务，90岁时还拿着棍子，打她认为不努力干活的孙子。她每天早上5点就起床，等待着新一天的开始，急切地想投入新的战斗。任何人在她眼里都是对手，90岁以后和孙子分开经营时，她不惜一切代价打压孙子的业务，搞得巴菲特左右为难。

B夫人拥有旺盛的斗志、永不停息的激情、无比刻薄的经营风格、视所有人为敌手的做派，可以说，具备这些特质从事任何行业想不成功都难。但是，如果只得出上面这些结论，对我们没有什么实质性帮助，因为即使知道这些道理，我们也很难做到。只有回到她生命的源头和她以前的经历，才能明白其中的奥秘。

B夫人童年时全家遭受纳粹的迫害，几乎丧命。后来死里逃生从家乡奥地利偷渡到中国，又从中国坐船千辛万苦到了美国，真正是九死一生。正是这些经历，铸就了她与命运搏斗的坚韧不屈的性格。在美国亚特兰大经营家具后，又遭受强大竞争对手的打压，害得她在夹缝中靠给客户更多的折扣艰难地生存了下来。正是这些磨难、打击，当然也包括美国自由市场经济给她提供的奋斗机会，才有了后来巴菲特非常欣赏的B夫人。

正是童年的这种境遇，使她经历了常人所不能承受的苦难，这种苦难刻进了她的生命中并建立了超链接，激发了她顽强的斗志，孕育了她奋斗终生的精神品质。如果看不到这种超链接，就不能理解她那种疯子一般的行为。

德兰修女的母亲是一个很虔诚的天主教徒，德兰修女从小就深受母亲宗教奉献精神的影响。母亲倾其所有接济穷人，在德兰修女的童年种下了终生奉献的种子。在她眼里，那些穷人就是耶稣，他们没有衣服穿，没有饭吃，疾病缠身。正是童年时宗教氛围的洗礼，让她立志把自己变成穷人，以爱、尊严、平等来服务加尔各答的穷人，即使遭到当地人的驱逐也不改初衷。

索罗斯无数次说起因为他的父亲有风险意识，所以成功带领一家人从纳粹集中营死里逃生的经历，这种九死一生甚至是万死一生的经历形成的风险意识就像种子一样，种到了生命深处，刻进了骨子里，融进了灵魂里。这一过程就是建立超链接的过程。

但是，这种经历是怎样转变成他的风险意识的？并不是每个经历苦难的人都能转换成思想上的风险意识。他是怎么做到的？

童年那种生死攸关的经历加上波普尔证伪主义哲学的熏陶，使他将这种忧患意识上升到哲学层次。更重要的是，他不断在实践中践行，慢慢地把这个思想系统化、哲学化，以至于最后变成自己的思想。

这一过程说明，实践是使通过超链接种下的种子开花结果的重要环节。没有一系列惊心动魄的实践，即使形成了超链接，也很难有结果。所以建立超链接往往只是埋下了种子，要使这粒种子发芽、开花、结果，还需要后来实践的洗礼和磨炼。

广州长隆集团的创始人童年时由于家庭困难，天天放牛。他说，正是因为那个时候天天和动物打交道，和动物建立了情感，后来才痴迷做动物乐园。这说明在生命发始时对动物的情感融进了他的生命中，也就是建立了超链接。

马化腾本是一介书生，父母都不认为他适合创业。但就是这个看上去内向的书生，开辟了一个伟大的事业。这除了别的因素，还与他童年的一个爱好不无关系。他从小就喜欢天文，喜欢浩瀚的宇宙。他说，因为从小喜欢天文，觉得人和宇宙比起来非常渺小，失败算不了什么。正是从小就和宇宙建立了这样宏大的链接，使他的生命里注入了举重若轻的力量，走过了生死之交的艰难时刻。

马云从小就喜欢武侠小说，喜欢戏剧里面的打打杀杀。武侠小说的突出特点是无中生有、化腐朽为神奇、想象力无限、侠义衷肠，这些能够使人富有想象力，在面临绝境时不放弃进而绝处逢生。而且更重要的是，武侠小说主人公的轻盈、飘逸、腾空而飞等形象，也会使人的精神境界飘逸、轻盈。所以他的精神不拘泥已有的条条框框，不受过去、现有事实的束缚；所以他的直觉能力发达，面对任何困难都能够"风清扬"（马云的武侠名）。

这些例子都是在生命之始就建立了超链接，使他们能够从浩瀚无垠的宇宙中、从神奇的武侠小说里获得人生的智慧和力量，或者在童年敏感期种下好奇心的种子，让他们成年后痴迷于某种事业。

我很欣赏一个上市公司的企业家，他几十年都朝着一个目标奋斗：做时尚女鞋。无论炒股、房地产搞得多么热火朝天，他都心无旁骛，专注于自己的事情。该品牌终于成为女鞋知名品牌。我问他成功归功于哪些因素，他说与童年看星星、看月亮的经历有很大关系。

他是香港人，60年代他的父亲响应建设祖国的号召，来到内地参加新中国的建设。父亲的任务保密，在他8岁时丢下一些生活费给他人就不见了。许多空闲时间他就一个人看天上的星星和月亮。天天看宇宙，就会感觉到宇宙的宏大浩渺。所以，在人生选择的过程中，他许多时候能够放得下，不被外界短暂的诱惑左右，这种经历使他的生命从宇宙中吸收了能量。

我们知道了年幼时期容易建立超链接，那么什么样的方式可以建立超链接？我认为，理想的方式是放养加适当的引导。

放养就是让孩子有充分的自由，使他在无限可能的方向上寻找自己最喜欢的东西。这种自由一般只在家境好的孩子身上发生。让孩子处于自由放养的状态，他们就容易找到自己的热爱和好奇，从而让生命在最有潜能的方向上成长。富裕家庭有良好的物质条件满足孩子的好奇心，使他能够按照自己生命本来的方向去发展。例如，在计算机还是非常昂贵的设备时，盖茨的妈妈就组织了一个基金会给盖茨的班上买计算机，以至于激发了盖茨对计算机强烈的好奇心。

一个贫穷家庭的孩子为穷困所累，为未来担忧，不得不遵守社会既定的方向去学习，如中国大多数孩子都要学金融，即使不喜欢也强迫自己学。前段时间媒体披露，中国学生在美国高校学习金融的成绩都非常优秀，但是当大学教授时则不如印度的学生，因为中国学生学金融并不是凭自己的兴趣，而是出于经济目的的选择。

在一个经济压力大的家庭里，孩子的选择可能会扭曲本来的热爱和好奇心，甚至终生在自己不擅长、不热爱的领域郁郁寡欢。这样生命的潜能就被埋没、扭曲了，很难建立超链接。

除了童年容易建立超链接，成年后有意识地锚定伟大人物，从他们的思想和精神中吸取力量，也有可能建立超链接。

巴菲特以及他的搭档芒格都是成年后锚定了自己一生的偶像，而且一生从未偏离，从而获得超链接的。巴菲特一直视他的老师格雷厄姆为偶像，在办公室里挂着父亲和老师的画像。他也以宣扬老师的理念而自豪，到处标榜自己是格雷厄姆的信徒。通过这样的锚定，就把格雷厄姆的价值观念移植到自己的思想中了。

同样的道理，芒格一生视富兰克林为自己的偶像，他从富兰克林那里学到了一种思想：一定要变得富有，以便为人类作出贡献。他还从富兰克林那里学到了终生学习的习惯。

通过锚定伟大的人物，能够不断地学习他们的精神和思想。当我们的思想和伟大人物的思想发生强烈共鸣时，就有可能和他们建立链接。

跨界学习也可以建立超链接。因为跨界可以从不同的视角去理解一个理念或者价值观。当我们从多个不同的角度、不同的领域、不同的视野理解一个理念时，就有可能醒悟、顿悟。这样，这些理念和价值观就像墙上的钉子一样，深深铆进我们的思想中，无论外面的环境怎么变化，这些铆进我们思想中的理念和价值观都不会发生动摇，这样就等于建立了超链接。许多企业家都是学习狂，特别注重跨界学习，实际上这就是建立超链接的一个过程。

超链接的建立在人的幼年时应该是随意的、混沌的，在成年后也可以通过自己的自觉去建立。

建立了超链接就会导致生命力爆发、愿力觉醒、生命的自性被激活。

系统论认为，世界是紧密联系在一起的，今天的互联网时代使这种联系更加紧密。大数据、分享、混沌、去中心化等使得世界形成了更加复杂的联系。在这些复杂联系中，我们认为，只有心灵、精神层面的联系才能形成能量。从这个意义上说，我们所说的链接即能量，超链接就能形成超能量。

是不是成功的企业家都建立了超链接？我认为，答案一般是肯定的。建立了超链接就有了人生提升的杠杆，就可以获得伟大的力量，就可以练就坚强的意志，就可以养成不一般的格局和气度，就埋下了好奇心的种子等。

环境和机遇

除了爱的力量和超链接，外界的物理环境对企业家的成长也有很大影响。

全国企业家的统计呈现很明显的地域特征。上海人比较少，虽然上海是国际化大都市，但是基于历史的原因，上海人排外的情结比较重，而且上海男人相对比较守成，所以企业家比较少。

潮汕地区的企业家比较多，这也是大家都知道的事实。这与潮汕地区的外部环境有很大关系。这个地区地少人多，所以很早的时候人们就为了生存漂洋过海，这种冒险精神一代代传了下来。生长在海边，练就了他们敢闯敢试的风格。潮汕人茶文化非常发达，形式上是喝茶，实际上就是谈生意、碰撞生意的火花，他们的这种"集群"效应和内地形成了鲜明的对比。内地许多地区，吃饭前要打牌，节假日要打麻将，加上许多企业地处内陆、山区，使人偏向保守甚至闭塞。

所以，外部的地理环境对人的胆量、心胸、境界的塑造也具有很大的作用。

机遇对企业家来说也是非常重要的，一般来说大城市比小城市机遇多，发达地区比落后地区机遇多。

马尔科姆·格拉德威尔的《异类：不一样的成功启示录》一书通过对成功人士的统计，揭示了一连串令人惊异的结果：英超联赛的大多数球员在9—11月出生；比尔·盖茨和史蒂夫·乔布斯都生于1955年；纽约很多著名律师事务所的开创者都是犹太人后裔，并且其祖辈大多在纽约服装行业谋生。怪才格拉德威尔通过这些统计数据告诉我们，如果没有机遇和文化、环境因素，即便生命中有了强大的爱的力量、建立了超链接，也不可能成为企业家。

通过上面的分析可以看出，企业家的生命中具有永不枯竭的战斗力、永远进取的精神、对事业偏执狂般的追求，这种生命源头的万丈瀑布源自生命之始爱的滋养，源自企业家的生命和宇宙、宗教、历史以及各种伟大人物建立的超链接，源自外部环境对企业家的格局和视野所产生的刺激。我们必须基于这些因素（当然不仅限于这些因素）考察企业家生命的源头，考察企业家的命象，并有意识地激发生命的源头活水，这样企业家精神才能得到进一步的激发。我们也只有回溯到企业家的命象，才能找到激发员工斗志、让员工热爱事业、具有远大视野和格局的路径和方法。

企业家的人格特征

喜欢折腾，不安分

具有企业家精神的人有一些共同的特征，可以归纳为：喜欢折腾、不安分，喜欢追求无限的可能性，对未来具有无限的好奇心等。这些特征是存在于生命本身的一种特质。从生理学上看，这类人大脑中多巴胺分泌得比常人多。

企业家的这类特征是与生俱来的，是生命的本能。这是本书剖析企业家精神的重要出发点。如果不从企业家生命的本源出发，简单地以破坏性创新来概括企业家精神，就不能使人们对企业家精神的全貌和本质有深刻的理解。

对于他们来说，生命的自然状态就是在不停地尝试新事物、挑战新高度。他们所经历的事情对于普通人来说似乎非常难以企及，而对于他们来说，生活的快乐、人生的成就感以及生命的意义恰恰来源于征服这些挑战与困难。

只有深入到这类人生命本源的状态，才能明白他们为什么像永动机，有永不熄灭的激情。他们追求的是无限的未来。所以，不论赚了多少钱，不论企业做得多大，他们都没有满足的时候。他们的人生永远在路上！

那些大家耳熟能详的企业家都是喜欢折腾的人。下面两个人不是特别爱出风头的，折腾劲儿却非常典型。

李河君——胆大包天、永不满足

李河君生于广东河源，是2015年各大富豪榜上千亿元级富豪中最年轻的中国人。1988年大学毕业时父亲要求他回去从政，但李河君对从政没有兴趣，一心想着赚钱。僵持之下，他无法从父亲那里得到资金支持，在一位教授5万元的借款支持下做起了买卖。三四年后他便挣到了几千万元的利润，完成了原始资本积累。

对于普通人来说，几千万元的资产完全是天文数字，如果能够得到如此巨额的财富，一定会毫不犹豫地退休，然后安然享受人生。但是，对于李河君来说，这仅仅是他事业的前期准备而已。完成原始资本积累的李河君不想继续为了赚钱而赚钱，而是想干一番大事业。当时，国家电力供应紧张，大力鼓励民营企业发展小水电。几经周折，李河君把发展方向锁定在这个领域，不断扩大规模。1993—2003 年，他把自己拥有的、所能借到的资金都投入水电站项目，从广东、浙江、广西一直干到青海。标志性案例是以 12 亿元收购青海尼那水电站。

经过 10 年的积累，2002 年李河君提出了一个看似不切实际的"伟大计划"：在金沙江中游投资 750 亿元，兴建 6 座总装机容量约 1 400 万千瓦的大型水电站。曾几何时，举全国之力才搞出了一个葛洲坝，而李河君的这张蓝图相当于 5 个葛洲坝，自然没有人相信他、支持他。发改委把 6 个项目全部分给了刚刚成立的国有电力企业。

看到自己的计划落空，李河君并没有想过放弃。走投无路下，他把发改委告上了法庭，因为它"把我们逼急了！"

永不放弃的他终于迎来了峰回路转！李河君最终获得了 6 个项目中规模大过葛洲坝同时条件最好的 1 个——金安桥水电站项目。金安桥水电站位于云南省丽江市境内，水电站设计总装机容量 240 万千瓦，大坝长 640 米，高 180 米，总库容 9.13 亿立方米，年发电量 114.17 亿千瓦时。

金安桥水电站项目的困难出乎所有人的意料，在体制、移民、技术、工程建设等一系列的问题上，都需要付出极大的努力才能解决。整个项目的施工现场涉及河流长达 8 公里，筑起的坝高 180 米。

资金压力是最大的挑战。开工高峰期，每天需要上千万元的投入。为了筹集资金，李河君不仅将自己之前的资产都投入这个项目，还将之前建设的水电站出售以筹集资金。

在这段困难重重的时期，许多人与李河君分道扬镳，也有人提出优厚的条件希望他把项目转让，但他丝毫不为所动。对于李河君来说，这个项目已经无关金钱，而是他的信念与精神的体现。

永不放弃，拼尽最后一口气，终于拨开云雾见天日。2011年3月，金安桥一期240万千瓦机组并网发电。累计投资近200亿元的金安桥电站，总装机容量达300万千瓦，是国内第一个也是唯一一个民营企业建设的百万千瓦级特大型水电站项目，同时是全球最大的由民营企业投建的水电站。它也让李河君成为大赢家。按2万元/千瓦的装机容量计算，金安桥水电站价值600亿元，除掉100亿元负债，净资产高达500亿元。包括金安桥水电站，汉能控股或参股的水电站的权益装机容量高达600万千瓦，规模相当于2.3个葛洲坝。

金安桥项目带来的名和利都足够了，但李河君并不去享受与挥霍，而是继续将自己置身于充满风险与挑战的市场中。而且，这一次他动作更大，目标更高。

2009年初，金安桥水电站尚未竣工，但李河君已看到新未来——风力发电、光伏发电，并最终把光伏作为重点。李河君选择了薄膜发电领域，通过并购、消化吸收及整合创新，李河君拥有了硅锗、铜铟镓硒、砷化镓等薄膜发电领域最主流产品的技术路线，而且都代表世界最高水准。通过全球的技术整合，李河君同时完成了从上游高端设备制造，到中游太阳能电池板生产，再到下游发电的全产业链布局，并打出"全球化的清洁能源跨国公司、全球薄膜太阳能发电领导者"的汉能新旗帜。

在进入新能源领域的同时，李河君也在思考能够筹集到更多资金的方法。2009年，他让汉能借壳在港交所上市。2014年7月，他将公司更名为"汉能薄膜发电"，突出其专注薄膜发电的业务特征，也可以理解为在市场上区别于其他光伏企业，给汉能高估值埋下伏笔。其股价在2015年3月达到高峰，当月从1年前的1港元多飙升至最高点9.07港元。公司市值一度超过3 000亿港元。但是好景不长，在股价暴涨之后不久就出现了悬崖式急跌兼停牌，直到目前仍无复牌的迹象。不论汉能公司最后会怎样发展，李河君不断追求新挑战、不断追求无限可能性的个人特质，在他的人生发展历程中表露无遗。他永远不会满足已有的成就，也不会在困境中轻易放弃。若非发自内心的追求与渴望，李河君不可能一次又一次地选择重新开始，向着不可能完成的目标努力。

这样的人在中国比比皆是。另一位企业家的人生经历也有力地印证了企业家的天性就是不断地尝试、不断地挑战，他就是吉利集团董事长李书福。

李书福——总是异想天开

李书福出生于农村，貌不惊人，性格中却有着做大事的果敢、坚毅。

李书福的第一桶金来源于拍照片。改革开放初期，在父亲的支持下李书福购置了相机，开始了创业生涯。就这样，李书福在台州大街小巷里为别人拍照片。短短两年，李书福收获了百万元财富。积累到如此数额的财富在当年已是极大的成就，但是李书福并未止步。他的第二次创业是提炼废旧电器设备中的贵金属，也赚到了一笔钱。

之后，李书福用这些资金办起了冰箱厂，很快就成为当地有名的千万富翁。在常人看来，这样的成就已经非常让人羡慕了，但是李书福又决定转行做摩托车。虽然起步的过程有些不顺利，但最终李书福还是成功了。

1997年，李书福宣布要造汽车。几经周折，李书福拿到了第一张民营企业造车许可证。2010年，他又干了一件匪夷所思的事：吉利控股集团以18亿美元的价格将福特旗下的沃尔沃汽车公司收入囊中。

当时，李书福身上还有着百亿元的欠债：吉利使用银行贷款 30 多亿元，从香港资本市场调用资金 20 多亿元，配套商欠款 60 多亿元，负债额超过 100 亿元。但李书福一旦做出了决定，便会不顾一切地完成。最终，这个拥有 86 年历史的欧洲豪华车品牌被一个做汽车仅 12 年的中国汽车公司拿下了。

其实，在从李书福宣布要造汽车到宣布收购沃尔沃再到将沃尔沃收入囊中的整个过程中，一直伴随来自外界的质疑、反对、嘲笑。然而李书福似乎看不到、听不到这些反对与质疑，一心一意地做自己的事情。

令人欣慰的是，在目前全球汽车行业处于下行趋势的环境下，沃尔沃汽车的业绩一枝独秀：2016 年第一季度全球销量达到 12 万辆，与上年同比增长 11.9%，实现盈利 24 亿元，利润率达 7.5%。集团净收入从上年的 36.25 亿欧元增长到 44.99 亿欧元，同比增长 24%。

正是李书福不断挑战、不断探索、不断尝试的个人特质为他的成长与发展提供了不竭的动力。

人类当年能够从洞穴中走出来，就是因为对洞穴之外具有不可抗拒的好奇心，由此激发出强大的冒险精神。近代资本主义生产方式的兴起始于航海大发现。这些都是敢于冒险、敢于挑战的精神使然。

企业家这类人生来就喜欢这样的折腾，他们喜欢拥抱不确定性，喜欢去突破常人认为的不可能，而且他们的生命状态就是这样的。他们整个生命的意义就是在这种不断挑战未知、挑战风险、挑战不确定性中实现的。

企业家的这种天性与中国封建统治阶级要维护稳定的社会秩序的需求背道而驰，所以，中国几千年来对这类人（古代更多的是从事贸易的商人，不可能出现现代意义上的企业家）从制度上打压，从道德伦理上鄙视。自古以来，中国职业排序几乎一直是士农工商。由于认为商人游民不从事生产，不能为社会创造财富，因此中国历代都鄙视商人。

商人的存在对既定的社会秩序是一个很大的威胁。历代君主都不喜欢"分庭抗礼"，更不希望商贾凭借自己的财富形成声势。他们尤其担心，商人富裕之后会威胁以权力为核心的社会等级秩序。统治者认为，全国人民都务农，人人都吃饱，老百姓就本分、安分守己，就没有人起来推翻皇权。如果让老百姓都去经商，那么人心就会膨胀起来，国家就容易不稳定，局势就不好控制。于是，商贾必须成为"贱商"，必须被排斥在权力与伦理体系的边缘。历朝历代的为政者都对商人进行了各种限制。士农工商，四民之末，是将其政治权力边缘化；万般皆下品，唯有读书高，锱铢必较，无商不奸，是将其在道德伦理方面边缘化。

商人与威权专制天生具有冲突。这种冲突造成在中国历史上商人这个群体被长期、有组织地政治打压。

这种现实生活与权力、伦理体系之间的冲突具有破坏性，不仅造成了政治经济的全面停滞，还彻底阻断了中国的现代化进程。

历史上，读书做官才是上策，经商是没有社会地位的。所以近代那些经商赚大钱的人都想办法花钱买个官衔。只有读书做官才能光宗耀祖，才是衣锦还乡。

也正因如此，现代资本主义不可能在中国出现。

西方资本主义生产方式的兴起孕育了许多胆大包天、永不满足的企业家，他们一下子成为社会发展与经济增长的主角。他们异想天开的思想、不可思议的愿景，不断把人类带向任何人都无法预料的异彩纷呈的明天。

乔布斯活着就是为了改变世界。但更广义地说，这类人活着就是为了挑战不可能，活着就是为了拥抱不确定性。

大多数人害怕失业，害怕失败，希望每个月拿固定工资，朝九晚五。和常人比起来，企业家最怕的是确定性，最怕看得见的未来。他们总是为追求不确定性的未来激动，被挑战各种不可能的极限激励，为自己所追求的愿景痴迷。所以，他们敢于冒险，在任何困难面前从不轻易放弃，在外界的质疑、嘲讽声中孤独前行，从不满足于已经取得的在外人看来已是天大的成就。

也正是这样，他们全身心地追求这样一个永无止境的过程，挑战一个个不可逾越的高峰，所有的心力都交付在这样追求的过程中。这类人对奢华的物质生活没有什么感觉，对世俗的排场、虚荣等从内心厌烦。他们的生活都很简约、简朴，因为他们沉浸在自己内心丰盛的生命中。这类人即使有再多钱，也过着苦行僧的生活，很少有与美女、明星的绯闻，也少有豪华飞机、游艇的享受。脸书的老板扎克伯格在女儿出生时把大部分财富都捐了出去，他并不炫酷，开着普普通通的车。不是他们克制自己的欲望，而是他们没有这方面的欲望，他们整个人生的激情、爱好、动力等都表现在不断挑战的过程中。

即使由于种种原因丧失了创造的主战场，他们也痴心不改，依旧在寻找、酝酿和挑战新的不确定性。新浪的王志东、雅虎的杨志远等作为创始人被董事会驱逐以后，不是带着大把的金钱去纸醉金迷地享受，而是仍然在投资、创业，因为在他们的生命里，这种折腾、挑战就是最享受的事情，就是生命最本原的状态。一旦没有了这种激情，他们生命的意义就基本终结了。

从整个人类历史看，正是这类人基于生命中永不满足、永远充满好奇心、永远挑战不确定性的特质，使人类社会在资本主义生产方式兴起后发生了不可想象的进步。

大家都知道，世界范围内最能折腾的当属特斯拉的老板马斯克，他的这种好奇心可能会把人类带到别的星球去生活。

《大繁荣》的作者费尔普斯从人类生活的各个方面探讨了社会繁荣的秘籍。他认为，许多企业家创造的财富其实是他们痴迷于尝试某个新奇创意而收获的副产品，这种创造性的生活比起收获和财富积累，可以给人类提供更高层次的满足和骄傲。这种动力机制才是社会充满活力的源头。他进而探讨了推动创新者开辟新路的动力是什么。

越来越多的人开始反思这个问题，追名逐利似乎已经无法完全解答。在一个相对自由的市场中，企业经营活动充满竞争和压力，企业家承担种种风险的动力不在于利益和金钱可以得到满足，而在于对工作全情投入的满足感、在冲突中解决问题的成就感，以及有新发现时的愉悦感。这种享受挑战、追求探索的观念带来的非物质回报是经济活力的源头，由此引发的创新活动是经济增长的核心力量。

这种对未来、对未知永不满足的追求就是他们生命的本身，所以我们看到，这类人无论获得了多大的财富，依然不会停止奋斗的步伐，而且充满激情。就像一台永动机一样有使不完的能量，这源自生命本身的喜好。

正是这种永不停息的精神，使人类社会不断走向现代文明，为人类不仅创造了异彩纷呈的物质财富，也创造了永不满足、永远进取、敢于创新的精神文明。

黑格尔在《精神现象学》中认为，意识、精神的本性表现为永不满足的特征，即自己总是要突破自己的局限，或者说自己对自己的超越意识。这一精神特征正是企业家精神的核心。

信念的使者

在成为企业家所有的要素里，什么要素最稀缺、最有价值？信念！企业家和非企业家的区别就在于这个信念。

巴菲特 26 岁时还没有成立合伙人企业，也没什么钱。准备成立合伙人企业做投资时，他对朋友说最担忧的事情有两件：一件是留太多的钱给孩子会害了孩子，因此绝不能留给孩子太多的钱。另一件是将来钱太多的话不知道怎么处理。为此，他忧心忡忡。

一般人认为巴菲特可能是发高烧说胡话，但当时语气之肯定、忧心之重使朋友觉得当时的他就是个巨富。后来果真验证了他的话：钱太多了不知道怎么处理，经过长时间的思考和比较，最后选定了盖茨基金会。

任正非刚开始创业时对员工说，将来你们要买房子的话，阳台一定要很大，将来我们分的钱太多了，房间装不下会发霉，所以要经常拿到阳台上去晒。感觉这又是一个听上去不着调的人。

马云创业时阿里巴巴还没有任何动作，他就把自己的讲话视频录下来以作为证据：阿里巴巴一定要到美国上市，要做到市值50亿美元。后来记者采访当时的员工，他们说，当时听了总觉得不可能，总有在吹牛的感觉。

企业家的信念不是吹牛，不是好高骛远，不是忽悠人。按照马云的说法，即使是忽悠人，首先也要把自己忽悠了，自己真的信了。所以，愿景也罢，未来也罢，他们是从骨子里相信了。这种相信是坚信，是一种信念。

在互联网泡沫破灭的那一年，阿里巴巴也面临生死劫。面对严冬，马云的看法却与别人不同：冬天并不一定每家公司都会死，春天也并不是每家公司都能发芽。冬天长一点，所有的细菌都死光了，边上的噪声也就静了下来。

他对这段生死劫的经历的总结就是跪着过冬：如果你站不住了，那就跪着，但千万不要躺下，不要倒下。如果所有互联网公司都要死的话，希望自己是最后一个死的。

在账户上几乎没钱时，软银准备再次投资阿里巴巴，派出了投资团队去考察。凭着这股信念，马云不和他们谈钱，而是一起在西湖泛舟，大谈特谈价值观、愿景、百年基业。考察团队也正是从愿景里读到了真正的信念，也看到了未来，因而在那样的寒冬里依然给阿里巴巴投资。

项目大多是面向未来的，基本看不清楚，在看不清楚的情况下投资人凭什么投资你呢？

有个做微电影的90后创业团队，我一直做他们的创业顾问。项目有起色后，投资人愿意投入1 000万元，但要他们个人提供担保。为了投资有把握，我假设性地问他们：假设我是投资人，如果投资失败了，你们拿什么做担保？因为年轻人都没有钱，个人担保基本上形同虚设。

我希望他们的回答让我看到，他们的生命字典里根本没有失败两个字，他们的眼神里根本没有一丝失败的影子，而是对自己的项目无比有信心。投资人如果读出你眼神里无比的信念、不可战胜的胜利欲，就会下定决心投资给你。甚至最后投资失败了他们也觉得值，因为项目失败除了团队，还有天时和地利的原因。

所以，创业团队最难能可贵的是在不断探索的过程中，为自己的项目找到那种发自生命深处的坚定信念。这个信念是金子，是创业成功所需要的黄金。

在漫漫的黑夜里，战场上的大部分兵力消耗殆尽。面对强大的敌人，眼里仍然充满对胜利的信心，用自己的生命发出微光，带领队伍前进。这是谁？将领！这是克劳塞维茨在《战争论》中关于将领的论述。这个描述完全适合企业家。许多企业家都是在资金链已经断裂、周围所有人都丧失信心的时候，依然坚信曙光就在前面。正是凭着这样的信念，一步步向着远大的目标靠近。

大家都知道瓦特改良蒸汽机的故事，但绝大多数人对这一过程并不了解。实际上蒸汽机能够发明出来，与两位企业家绝对密不可分：罗巴克和博尔顿。当瓦特的研制工作遇到困难时，通过老师布莱克的引荐认识了罗巴克。罗巴克是一个十分富有的企业家，在苏格兰的卡隆开办了一座规模较大的炼铁厂。他对当时只有三十来岁的瓦特的新装置很是赞许，当即与瓦特签订合同，赞助瓦特进行新式蒸汽机的试制。

从 1766 年开始，三年多的时间里瓦特克服了材料和工艺等各个方面的困难，终于在 1769 年制出了第一台样机。但是，在作为动力机带动其他工作机的性能方面仍未取得实质性进展，无法作为真正的动力机。由于这种蒸汽机仍不够理想，因此销路并不广。这个时候罗巴克本人已濒于破产。瓦特不仅失去了稳定的经济来源，还要想法变卖家产来还债。"屋漏偏逢连夜雨"，与他生活了十年、养育了四个子女的妻子这时去世了。破产与丧妻的双重打击使他精神险些崩溃。在这样艰难的日子里，他无法继续从事研制发明工作，决定接受一位朋友的邀请，到俄国另谋生路。

此时，罗巴克又把瓦特介绍给了自己的朋友——工程师兼企业家博尔顿。博尔顿伸出了援助之手。他极力挽留瓦特，在给瓦特的信中说："我将为发动机的竣工创造一切必要的条件，我们将向全世界提供各种规格的发动机。您需要一位'助产士'来减轻负担，并且把您的产品介绍给全世界。"他为瓦特建造了研制蒸汽机所必需的试验车间和厂房，甚至让出自己的旧居给瓦特一家居住；他向瓦特保证制造蒸汽机所带来的一半收入将归瓦特所有。正是在博尔顿的大力资助下，走出困境的瓦特解除了后顾之忧，专心蒸汽发动机的研制。

博尔顿的目光是敏锐的。他看到了蒸汽机的研制成功将会给英国的经济发展带来何等重大的影响。英国国王闻讯前来参观时问他在忙什么。博尔顿回答："我们正忙于制造一种君主们梦寐以求的商品。"国王追问是何种商品，他回答："力量。"

从 1773 年决定投资研制蒸汽机到 1782 年成功，在长达 9 年的时间里，作为投资方博尔顿不是没有想到万一研制不成功，所投入的大笔研发资金会全部"打水漂"的结果。虽然面对巨大的投资风险，但他坚信瓦特能成功，矢志不悔，全力支持，最后终成正果，取得合作共赢。

作为发明家的瓦特很脆弱。没有两位企业家的投资，肯定没有推动人类工业文明发展的蒸汽机。两位企业家在这个过程中最难能可贵的就是对瓦特的蒸汽机一定会成功的信念。他们坚信蒸汽机一定会发明出来,而且一定会改变世界。

纵观人类任何一项伟大的创新,其过程可能有许多不同,人的性格可能有所不一,时间可能有长有短,国别可能有所变化,但是有一点是共同的,那就是对终极目标无限的信心、对胜利无比坚定的信念。

在向未知世界探索时,在改变世界的征途中,存在无限的困难和不可知因素,如果没有这种必胜的信念,人类社会的进步就会缓慢得多,甚至没有进步。

企业家的这种信念基于他们对未来一种深刻的洞察力,而不是盲目的自信。这种洞察力或者说直觉是企业家区别于常人最关键的地方。他们不会因遇到一时的困难或者失败就退缩、怀疑,不会因敌我力量悬殊就胆战心惊。

畅销书《活出生命的意义》的作者维克多·弗兰克尔论述了自己在集中营里的恐怖遭遇,在地狱般的苦难和困境中,在几乎毫无生还希望的绝境里,他依然坚信生命的意义。而集中营里绝大部分人都死于精神崩溃,他们都认为不可能走出集中营,逃出这非人的环境。一个有趣的现象是,圣诞节临近时死去的人最多,因为他们发现原来怀有的圣诞节可能会被释放的希望落空了,于是最后的希望变成了绝望,使得奄奄一息的生命失去了最后支撑下去的力量。

在零下几十度的严寒中他们赤脚,几百人吃喝拉撒都在一起,一片发霉的面包是几天的口粮,而且要承担繁重的体力劳动。所以所有人都逼近了生命的极限,任何时候死亡都是很正常的。但是,在这种惨绝人寰的环境下,还有少部分人活下来了,作者的亲身经历就说明了最后生命之火没有熄灭,就是靠着那一定会走出集中营的信念、活下去一定有意义的信念才支撑到最后一刻。

实际上,企业家在做出各种胆大包天的壮举时,都会面临只剩下最后一口气的极端情况，每时每刻放弃都是正常的。在这样的艰难时刻，对自己的目标和未来具有不可动摇的信念，才让他们走到了终点。这种信念的星星之火，是各种项目成功的天火、神火，是来自企业家生命源头的火，照亮整个项目团队的天空，让团队在伸手不见五指的黑夜看到微弱的星光。

企业家的这种信念是支撑企业征服前进征途中各种艰难险阻的最强大力量。企业家是这样，军事家、政治家也是这样。各种艺术作品能够打动人，能够成为经典，也是因为这种信念的力量。

路遥逝世二十多年了，但每年路遥的忌日都会掀起路遥热，各种受路遥的鼓舞激励而走出困境的人都在网络上感激路遥。潘石屹还专门到路遥的家乡去祭拜。马云在第二次高考落榜后拉个三轮车卖书，无意间看到了路遥的小说《人生》，获得了在绝望时不放弃、在困难时坚持的力量，于是第三次参加高考进而成功。

贾平凹和路遥是都是陕西人，都是中国出名的作家。贾平凹不仅作品多，而且和路遥比较起来，作品的艺术性、技巧性、情节趣味性都胜出一等。路遥的作品数量不多，大家都知道的就是《人生》和《平凡的世界》，而且作品里的故事情节有些很难经得起细细推敲。路遥讲故事的技巧也不高，加上写作过程中生病，所以，后一部作品的艺术性、技巧等方面和贾平凹相比有不小的差距。

贾平凹的作品无论是《废都》还是早期的《浮躁》等，读起来会让人产生穿越感，身临其境，有种艺术享受。比如《浮躁》里写的商州、写的那条河，许多人都慕名去看，结果却找不到作品里的那条河。这说明作者的艺术感染力之强。

但是，对我来说，贾平凹的作品只是当时看时有些感觉，过后再也激不起任何涟漪。虽然作品多、艺术性高，但是没有路遥作品那种让人铭心刻骨的感觉、让人激动的感觉。每年网络上的大型图书馆读者最喜欢的图书排行榜，路遥的《平凡的世界》都榜上有名，而且都排在前十名之内。每年该书的版税就有上百万元。路遥生前穷困潦倒，死后作品这样为读者所喜爱，真是我们这些路迷的欣慰！

为什么艺术、技巧性不高的作品多年经久不衰，引起读者强烈的共鸣？关键在于路遥用自己满腔的热情去描写他曾经生活的那个时代，那是一个人人都为了美好生活而不懈奋斗的时代，一个对未来充满憧憬的时代，一个激情燃烧的时代！那是一个很贫穷的时代，但作品中的人物从来没有丧失对生活的希望，无论遇到什么样的挫折，无论环境多么险恶，从来不屈服于命运的安排，从来没有想过放弃，也没有丧失奋斗之志。路遥的作品给人以鼓舞和希望，点燃人们心中的激情和对美好生活的信念。他作品里对美好生活的憧憬、对未来美好生活的信念，正是人类从贫穷走向富裕、从愚昧走向文明的精神动力。

正是信念的力量感动了许多人，使他的作品经久不衰，成为经典。

《重获企业精神》的作者满腔热情地讴歌企业家精神对人类文明的伟大贡献，强调企业家信念的伟大作用。他说：

> 经济学家的普遍观点是经济即将进入大萧条，而具有创业精神的企业家却用自己的独特行为和信念来创造发明，带来重大的突破，并引导世界经济进入增长和繁荣。真正的经济不是计量经济学的经济，而是企业家的经济。

有人把中国一群崇拜毛泽东的人叫作毛派企业家，包括任正非、史玉柱、陈天桥等。

虽然没有资料对此进行深入详细的研究，但从他们的文章、讲话和行动上可以看出确实受毛泽东思想的影响很大。

从任正非的一系列文章，包括《雄赳赳、气昂昂，跨过太平洋》《华为的红旗到底能打多久》《反骄破满，在思想上艰苦奋斗》《全心全意对产品负责，全心全意为客户服务》等都可以看出，军人出身的他受毛泽东思想的影响很大。

史玉柱脑白金的营销战略就是走农村包围城市的道路。从而一举创造了保健品成功的光辉范例。

毛泽东之所以能成为领袖，有一个原因是在当时中国一盘散沙的情况下，在谁是我们的敌人谁是我们的朋友很模糊的情况下，他通过自己的深入思考和学习，最后形成一套系统的逻辑一致的理论体系，形成一系列文章。这些文章成为指导中国革命的有力武器，有许多耳熟能详的文章现在都成为经典。

我认为，这些毛派企业家对毛泽东的崇拜，不仅能获得战略思想的启迪，更能获得精气神上的崇拜和吸收。当年在长沙革命失败后，毛泽东能够鼓动一些人跟着他到井冈山开创新的根据地，用现在的创业语言说，真是从0到1的过程。在绝大多数人都认为不可能时，他却认为星星之火可以燎原，终于燃起了革命的熊熊大火。

有人认为，抗日战争帮了共产党的大忙，使共产党在抗日后方集聚了大量的力量，能够和国民党对抗。其实，如果历史重新来过，蒋介石还是要输。关键是毛泽东深谙当时的中国社会已经处于完全撕裂的状态，阶级矛盾不可调和。他紧紧抓住处于撕裂状态的另一端——广大穷困农民这个引爆点，提出建立一个耕者有其田的平等社会的宏大愿景。在这个宏大愿景的感召下，通过一系列思想改造和斗争，把人的思想都统一在这个愿景下，由此激发出人们不可思议的潜能。

在整个革命过程中，共产党多次陷入绝境却又绝处逢生，许多人都把它归结为命中注定。实际上，这个命就是无论面临怎样的绝境，无论面对多大的强敌，作为领袖的毛泽东以把所有对手、所有困难都踩在脚下的气概，无论面临怎样的绝境，从来不失去对胜利的信念，这才是绝处逢生乃至最后取得革命胜利的关键。

我想这也是毛派企业家所得到的最大的精神营养，也是他们真正崇拜毛泽东的根本原因，虽然他们自己可能说不清楚。

当然，把任正非归为毛派企业家有些失之偏颇。我认为他是人类思想之集大成者。他既深刻领悟了毛泽东思想的精华，又借鉴了邓小平推动改革的大无畏气概以及不断开放的精髓。他还吸收了以色列总理拉宾的思想，他甚至称自己是拉宾的学生。此外，他还非常欣赏《闪击英雄》的作者海因茨·古德里安的作战思想等。

由此，缔造一个伟大的事业，最关键的是领导者无比坚定的信念。企业家在实现各种胆大包天的目标的过程中，会面临无数的困难，越过无数的死亡陷阱，如果不是发自生命深处的坚定信念以及由此激发出的神经质般的坚持，就不会达到胜利的彼岸。

独立人格

顾名思义，独立人格就是人是独立自主的，不依赖于外在精神权威，也不依附于现实的政治力量，具有独立判断能力和自主精神。企业家最难能可贵的就是拥有独立的人格。

企业家往往追求独立自由的状态，喜欢简单率直，这种与生俱来的独立人格、自由精神恰恰是人们比较缺失的精神特质。

中国几千年的封建专制所带来的官场文化已经深深植根于中国社会，在历史长河中慢慢侵蚀了中国人的独立人格。

一个国家的知识分子本来是独立人格的代言人。但是封建专制的残酷压迫尤其是文字狱使知识分子的人格集体颓废，后来的科举取士更是把知识分子的自由精神彻底摧毁。

科举制是中国独有的通过竞争性考试来选拔官吏的人事体制，其结果就是催生了一个阶层——士大夫阶层，也就是专门为做官而读书的知识分子。他们的起点多是普通的平民，经过艰苦卓绝的奋斗、读书和道德修养，最终靠知识改变命运，进入士大夫群体。但正是由于这种进入官场的明确目标使得士大夫缺乏创新，缺少独立自主的思想，在君主的淫威和暴力的压制下忍辱负重，矮化了自己的人格。慢慢地中国封建时代的官场中也很难有独立的人格。

其实在几千年的历史中，中国人的思想并不是一直受到压制的。春秋时期,中国人生机勃勃,意气风发。诸子百家的思想几乎都发源于这一时期,整个文化领域表现出百家争鸣的气象,这是中国文化史上最富有原创性的巅峰时期。当时诸侯纷争,产生了自由的空隙,客观上形成了比较宽松的氛围,人的思想也不受束缚,人们自由奔放,崇尚武学,富有侠义精神。汉唐时期的政策相对来说也有比较宽松的成分,汉唐人更多地带有浪漫的色彩,呈现一种无拘无束、自由自在的生活风貌。汉唐时期的浪漫精神极大地催生了人的天生才情、好奇心与想象力,使人们超越日常的条条框框去进行创新、创造。但是到了明清时期,前面所说的两个时期中中国人那种独立自主、奔放创新的精神慢慢消失了,一个个变得那么迂腐、麻木,缺乏创造力,其中重要的原因就是封建专制达到了顶峰,对人们的思想控制也最严厉。到了清代,大儒几乎完全被驯服成善于察言观色的奴才。所以清代儒臣有一个共同的特点:无思想、无操守,功名利禄之外无所关心。在封建体制的严酷管制下,他们老老实实,卖命效力,以图飞黄腾达;而一旦机会来临,他们就大肆贪污。什么操守、尊严、人格,都在专制的压迫下消失得无影无踪。所以到了明清时期,中国人身上这种独立的人格已经消失得差不多了。封建专制制度导致的后果就是中国人慢慢缺失了独立的人格。

　　几千年的封建专制使全体人民人格萎靡,不可能出现企业家。西方的文艺复兴则把人从神的窒息中解放出来。文艺复兴高举人性解放的大旗,空前地激发了人的创造热情,导致以航海大发现为契机的资本主义生产方式兴起。一大批胆大包天的企业家的出现创造了近代资本主义文明。

　　在西方社会摆脱黑暗中世纪对人性的压制的同时,我国的明清时代对人性的摧残却到了无以复加的地步,使得我们丧失了近代走向资本主义的契机,落得个被日本军国主义摧残蹂躏的下场。

改革开放以后，人民获得了选择的自由，出现了不少企业家，但由于几千年封建专制的影响，我国的企业家不是很多，更多的是商人。许多文章把商人和企业家归为同一类人。二者实际上有很大的差异。我国经济目前出现了一些问题。原因有很多方面，其中一个就是商人太多，而企业家太少。

商人是市场经济的基本元素。正是有了他们，市场才活跃，各种需求才被满足。在一个法制比较健全的经济体中，商人会遵纪守法。但是在一个法制不健全的经济体中，部分商人就会蜕化为奸商。这些商人钻各种制度的漏洞，和官员勾结，谋取利益最大化。当自己的利益和公共利益冲突时，他们会损害公共利益。许多企业为了逃避监管，夜里偷偷把有毒的废水废气通过暗道排入人民饮水用的江河湖海。

这些商人为了达到自己的目的，可以不择手段，甚至不顾自己的人格尊严。他们善于揣摩官员的心理，最有能耐讨官员的欢心，不惜一切手段把意志薄弱的官员拉下水。

这类人情商都很高，对人心理需求的理解能力也特别强。而且只要对自己有好处，就舍得付出，一些意志薄弱的官员因此丧失原则。

反腐专题片《巡视利剑》第二集《政治巡视》中播出的"五假副部"卢恩光，就是一个非常典型的例子。他本来是个头脑活络的商人，靠着很高的情商和敏锐的眼光积累了巨额财富，后来靠造假一步步走到副部级领导干部的岗位。

当年，卢恩光为了经营和领导的关系花了大力气，也因此在组织选拔副部级干部时得到有关领导的多次推荐。

"他对领导的生活可以说关心照顾得无微不至。每周都给领导同志家里送菜、水果、各种肉食、半成品，书架坏了、钉钉修修补补这种小事，全是他提供服务。"中央纪委纪检监察室工作人员介绍。

上面的例子生动地说明了一部分商人的特点：为了迎合官员，为了达到自己的目的，他们首先愿意矮化自己的人格，刻意奉承，巴结讨好，让手中握有权力的官员如沐春风，心旷神怡。在这样情意绵绵的攻势下，许多官员丧失了原则，最后成为老板的附庸，与他们沉瀣一气。政商关系就是在这些"无微不至"的商人的经营之下变味了。

那些喜欢折腾、喜欢挑战的企业家更乐意在市场上拼搏，挑战未知、未来和显规则（例如，专车就是在挑战各种显规则）。这类人不喜欢刻意揣摩官员的意图，讨他们的欢心，也不喜欢和他们推杯换盏。他们对市场、对创新、对战略决策有无限的兴趣，但对迎来送往、阿谀奉承、刻意讨好、甜言蜜语、低三下四等没有任何兴趣。

企业家不喜欢繁文缛节，在生活上喜欢简单。

虽然其许多言行我不是很认同，但王石非常符合我所说的企业家的基本特征。他也是说话直接，不讲究繁文缛节，不喜欢刻意奉承，而且一直都在挑战自己的极限。

一句话，企业家拥有独立人格，而且把自由看得很重，因为创新、突破都需要有自由的空间。

德鲁克说，企业家精神不仅存在于企业，也存在于学校、医院和政府机关。我想他所指的企业家精神既包括不断创新、创造价值，也包括这种独立人格和自由探索的精神。

英特尔公司总裁格鲁夫的《只有偏执狂才能生存》一书揭示，企业家决策就是一个偏执、孤独的过程。这个过程不受任何权威、任何意识形态的束缚，所以独立人格显得尤为重要。

一旦更多的企业家成长起来，独立人格就会成为多数人的追求，这样就会减少传统社会的人格依附、阿谀奉承、察言观色、巧言令色、讨好卖乖等人格萎靡症，社会就会更加文明和健康。所以，我一直认为，只有拥有充分的市场竞争，才有健全的国格和人格。在充分竞争的市场上一大批企业家成长起来，他们独立的人格将会影响越来越多的人。

强烈的探知欲望

企业家在许多方面好像都无师自通。特斯拉的老板马斯克大家都知道，把电动车做到世界第一时又涉足火箭发射。他们是在一个新的领域很快就能掌握主动权、就能驾驭这个领域的各方面的人员。常言道，隔行如隔山。但此话好像在他们那里不灵验。苹果公司的总部是乔布斯亲自设计的，苹果门店的每一个细节也都是乔布斯亲自把关，他们好像是每一个方面的专家。

美国著名未来学家、经济学家乔治·吉尔德说，美国企业中最有创造力的领域就是企业初创之时，主要是因为它提供了最佳的学习过程。一个白手起家建立企业的人对企业运作认识的深度是一个引进的职业经理人所不可企及的，尽管后者在哈佛大学商学院探讨的案例可能非常有深度。

我最关注的是，企业家这种超强的学习能力来自哪里？我认为，来自生命中的好奇心，来自对世界强烈的探知欲。

根据联合国有关资料，人类智慧中有五大能力，其中好奇心排在第一。它是全球强大领袖所共有的显著特点。无论对于生活在非洲大草原的人类祖先，还是对于如今激烈商战中的企业家，勇于探索都是非常有价值的生存策略。

好奇心是生命成长的引擎。它对于思维和记忆十分重要，如果缺乏，则会危害智力的发展，严重性丝毫不亚于脑组织受损。没有持久的好奇心，就无法获得任何一种人类能力。好奇心推动我们去探索、发现、成长，也为人类的自我进化提供动力。

具有强烈好奇心的人喜欢实践，喜欢尝试新的东西，喜欢冒险，喜欢拥抱不确定性。所以在这种强烈好奇心的作用下，企业家的生命就变成了一个开放系统。

我把这样的系统比喻成12级台风所形成的强大风洞，对宇宙中的各种智慧拥有强大的吸纳力。所以开放系统是一个生命力被激活的系统，是一个不断进化的系统。拥有开放系统的企业家在行为上就表现出强烈的学习动机。

伟大的企业家都是学习机器，这种机器般的学习好像非常枯燥无趣。不过，这只是我们看到的表象。实际情况是，他们的学习过程是一个被远大的目标驱动、在强烈好奇心的牵引下，拼命吸收宇宙和人类各种智慧的过程。他们对科学、历史、艺术、政治等领域都有强烈的学习欲望，并且特别能够从不同学科吸取灵感，形成自己的智慧。

随着学习的深入，他们的心智不断成长。这种成长过程就是不断突破自我的极限，对胜利、对目标保持强烈的渴望，并充满激情地为之奋斗，拥有迎接任何艰难困苦的强大决心。

企业家的这种探知欲激发了强烈的好奇心，引发了真正的学习行为，使企业家和员工的生命在这种学习中不断成长。

自由王国的国王

我们经常提到一个词：苦役。当年修建万里长城的人肯定是在做苦役，黄山等旅游景点的挑夫一定也是在做苦役，他们纯粹是为了谋生而做极其艰苦、枯燥无味的劳动。

企业家就其工作量来说，任何常人均无法忍受。他们大多是工作狂，加上不讲究物质生活等细节，表面看和那些挑夫一样是在做苦役。

实际上，这类人工作量巨大，面临的压力则更大。但这类人大部分情况下就像那些游戏极客一样，痴迷其中，乐此不疲。所以，他们的人生一直充满激情和斗志，"为伊消得人憔悴，衣带渐宽终不悔"。

人类从动物进化而来。动物在森林里嬉闹、玩耍、游戏，处于不亦乐乎的状态。在动物园里，时间长了，猴子们就会把玩具扔掉。它们不喜欢枯燥无味、单调的重复。

为了能够活下去，我们不得不从事自己不愿意、不喜欢、不感兴趣的工作，忍受着天天单调重复甚至耗尽体力的苦役。在外界的压力和诱惑下，我们被房子、金钱折磨，买了第一套想第二套，买了第二套想更多套，我们乐于做房奴，几代人省吃俭用供一套房。我们对未来充满焦虑，没有钱的人对前途焦虑，有钱人对钱贬值、资产一夜之间被没收焦虑。我们的文明诞生的是焦虑、单调、贪婪、苦役。

从这点来说，我们虽然从动物进化而来，但生命状态还不如无意识的动物。

有多少人能每天充满憧憬、激情、希望，做自己最擅长的工作？哪有不焦虑、不彷徨、不害怕？

马克思把人类从愚昧走向文明的过程表达为从必然王国走向自由王国的过程。在社会历史中，必然王国指人受盲目必然性支配，特别是受自己所创造社会关系的奴役和支配的社会状态；自由王国指人自己成为自然界和社会的主人，摆脱盲目性，能自觉创造自己的历史的社会状态。马克思认为，按照事物的本性来说，只有当人类把自己能力的发展作为目的本身时才有真正的自由王国。

按照马克思的自由王国之说，企业家一定是自由王国之王。他们沉浸在自己宏大的愿景里，朝着自己设想的目标迈进。他们怀着对自己正在探索的世界无限的好奇心，随着好奇心越来越强烈，他们对自己所追求的目标逐渐达到痴迷和忘我的境界，最终达到儒家所说的"仁、智、勇"的状态。所以恐惧、焦虑、无趣在他们的世界里渐行渐远，他们由此感受到生命不断成长过程中的芬芳，虽然物理寿命有限，但他们感受到了精神生命成长的无限性。

所以，企业家看上去像劳工一样苦役般地劳作，实际上是一种心灵的自由、灵魂的自由，摆脱了各种贪婪的诱惑、各种潜规则的束缚，成为自由王国之王。精神处于一种自由状态，就决定了精神发展的多样性和无限性。

关于这种自由状态，许多大师都有精辟的论述。弗洛伊德把人分为本我、自我和超我三个层次。马斯洛则把人的需要分为从低级的生存需要到高级的精神需要等不同层次，晚年时他又发展了自己的理论，把灵性作为人最高层次的需要。黑格尔把精神分为主观、客观到最后的绝对精神三个层次。这些论述都从不同侧面揭示了人由低级到高级的发展过程，也就是由不自由到自由的发展过程。

企业家精神正本清源

企业家精神首先是源于生命本身的动物精神

这种精神首先是一种动物精神，就是害怕生命的平庸因而喜欢挑战，永不满足。就像动物园里的猴子，玩一个玩具时间一长就腻烦了，所以不停折腾。

有这种精神的人喜欢自由，不愿意受过多的约束。毛主席在青年时代写给朋友的信中，曾袒露自己的人生态度和性格本色：性不好束缚，不愿牺牲真我，不愿自己以自己做傀儡。这是一种真我，是一种本色自然的性格。而企业家恰恰也是这样一种真我性格。

责任、使命感是企业家实践深度、广度不断扩展的产物

企业家这种折腾劲是生命里最原始的意识，总想在社会实践中

做一番事业，这样才没有白活。这与道德无关，而与自己的基因有关，更与成长的环境、所受的教育、所接触的人物和事件有关，还与所处的时代有关。

正是因为这样，他们对物质的东西不是特别看重，或者说他们的物质需求很容易满足，这类人是精神至上的人。

这类人开始也是哪里有钱就往哪里跑，完全跟着感觉走，甚至不得不从事一些法律模糊地带的业务。但正是心中不甘平庸这团火，使得他们和一般人区别开来。当淘到了第一桶金、在别人看来可以安生养命的时候，他们却认为一切刚刚开始，会把所谓的第一桶金全部投入到新业务中去。

他们一开始是为了生存，这个时候世界还是主观、个人的世界。由于自己的不安分，他们的实践不断向前推进，合作秩序不断扩展，这时他们意识到自己对员工、上下游供应链的责任。企业是他们实现生命意义的载体，所以他们会从个人意识上升到团队、集体的责任意识。他们为了应对宏观环境的变化、产业转型的挑战和自己知识的老化而不断努力。这一层次的企业家中，有些人随着实践范围的扩展，思想、精神的边界不断延伸，逐渐意识到自己的生命和整个社会乃至整个人类的命运息息相关，自己生命的意义只有和人类的命运链接起来才有意义。这时企业家就产生了使命感。有使命感的企业家一般是实践范围不断扩展的产物。一旦从开始的生存状态上升到责任感甚至是使命感状态，他们的生命就在这样的实践中得到了升华。

有没有人一开始就具有使命感？没有确切的事实证实这一点。但有一点，有些人由于运气、自己努力、先天因素等很快上升到第二层次的责任感，而对人生的不满足又很快使有些人上升到第三层次的使命感。例如特斯拉的马斯克、脸书的扎克伯格、华为的任正非、阿里巴巴的马云等。

责任感、使命感是企业家实践不断扩展的结果，同样的道理，诚信、契约精神也是企业家不断实践的结果，而不是企业家精神本身。

　　实践就是为了征服世界而开展的人与人的合作，或者如斯密所说的分工、制度经济学家所说的从事团队生产、哈耶克所说的扩展的秩序。这类人发现，要使自己实践的范围不断扩大，必须对人诚信，必须遵守契约。他们从遵守契约和讲诚信中尝到了甜头，得到了激励，所以合作的秩序不断扩大。因此，诚信、契约是他们实践的产物。整个人类社会的规则、契约精神也是在这样的实践中慢慢建立起来的。

　　人都是社会关系的总和。有些人在人生开始时，可能是所受的教育、成长的环境对他的诚信、契约意识等价值观有影响，使他在实践中一直遵守契约精神，这样实践范围越来越大，从而把诚信、契约变成终生不渝的价值观。尽管如此，这样的价值观还是实践的产物。如果实践并没有奖励他的这种价值观，就有可能使他慢慢怀疑而丢掉它。

　　柳传志在无数个场合都说，他非常感谢父亲，是父亲告诉他要做一个正直的人。这种言传身教加上父亲的遗传（一个正直的人往往后代也有正直的基因），使他在实践中尝到了甜头，把联想做成功了，所以他感谢父亲。

　　但更多的人可能没有受过这样的言传身教，而是市场直接给了他言传身教。也就是说，如果欺骗、不诚信，市场就惩罚你，交易对手就越来越少。实践的范围越广，团队涉及的人越多，就越感到必须诚信和遵守契约。所以，市场能提供最好的言传身教。

　　这里的前提是，市场本身让遵守契约、讲诚信的人的实践范围越来越大，而不是相反。更多的人从这样的价值观里尝到甜头，就会把诚信和契约作为自己的价值观。

所以，市场经济本身的规则、契约、诚信等是实践的产物，这也是说市场经济就是契约经济的道理。

企业家精神突出表现为创造新产品、开辟新产业

企业家精神最核心的是生命中的好折腾，所以他们不喜欢人云亦云，不喜欢走别人走过的路。他们以挑战新高度为生命中最大的乐趣，以创造新未来为人生的最高奖赏，以创造新产品、开辟新产业、创立新模式为最大的快乐。用通俗的话说，他们就好这一口。虽然这个过程要经历无数的艰难困苦，冒各种风险，甚至会破产和失败，也可能遭受世俗的白眼，但对于他们来说，这个过程就是他们生命本身，他们的天职就在这里。反过来说，让他们从事庸常的工作，从事没有风险和看得见未来的工作，则是对他们生命最大的亵渎。

所以，在企业家越来越多的社会，经济的创新、创造活动就会蔚为壮观，新产品、新产业就会层出不穷，经济结构也会不断从低级向高级进化。

更重要的是，虽然具有企业家精神的人比例可能不是很高，一个社会真正能够成长起来的伟大企业家也可能不多，但是，他们的这种创造和创新是经济的引爆点。

因为他们创造的新产品、开辟的新产业，可以带动与此相关的产业和企业围绕这些新产品、新产业进行布局。他们带动的往往不是一个地区，而可能是全世界。乔布斯的苹果带动了多少相关的产业？任正非的华为孵化了多少上下游的企业？马云的阿里巴巴让多少企业和个人在这个生态链上活了下来？

可以说，没有企业家精神，一个国家的经济就没有了源头活水，就成为无本之木，就没有了灵魂。没有企业家精神，一个行业立即就会变成夕阳产业。只有企业家才能突破新高度，才能化腐朽

为神奇。

我国政府自 2014 年起就大力倡导"大众创业、万众创新"的"双创"活动，最突出的特点就是鼓励创业进而达到创造新产品、开辟新产业的目的，希望依靠创造、创新来扭转以往靠复制、模仿等粗糙、简单的经济发展模式。从以上分析可以看出，要使"双创"活动结出硕果，最根本的还是要追溯到从事创造、创新的主角——企业家，让他们的创新精神得到极大的发挥，让他们的精神影响一大批从事创业的人群，这样就可以慢慢使我们的经济模式转变到依靠创造、创新的道路上来。

厘清企业家和非企业家的定义对深化改革的意义

戴维·兰德斯、威廉·鲍莫尔的《历史上的企业家精神：从古代美索不达米亚到现代》是一部对人类社会从远古时代到现代社会发展过程中的企业家成长过程进行全景式扫描的鸿篇巨制。作者把企业家精神分为生产性和非生产性两种。非生产性企业家发动侵略战争、官商勾结、欺诈、过度垄断等。这些人是游走在经济与政治之间的机会主义者、权力寻租者、侵吞民利吸金敛财者。如果按这种分析方法，郭文贵和丁书苗都是企业家，这简直是对企业家群体的侮辱。更为重要的是，这样的划分不能引导改革朝着激活企业家精神的方向推进。

该书作者通过大量的案例告诉我们，罗马时代的企业家如何蜕变成掠夺者，并最终导致罗马的衰亡；宗教上的企业家如何抑制经济的发展，从而导致中世纪的长期停滞；20 世纪 20 年代美国的大企业如何利用其垄断地位破坏市场的公平竞争秩序。所有这些案例都告诉我们：在盛赞企业家精神对经济发展的正面作用时，必须对其阴暗面引起足够的重视。

这本书的作者把企业家精神分为正面的、推动社会进步的和负面的、起破坏作用的两种。这种划分是有问题的，并且会产生许多矛盾。一个社会里总有人喜欢折腾，不甘平庸。在一个受到正向激励的环境里，这种人的精神就会朝着责任感的方向发展，甚至能够上升到使命感。这个时候他们就变成了企业家。如果这种动物精神处在一个负向激励的社会里，就会演变为掠夺、盗窃以及寻租，这个时候他们就不是企业家了！所以，与其说企业家精神具有破坏性，不如说在制度和文化作用下源于动物性的这种精神朝另外一个方向发展，变成破坏性的非企业家精神了！

在他们的分析框架里，非生产性企业家是贬义的，他们是产生负外部性的人。这样也会引起许多意想不到的混乱。巴菲特就从事非生产性的投资，无论是收购重组还是买入企业的股票，都不是直接生产活动。但无论企业家如何划分，都不可否认他是为人类作出突出贡献的企业家，他并没有产生负外部性。

有学者把企业家分为创新型和套利型，并认为中国应该由套利型企业家向创新型企业家转变。按照这样的划分，所有从事贸易的商人都是企业家。这种划分也不能真正把企业家与非企业家的本质属性区别开来。

马克斯·韦伯通过"天职"的概念把新教伦理同企业家的作用直接联系起来。基于新教伦理，他认为具有企业家精神的人应该具备的品格有：强烈的事业心、理性地追求利润、禁欲主义的生活观、倡导劳动致富、主张诚实公平交易等。

该定义和企业家精神的本质比较接近，但不够深入。因为这是基于对他所在国家和所处时代的观察而得出的一个归纳性结论，是一种结果导向的结论，对改革的导向意义不大。例如，按照这样的定义，如何从政策上、制度上激活企业家精神？

德鲁克曾提出，创新、冒险、合作、敬业、学习、执着和诚信是企业家精神的七大要素。这是对熊彼特破坏性创新的企业家精神的丰富，但同样是结果导向的结论，是企业家精神所表现的一些特征。

我对企业家精神的定义和以前所有关于企业家精神分析最大的不同，是从企业家的生命源头去挖掘，由此进行系统的梳理。不找出企业家精神的源头，就难以对各种模糊的似是而非的企业家精神有一个清晰的认识。而这并不是纯粹学术意义上的探讨，主要是为从制度、文化等不同层面激发和保护企业家精神提供科学的方法论。

为了更好地说明企业家精神的本质，我先对市场参与主体进行界定。市场上所有参与者都是商人，包括各个企业主、贸易经销商等。商人的天性就是追逐利润。在商人这个群体里，有一部分人在一定条件下变成了企业家。

我对企业家精神及企业家的定义是：

企业家精神源于生命本源中不安分的动物精神，在人类的社会实践中表现为不甘平庸、视事业为生命的特征。具有这种精神的人总是追求突破自己的限制，表现出一种永不满足、永无止境的精神状态。破坏性创新是这种精神最突出的表现。

具备这种精神并为社会创造价值而实现自己的责任乃至使命的人，就是企业家。

只有从企业家的人格特征、企业家生命的本源这些最原生态的视角进行剖析，才能看清楚企业家精神的本质，才能把企业家和商人区分开来，更重要的是才能由此找到改革的路径和方向。

下面是企业家与商人的区别对照表。

把上面所描述的企业家精神从生命本源开始进行梳理，将是如下所示的一条路线图：

喜欢折腾、不安分——永不满足、自我超越——崇尚自由、独立人格——简单、直率——胆大包天、异想天开——开放系统、好奇心——执拗、偏执狂——意志顽强、勇敢、有决心——愿景、目标——直觉、顿悟、洞察——破坏性创新。

第二章 企业家精神来源于何处　109

企业家	维度	商人
喜欢折腾，冒险，不安分	生命特征	好流动，不安分
执拗，偏执，孤独	性格特征	圆融
自由，独立人格，不喜欢繁文缛节	人格特征	灵活
以自我超越、创新突破为最大的乐趣	精神特征	以利润最大化为最大乐趣
直觉和顿悟，感性加理性	思维特征	高度理性
对世界充满好奇心	心理特征	对人性深刻洞察
生活简朴	生活方式	有的简朴，有的奢靡
责任担当，使命感	价值观	追逐利益
倒逼社会改革，打破均衡使社会转型升级	对改革的影响	因势利导会促进经济发展
生命型组织	对企业的影响	经济型组织
开辟新领域，创造新产品	经济意义	使经济充满活力
当存在寻租空间时，自由人格被压抑而导致创新精神萎靡	政策意义	当制度存在漏洞时，容易引发投机行为

[图：企业家精神图谱 — 核心"破坏性创新"，内圈：不安分、自我超越、喜欢折腾、永不满足；外圈：崇尚自由 独立人格、胆大包天 异想天开、开放系统 好奇心、简单直率、意志顽强 勇敢 有决心、执拗 偏执狂、直觉 顿悟 洞察、愿景 目标]

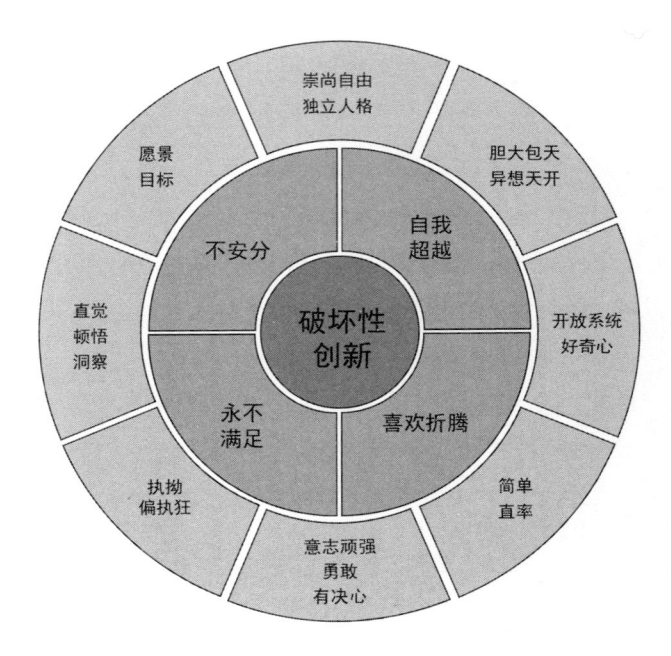

我把上面的路线图称为企业家精神图谱。

从上面所做的区分中可以看出，企业家的这些人格特征和一般的商人有显著不同。各项制度改革的目的就是使他们生命的本性得到极大的发挥和激励，使他们不断成长。

商人群体是市场经济的主力军。这个群体中有更多的企业家成长起来，社会规则意识、创新意识、责任意识就会加强，这样就会形成健康的社会文化，就会对整个商人群体的精神世界有积极影响。

如果社会投机风气盛行、规则混乱、诚信没有好报，具有企业家精神的人就很难保持初心，在畸形的生态下只好去投机钻营，这样他们的企业家精神就萎缩、泯灭了，就可能变成唯利是图的商人。

所以，改革的方向是让企业家的追求有正向的激励，使企业家为社会创造的财富不断增加，企业家永不满足的精神成为整个社会的精神。

关于企业家精神，还有重要一点经常被忽视。企业家的这种创新精神是他们发自生命中的热爱。他们以创新、突破、超越为人生最大的乐趣。这种热爱、乐此不疲的精神会减少社会上急功近利、哪里有钱就往哪里钻的机会主义行为。如果这种精神盛行，就会使整个社会浮躁、贪婪的风气得到遏制。

由此，企业家精神不仅能激发经济的活力，而且能促进整个社会精神的转型升级。如果企业家以创新为乐的精神盛行，就会使整个社会沉浸在创新本身的乐趣中，使更多人心无旁骛、专心致志追求这种精神的快乐，使整个社会的精神得到升华。这样，各种不择手段、唯利是图的机会主义行为就会大大减少。

企业家这种源自生命本源的以创新为乐的精神可以促进整个社会人文精神的提升。这种精神的提升反过来又会使短期粗放型的经济增长方式向长期质量型的经济增长方式转变。

所以，企业家以创新为乐的精神，比创新精神本身对经济与社会发展更有意义！

上面从企业家的生命本源分析了企业家精神的源头和本质，这样我们就会看清企业家和非企业家的本质区别，由此就会找到改革的路径和方向。这种分析框架对改革具有很重要的启示意义：

企业家精神不能通过教育、扶持而得到。它是根植于一部分人的生命之中的本真。

企业家精神需要呵护，不能压抑和扭曲。

企业家精神需要得到正向激励，否则就会萎缩和异化；这种正向激励不是补贴和扶持。从人的自性角度看，就是给企业家以选择的自由，让他们能够以此为乐，心无旁骛地追求创新。从社会的角度看，就是让他们的创新和破坏性创新活动得以为继，不被各种急功近利的行为淹没、挤压。一旦企业家以追求创新为乐的精神在社会上盛行，一个创新型社会就可能到来。

互联网时代的企业家精神

一部人类文明史就是链接不断深化的历史

人类今天的文明是从蛮荒时代走过来的。在远古时期，人与宇宙是一个笼统的整体。进入农业社会后，人类的生产力十分落后，交通、通信工具也很低级，人与人之间链接的广度和深度非常有限，处于彼此孤立、分割的状态。

到了近代，人类对自然界的认识有了长足的进步。尤其到了文艺复兴时期，人性得到了极大的解放，人的创造性也得到空前的释放。航海、海外殖民和贸易的需要催生了对科学的强大需求。恩格斯曾经说，社会一旦有技术上的需要，则这种需要就会比十所大学更能把科学推向前进。

随着自然科学的蓬勃发展，原先大一统的自然哲学不断分化出各个学科，诞生了现代科学体系，我们进入到细胞科学、原子能等更深层次的科学领域。同时，人类所能观测的宇宙空间不断拓展，各种高倍望远镜、探测器的发明把人类带进了更加遥远的空间。

自然科学的大发展导致技术发明层出不穷，资本主义的生产方式使各种技术发明得以大规模应用。现代交通、通信技术发展到一个前所未有的阶段，使人类的链接变得意想不到的便捷和快速。

现代科学的学科不断分化的同时，也出现了不断融合的趋势。系统论、控制论和信息论的出现导致了计算机的发明，引爆了信息技术革命。尤其是互联网，它的出现把人类紧紧链接在一起。这种链接的效率、宽度、广度及深度使人类又回到以前那种浑然一体的混沌时代。不过这是一个高级的混沌，是一种哲学和量子力学的混沌，人工智能和大数据成为这个混沌时代的核心。

整个人类文明史就是一部链接不断深化的历史。

互联网企业的本质

互联网时代是一个大链接时代。人与人、人与物、物与物之间的链接程度呈指数级增长。从经济学上看,互联网时代链接的过程就是不断去中心化、使世界以更低的成本链接在一起的过程。在这个去中心化的过程中,原来金字塔式的企业组织让位于平台化和生态化的组织。这种背景下,互联网的运行模式应运而生,互联网思维随即成为经济学和管理学追逐的对象。粉丝、骨灰级粉丝、共享、生态、生态化反、超级IP、平台、去中心化、场景、参与感等成为最热的互联网思维和思想。

但是,这种总结提炼式的互联网思维模式还是工业革命时代思维的延续。工业革命时代的管理学就通过观察人的行为、心理、情感的运动轨迹,研究各种行为主体之间的因果、规律和经验,并总结提炼出管理的基本规律、理念,通过学习进行大范围的复制和模仿,以此提高管理的效率。

经济学也大体如此。经济学通过数据和模型研究宏观经济运行的规律,通过因果的分析改进经济运行的效率。

工业革命时代管理学和经济学的思维是一种牛顿力学的机械思维,规律、因果、经验、复制、学习和改善是管理学和经济学的核心。

互联网时代的思维本质则完全不同。

举个例子。前几年做烧饼的某互联网企业特别火,在它融资的商业计划书中把"烧饼"这个词去掉,剩下的就是上面所提到的互联网语言了。而这样通过模仿、复制互联网企业总结出的一套语言和思维体系,除了博取眼球,对企业的管理和战略基本没有什么用处。互联网时代和工业革命时代完全不一样,因果、规律、经验都不复存在。每一个互联网企业都有自己独特的基因,都是一个独特的能量体,所以其经验、规律、战略、思维等并不可以学习和复制。

现在很流行对百度、阿里巴巴、腾讯（BAT）的企业运行模式进行挖掘和总结，企图以此找到互联网企业的思维和战略模式，进而进行模仿和学习，这是不理解互联网时代完全不同的经济实质的结果。

互联网时代，类似BAT、亚马逊、谷歌这样的标志性企业，每一个都是一个夸克。夸克是我用来表示互联网企业能量级的一个物理学名词。物质由分子组成，分子由原子组成，原子由夸克组成，夸克是组成物质最基本的粒子。而作为最基本粒子的夸克和原子、分子比较起来，具有最高层级的核能。

工业革命时代，企业内每个人都是一个螺丝钉，成员间分工协作的效率决定了组织的效率，处于组织核心位置的企业家进行企业内以及产业链上的分工、组织、协调和决策。由于信息、数据、沟通等链接的手段相对落后，因此出现了企业这个中心统一指挥和控制，以减少交易成本。

在互联网时代，随着移动互联网、人工智能、量子计算、互联网金融等技术的出现，人类进入了互联互通的新时代，全球协作和共享已经实现。所有链接都可计算、可模拟、可预期，都可以被数据化。工业革命时代可重复、程序化、螺丝钉式的工作，将全部或者大部分由人工智能替代。层级制的经济组织不断扁平化。随着生态体系不断丰富，互联网企业的效率越来越高，能量越来越大。工业革命时代的大型企业是一个巨无霸式的中心，互联网时代的大型企业是一个具有核能的点——夸克。这是在企业不断去中心的过程中慢慢实现的。

例如阿里巴巴，它一方面革大商场、大零售的命，另一方面自己逐渐变成中心。各个商家要在它的平台实现销售，就要不断引流，不断烧钱，导致交易费用过高。这个平台逐渐变成中心，使得其能量逐渐衰减。同时，唯品会、京东等平台又以深耕细作的方式、分化、消解阿里巴巴平台的能量。所以，阿里巴巴只能不断向金融、支付、物流、保险等平台渗透。现在的阿里巴巴，据马云的说法，电商只占20%，仅仅是作为流量的入口。阿里巴巴现在已经渗透到所有可能的领域，以至于媒体说好像阿里巴巴没有什么不可以做。如果阿里巴巴仅仅是个电商，可能早死了！

互联网时代，除了夸克级的企业，就是具有各个不同能量级的中小企业。企业能量的大小取决于与世界链接的深度和广度。

这些和工业革命时代完全不同的企业，彻底改变了我们生产和消费的方式。举个例子，某公众号的主人是个二十来岁的年轻女士，凭着对世界上各种新潮服饰的介绍，吸引了几百万狂热追随者，形成了一股强大的"买买买"热潮。这样的公众号是他们对世界某一领域、某一事物强烈爱好或者对人性深刻洞察而形成的一个精神场景。在这样的场景里，消费者和生产者基于共同的爱好、相似的精神气质紧密地链接起来。这样的消费过程不需要引流，不需要做广告，客户消费的过程也是精神享受的过程。互联网专家吴声把这样的公众号叫作"超级IP"，相当于工业革命时代的"工厂"。

互联网时代的产品也将不再是以前大规模的批量生产，而是充分满足个体审美、情趣等方面需求的个性化定制。每一个品牌都将是一个超级IP。在互联网时代，我们生活的每一个细节，从吃穿到住行，从生老到病死，从爱到恨，都会由那些对这些节点有深刻理解的人创造出超级IP，让我们兴奋和共鸣，让我们消费和互动。例如，"日日煮"是专门制作美味佳肴的一个公众号。和电视上那些烹饪节目不同，这个公众号的主人没有经过什么培训，没有任何计划，只是凭着自己极端的爱好，不经意间引爆了流量。现在像这样的平台很多，今日头条、知乎、逻辑思维、超级课程表等，都基于对世界某一领域极致的理解而产生链接并形成自己的能量场。在未来，还会有许多我们意想不到的能量场，把我们带向一个精神娱乐至上的世界。

从本质上讲，BAT 三巨头和上面这些超级 IP 完全一样，也是基于当初对世界独特的理解、独特的理念而诞生的。能量场有多大取决于它们和世界链接的深度、广度以及效率。而这些均是由创新能力决定的。阿里巴巴的达摩院（研究院）就是为了加强创新能力而设立的。它首批将要重点研发的技术包括量子计算、机器学习、基础算法等，涵盖机器智能、智联网、金融科技等多个领域，这些技术领域关系到阿里巴巴互联互通的深度、广度，是影响阿里巴巴核心竞争力的重要因素。

上面列举的超级 IP 是某一个细分领域的链接，巨无霸型互联网企业会和这个社会乃至整个世界建立立体的、纵深的、错综复杂的链接。拥有这样的链接的企业，按我的界定，就是进入到夸克能量级的企业。

互联网企业能否进入到夸克能量级，取决于能否打通这个世界上未知的链接、创造新的链接，摧毁各种交易成本很高的中心，并在互联互通的过程中不断和别的能量体通过链接相互赋能，从而不断提升自己的能量级。例子包括阿里巴巴入股滴滴打车、腾讯入股大众点评等。

互联网企业能量跃迁、赋能的过程，是一个混沌的过程，没有规律可循。先去学习由互联网语言组成的商业模式或战略，再去创立互联网企业，是很难成功的。也就是说，生态、场景等就像人类的语言一样，仅仅是用这些语言对这一段历史留下记载，方便我们叙述而已。这些语言组成的话语体系绝不是互联网战略。用吴晓波的话说，我们无法描述一个正在喷发的火山。

互联网时代的企业家精神

在过去的农业社会，地主拥有土地，绝大部分农民是租户和佃户，完全受制于有土地的地主，贫富差距表现在一方是有产者，另一方是无产者。这样的利益格局导致历史上不断爆发农民起义。

到了工业革命时代，资本家拥有资本，工人是无产者。随着大规模生产企业的出现，财富的分化程度比农业时代更厉害。但由于分工导致生产效率提高，资本主义的劳保福利制度逐渐完善，虽然贫富差距在加大，但在消费意义上的差距不断缩小。发达资本主义国家最富的人和最穷的人日常消费没有什么差别。

互联网时代，由于大数据、人工智能的出现，大规模生产制造的效率达到了不可思议的地步，穷人和富人的物质消费比工业革命时代的差距更小。许多只有富人才能消费的奢侈品变成日常用品。像当年的电脑、汽车一样，未来私人游艇和飞机等都可能以某种创新形式变成普通人可以消费的日常用品。

这样一来，在互联网时代，谋生可能不是人的主要问题，如何让生命更加精彩和有意义成为主要问题。

几百多年前的文艺复兴把西方人从神的束缚中解放出来。互联网时代则把人从重复的、沉重的、程序化的物理劳动中解放出来，人类由此进入新的文艺复兴时代，进入纯粹的精神劳动和消费的时代。

互联网企业和工业企业最大的不同是，开始时它不需要大规模的物质资本做基础，相反是以企业家独特的理念（精神资本）为前提。没有企业家独特的精神资本，互联网企业就不可能存在。每一个互联网企业的创立，都是创始人及其团队独特理念的结晶。有了这样的精神资本，企业还没有成立，就可能会融到大量资金。没有独特的精神资本，仅仅有物质资本，并不能导致互联网企业的诞生。

互联网企业可能有万亿元级的市值，但物质形式的资本很少，绝大部分情况下是由它的生态、平台和数据，也就是链接的深度、广度形成的能量场决定了价值。这样看上去巨无霸的企业，一旦丧失企业家的精神资本，突然之间就可能什么都没有了。就像当年微信还没有出现时，马化腾说，像腾讯这样千亿元市值的企业（当时的数据）可能说没就没了。

所以，互联网企业由市值体现出的物质资本更加依附于企业家的精神资本。互联网企业的物质资本随着企业家精神资本的提升而提升，随着企业家精神资本的衰减而衰减，二者不可分割。又由于互联网时代穷人和富人物质消费的差距越来越小，因此人类有史以来皆视为洪水猛兽的贫富差距问题，在互联网时代可能就不再是个问题。而且，物质财富越向企业家集中，相对应的企业家精神资本就越多，产生的能量就越大，就越能激活更多的能量。精神资本更多的社会将是一个更文明的社会。所以，物质财富向企业家集中，反而导致社会效率的提高。这可能是互联网时代和工业革命时代最显著的区别。

互联网时代，无论是生产产品还是提供服务，都需要对人性进行深刻洞察或者说深刻关怀，这是互联网企业的利润之源，也是其商业模式的核心。马化腾说，他最大的担忧是越来越看不懂年轻人的喜好。人是最复杂的，人性更是多变的，这决定了互联网企业也始终处于复杂、不确定的状态中。

具有夸克能量级的企业和世界形成了复杂、深刻的链接，它们链接的是全世界，是全人类，是未来。如马云所说，阿里巴巴未来一定是世界创新的发动机，要至少服务全世界20亿人口，为1 000万家企业创造盈利空间和机遇。它要不断提高自己的能量级，就必须不断地和全世界、全人类进行链接。

工业革命时代，企业家的责任在于创造更多的物质财富，造福于民。互联网时代，企业家的责任是创造更多的精神财富，产生更多的能量，为更多的企业和人赋能。企业链接的深度和广度越大，产生的能量级就越高，对社会产生的影响就越大。

进入到夸克能量级，企业面对的不再是一个社区，甚至不再是一个国家，而是整个世界、整个人类，为整个人类赋能。这种情况下，企业的服务范围无国界，能量辐射无边界，互联互通无障碍。

　　创造更多的精神财富，为更多的人赋能，造福全人类，是互联网时代企业家的责任和担当所在，也是互联网时代企业家精神本质的体现。

第二篇 企业家精神

企业家精神与企业的创新突破

第三章
企业文化发轫于企业家精神

企业家精神在先，企业文化在后

人类几千年的历史，就是一部精神在先的历史

高中上学时老师经常批判唯心主义，对"我思故我在"的荒谬性批得更狠。多少年过去了，随着对世界了解的深入，我却发现人类文明几千年的历史，就是一部"我思故我在"的历史。"我思"就是精神在先，由精神驱动行动。

纵观人类发展的千年史，人类摆脱愚昧无知，就是靠一个个历史人物的伟大思想产生巨大的推动力，也就是靠"我思"的启迪、启蒙、开智而走向今天的文明。

从古代的老子、孔子、释迦牟尼、穆罕默德、柏拉图、亚里士多德，到近代的黑格尔、康德，虽然他们早已灰飞烟灭，但他们的"我思"一直在传承，让人类在广袤的宇宙中自信地前行。每个时代的物质文明除了少数如长城、金字塔等，也都荡然无存。唯有"我思"一直滋润着我们的心灵。

长久活下来的企业，也是因为精神在先——"我思故我在"

对于企业也是一样，那些能够在残酷的商场厮杀中活下来并且活得长久的企业，都是因为先有"我思"，后产生了"我在"——具有核心竞争力的企业组织。这个"我思"就是通常意义上的企业文化。

那么，这个"我思"是怎样产生的呢？从历史上看，真正能够"我思"的人仅仅是少数。从企业的角度看，什么人能够"我思"呢？

现在许多企业的老板非常注重学习，参加各种 EMBA 班，希望从没有任何市场历练的教授那里听到高见，或者到阿里巴巴、海底捞取经。他们对这些企业的理念耳熟能详，也深刻理解这些理念的内涵。学习后就会结合自己企业的实际，如企业面临的痛点、消费者的需求等问题，提出自己的企业经营理念和目标，以此形成自己的"企业文化"。

这样的"企业文化"有两个特点：

一是大多数情况下是老板一个人自弹自唱。

员工听了要么觉得云里雾里，要么觉得你站着说话不腰疼——"我挣钱养家才是最高的文化"，"别给我唱高调"。当然，大多数员工表面上是听的，背地里才这么议论。

二是老板所倡导的企业文化体系烦琐，内容庞杂。

这样的文化和员工平时所接触的实际工作好像联系不大。因为大多数员工的工作都是琐碎甚至让人心力交瘁的，尤其是追讨应收账款、项目招标等。在一个法律和诚信体系还不很健全的时代，员工在工作中想得最多的是如何完成每一天、每个月、每一季度的具体工作任务。每个企业都有非常具体和刚性的任务，这些才是和工资、奖金甚至饭碗挂钩的。在充分竞争的企业，员工感到的是无尽的压力，甚至是心酸和无奈。所以他们听老板的企业文化理念就像听"鸟语"！老板所说的文化并没有让他们对企业的未来充满憧憬，对工作充满激情。一句话，没有产生张力，员工只有压力！

能够提炼出一套自己企业文化的老板，我所接触到的都是一些有梦想、有斗志、有冒险精神的人，初步具有企业家品质。他们学习能力强、学习意愿强烈。他们深知企业文化的作用，所以把企业的使命、愿景、经营理念、价值观等精神范畴的东西，一遍一遍、不厌其烦地通过大会小会向员工宣导、灌输，就像通用电气的杰克·韦尔奇一样，讲得太多最后都"口舌生疮"。

理想很丰满，现实很骨感。我们发现，大多数企业的文化所产生的效果非常有限。

为什么？

因为你的各种文化理念没有达到"我思"的境界！

"我思"境界的企业文化是怎样形成的

那么，"我思"是一种什么境界呢？

"我思"的境界是一种灵性的境界！暑期我到华盛顿的博物馆看了高更的画作，那些土著妇女原生态的生活方式激发了高更的创作激情和灵感，一幅幅画颜色热烈，画风质朴。我当时想，这就是神灵的境界。高更当年生活在巴黎，厚重的工业文明就像一层层棉袄裹挟着人们，让人窒息，感受不到自然界的灵性。所以他决定抛弃一切现代文明的束缚，到一个土著人的小岛上生活，和当地土著女人结婚。在这种没有被现代文明包裹的世界里，他找到了灵魂中最深的渴望、最感动的温柔，画出了一幅幅传世的画作。他的这种境界就是"我思"的境界，也是一种灵性的境界。

相比之下，一些企业老板的理念是基于先做到什么目标，例如行业前三强、行业第一，在此基础上想出一些理念，形成自己的文化。这些目标不是不能有，但并不是企业文化理念思考的起点。这是一种先有"我在"后有"我思"的思维方式！

这种"我在故我思"，使企业文化没有穿透力，没有感召力，是一种"我在"的产物。这种"我在"就像高更时代的巴黎文明，不仅不能激发反而窒息了人的灵性。

那么，企业的"我思"一般情况下是怎么形成的？

对于这个问题，需要从我对人的分类说起，我把人按灵性分为三类。

第一类人正如一句话所说，"你生而有翼，为何愿意匍匐在地？"他们没有梦想，甚至没有想法，终生在物欲的泥潭里不能自拔，为钱生为名死，左冲右突，一辈子被欲望左右。

第二类人在生活中有梦想、有追求，但是生活的压力、现实的残酷、环境的无常，使得他们在追求中困惑，在理想中现实，在现实中理想，有不甘也有无奈。这类人在现实的压力和梦想的压力之间徘徊、平衡。这类人是在地上行走的人，现实中占绝大多数。

第三类人就是有灵性的人。他们在市场上勇于实践，敢想敢干，不甘于平庸，喜欢拥抱不确定性。经过一系列的失败、试错，加上一些高人的指教、宗教的启发，慢慢悟出一些天地间的真知。这种真知往往是失败后的醒悟，是不断追问后的反省。这种真知一般是一些价值判断，而且都是常识。这些常识就是"我思"的结果。例如一切为了客户、创新是立企之本等，就是"我思"的结果，是挣脱了各种外在束缚而真正从思想上体悟到的灵性。

这类人就是飞起来的人，他们具有灵性，达到了"我思故我在"的境地。因此，他们的灵魂飘逸，他们的梦想飘逸，他们的想象力飘逸。也正是如此，他们知道在天地间自己所需要的是什么，会千遍万遍地把这些理念就像宗教的信条一样传播给那些在地上行走的人。

我认为，只有这种灵性的理念，才是有无坚不摧的穿透力，才能感化那些世俗的人的灵魂。

同时，这些理念不仅停留在传导与接受的阶段，企业流程、制度设计、绩效评价、市场营销等各个环节都浸透着这些理念。

例如，如果企业理念特别重视对领导力的培育，那么绩效评价体系里不仅要有业绩，还要有哪个岗位上培养了多少人才，有多少人成长为更高级别的干部。如果一切以客户为中心，当由于特殊原因导致客户不满意时，便不可以下不为例。倘若如此，企业理念将在执行中不断走样。

宗教之所以千年万年生生不息，就是因为它的虔诚、不走样。

企业的理念是否具有灵性，也在于是否贯穿整个企业的始终，是否具有宗教般的虔诚，从来不走样。这样的理念只有达到"我思"的境界才能够做到。

宗教仪式、灵修能够达到"我思"的境界吗

通过宗教、灵修仪式，通过打坐，能否达到"我思"的境界？

我只要有时间就坚持打坐，开始时没有耐心，坚持不了多长时间。后来读了《甘地自传》《德兰修女传：在爱中行走》，我悟出了人原来还有灵性的世界。我们需要神灵的启示，需要上帝的滋养。这样的想法使我对打坐越来越感兴趣。每次时间一长，世间的各种欲念、烦扰、尘埃就从我的心灵中飘走了，剩下一个无知无欲的"空无"，这个时候经常会听到一些神灵的启迪。打坐结束后，自己的心情就显示出一种自然的状态，也就是平时所说的神清气爽，接近"仁者无忧"的状态。

这里的上帝、神灵，不是迷信，而是指当人摆脱了各种现实的羁绊，自己的精神很纯粹时，潜意识、灵感、神秘力量就会光临你的思想。许多神秘力量在科学进步到某一时刻时，可能就不再神秘了。只不过我们生命有限，因此千万不要自负，要敬畏宇宙、敬畏神秘力量，相信它们终将拨开人生的迷雾。

但我要说，这样的打坐也罢，宗教仪式也罢，只是我们修炼灵性的一小部分。人更多地要在实践中磨炼，在失败中经受考验，最后才能真正达到"我思"的境界。

所以，要形成达到"我思"境界的企业文化，市场是真正的修炼场所。许多老板跑到印度去灵修，这样偶尔为之未尝不可，但不能以为就此就能找到人生和企业文化的真谛。

本书对企业如果有什么启发意义的话，就是如果想要创建企业文化，使企业文化在竞争中真正起到感召、激励、抗压等作用，企

业的领头人要不断在实践中修炼、省察，使自己从能够地上走的现实的人，逐渐变成能够天上飞的灵性的人，以至于达到"我思"的境界，最终找到企业文化的魂！

价值观可以当饭吃

价值观是绝对的

一个组织随着规模越来越大，成员越来越复杂，必须有约束成员的价值观，而且在执行过程中绝不走样，这是组织取得胜利的根本。

寺庙是最长寿的组织，之所以千年香火不断，就在于它弘扬一种对佛祖虔诚的价值观。正是这种虔诚，让万千信众心甘情愿地解囊。

许多企业的墙上都写着使人感动的标语，顾客至上、诚信立企等，但真正能够做到的少之又少。在一个法律不健全、社会诚信比较差的社会里，要做到这些确实不容易。所以，许多情况下我们自己既是受害者又是加害者。

但是，也只有那些真正做到了的企业，今天才成长壮大起来。只有那些把核心价值观贯穿到每一个环节、每一个人、每一个时刻，并且成为企业文化根本的企业，才能立于不败之地。

没有价值观的企业在机会主义时代，可以暂时获得一些利润，但是长期下去终将失去战斗力。

因此，价值观是绝对的。

价值观塑造一个组织的灵魂

现在提到一些宏大的名词，例如使命、价值观、主义等，一般人都不以为然，认为是假大空，是脱离实际的空喊，欲避之而不及。所以，邓小平提出"空谈误国，实干兴邦"，道出了大多数中国人的心里话。

但是，我在任何一个企业都要谈价值观，而且首先谈价值观。价值观是决定一个组织生死存亡的根本。没有价值观，组织中一定充满急功近利、蝇营狗苟之徒，这个组织也不会长久。只有价值观，才能把大家统一到一个可持续发展的方向，才能把不认同、不具备相似价值观的人剔除出组织。

我认为，任何一个做企业的老板，如果要确立自己企业的价值观，以价值观来统领企业，带领整个组织实现梦想，有个非常现成的例子——只要学习"八项规定"的精神就可以了！

"八项规定"是价值观贯彻得最彻底、最到位、最有效的！

"八项规定"的灵魂是什么？是价值观！许多人对"八项规定"有看法，想不通，觉得太严了，不近人情，一刀切。尤其对办公室超标的部分都要来一个切割，是不是小题大做？

我认为从价值观的角度看，绝对不是小题大做。

举个例子，中央严禁公款打高尔夫，有的单位在风头上停止了，风头一过又照样打了起来，直到再次被查处通报。可想而知，无论从认识上还是习惯上，过去的习性都根深蒂固！广东去年抓了一个副厅级的官员，贪污不说，他还有句豪言：要打遍全世界的高尔夫球场！

打高尔夫涉及什么样的价值观？公款私用。同样，公车私用、大吃大喝都是这样。

那分割办公室涉及什么样的价值观？奢靡。许多领导为了显示自己和副手不同，把办公室弄得比他们的都大，而且装修豪华。

违反"八项规定"的通报中有这样一例：领导的司机开车带家人看病，处分的结果是补上100元油费。许多人认为这样太不近人情。但是这个不处理，那开车去钓鱼有没有关系？再往下延伸，开车外出郊游行不行？按照逻辑都行。一直延伸下去，公车问题形成了死结。

广州的区伯很多人都认为是神经质，连老婆也和他离婚了。因为所有人都认为习以为常的事情，偏你一个人认为不对，那你就是神经质。到底是区伯神经质还是这个社会神经质，从"八项规定"就可见分晓。

不久前，违规通报中有个人收了别人几条草鱼就被处罚了。肯定有人觉得好笑，这个还值得通报？如果这个不通报不处分，那收几百元的消费卡是不是也可以？什么才不可以？边界在什么地方？最后天天反腐倡廉，岂不只是说说而已？

价值观不仅决定人的行为方式，而且塑造人的灵魂。在一个追求奢靡、大肆公款消费的组织中，不可能有任正非所追求的艰苦奋斗的精神。想想当年的八旗子弟吧！其结果就是考公务员的人挤破了头，大家都想到这个组织中来享受，来腐败。当优秀的人都想到政府部门去奢靡、去享受的时候，市场上就没有多少优秀人才了，这个国家也就岌岌可危了！

所以，现在的改革最关键是重塑价值观！怎样在这样一个庞大的、有90多年历史的组织中重塑艰苦奋斗、励精图治的价值观，直接决定这个组织的生命力，也直接决定整个国家的命运。

今天，面对各种错综复杂的矛盾，如何突破？如何找到一条既改革又保持可持续发展的道路？那些令人触目惊心的腐败，就是因为价值观迷失了！

重塑价值观，需要具体的行动，更需要彻底的不折不扣的执行。所以，所有企业的领导者都要学习"八项规定"的精神！

企业的成功首先是价值观的成功

一个民族的成功是价值观的成功，一个企业的成功同样是价值观的成功！

关于价值观的内涵，问题不在于提出什么价值观，关键是价值观是否适合组织，组织是否绝对地、无条件地贯彻这样的价值观。

从世界范围看，那些成功的企业都把价值观渗透到了员工的灵魂中。通用电气的韦尔奇在任何场合都讲价值观，以至于到了"把价值观当饭吃"的地步！

互联网企业追求个体的自由创新精神，不应该有一个统一的价值观吧？恰恰相反！和工业企业比较起来，互联网企业变化更快，不变的唯有其价值观。

在创业早期，阿里巴巴有一群人被称为"中供系"，他们多出生在农村，家境不好，学业也不甚如意。在马云等创始人的捶打下，他们与人谈阿里巴巴，五句之内必提"价值观"，十句之内必用"阿里方言"。靠着创始人所倡导的价值观和使命感，再通过严格的分享机制、培训和奖惩体系，硬是把这群"中供系"从江湖上的"旁门左道"扭转成了"名门正派"，这群人中的大部分后来都成为阿里巴巴 B2B 公司的核心力量。

我曾经做顾问的一家企业非常关注各个子公司的风险、预算执行的进度，各子公司高层是否胜任等，而对企业内部的盘点没有给予足够的重视。子公司每个月盘点时，实际数少了就改一下，某个产品多了就减一点，以做到账实相符。企业当时觉得，肉烂在锅里，总成本不错就行了。但是这里少点改一下，那里多点减一下，最后的结果就是所有制度都成了摆设，更重要的是企业管理的价值观严重缺失！最终，在集团老板的强势督导和推进下，企业做到了日清日结。以前总觉得日清日结是海尔的本事，别的企业怎么可能做到？有时企业也担心，日清日结下来是不是人也清——都流失了？其实，这个担心是不必要的——在价值观面前不能有任何犹豫！价值观是绝对的！我想这也是一些企业能够成为伟大企业的重要原因。

上面的问题不仅会因成本核算不准导致薪酬激励和成本管控措施不力，更重要的是会使广大员工"每天都进一小步，长期就会大进步"（稻盛和夫的思想）成为泡影。

企业内部有些基本价值观是要一直坚守的，例如大家必须真诚坦率，彼此之间不能说谎。有些话如果不方便可以不说，但不能说谎。这次这个方面说谎，下次保不准哪个方面会说谎。更重要的是，一旦发现你说谎了，别人就不知道你哪句话是真话，要首先按谎话来思考，这样企业里的交易成本就会非常高。

企业是一个重复交易的组织。企业员工之间、企业和上下游的供应链和客户都是多次重复地交易。多次重复交易就需要诚信、真诚，这是最有效率的选择。

一个组织要在市场竞争中取胜，要带领一帮人去追逐梦想，没有价值观绝对行不通。有的餐饮企业把别人吃过的饭菜重新回炉让其他客人吃，这个过程是要员工执行的，企业都这样了，还指望员工对企业感恩、诚信，让员工为企业拼命？

正是在上面所说的价值观的基础上，我们说价值观可以"当饭吃"！然而那些能够在企业经营过程中坚守价值观的人，才称得上企业家！只有具有正确价值观的企业，才能够笑到最后！

愿景让人热爱、痴迷、癫狂

热爱是最好的老师

吴天明这个名字大多数人都不知道，张艺谋则是天下闻名。吴天明是谁呢？用张艺谋说的话，没有吴天明就没有张艺谋。20世纪80年代，吴天明执导了电影《老井》，张艺谋因主演这部电影而成名。

为什么要说吴天明呢？因为关于他的故事，我一直没有忘怀。

改革开放之初，吴天明到电影院看一场电影，看了以后觉得非常好看，于是连续看了四场。四场过后，还是不过瘾，但是弹尽粮绝了——当时借来的钱已经全部买了电影票。还想看，怎么办？在这种强烈欲望的驱使下，他做出了今天许多人都认为不可思议的事——把自己脚上穿的鞋卖掉，换了钱买了票又连续看了三场！现代社会的人都无法理解，你自己脚上穿的臭鞋，还有人要？那是个贫穷的年代，对于新新人类而言永远理解不了！就这样，一部电影连续看了七场！

这叫什么？叫热爱？不够。叫痴迷？不够。叫痴狂？还不够。

为了自己心中的喜好或者目标，把最后的身家都当出去了，看完后光脚走回家。这叫癫狂！正是这种癫狂，让他成为那一代电影人的代表人物，也成全了后来张艺谋和巩俐这些中国电影事业的开拓者。

还有一个故事，同样让我不能忘却。

李瑞环是原国家重要领导人之一。他个子不高，看上去历经沧桑，小学都没有读完，木匠出身，经历了从青年突击队队长到北京市副市长、天津市委书记，一直到中央政治局常委、全国政协主席的人生历程。现在的年轻一代可能不太了解他，但我一直记得他，同样因为他的故事。

他小时候也就是80多年前，家里非常穷，大年三十那一天，母亲让他把家里不多的米拿到集市上去换一些油条回来，过年让全家人吃点油条享受一下。他挑着米，看到路边有书摊就停下来看，一看就走不动了，被书迷住了。一迷住就忘记了时间！天黑了还想看，而书摊要收市了，怎么办？情急之下他做出了令人难以想象的事，把所挑的米与摆书摊的人换书！

换了书后，一直到很晚才回家。母亲等着他的油条做年夜饭。一回家，他才知道大事不好！从刚才的迷幻中醒过来，但为时已晚。母亲看他把米换成了书，气愤之极，不仅把他一顿暴打，而且在北方那个冬天，脱掉他的鞋和袜，把他赶出了家门。在冰天雪地里孤独无助，最后好心的远房亲戚在外面把他领回了家，烘暖冻僵的双脚，让他在家里吃了年夜饭。

这叫什么？同样叫癫狂。为了自己的爱好，最后到了鬼迷心窍的地步。

也正是这种癫狂，使李瑞环一生喜欢学习和独立思考。担任天津市委书记时，邓小平多次让他到中央任职，他都借故推托。用他的话说，他就是喜欢在下面到处转，到处看，做点力所能及的工作。

他退休后所写的充满哲理的工作笔记，在市场上掀起一次次的购买高潮。他的讲话充满哲理和睿智，所以他的书卖得特别好。

让组织成员癫狂的目标才能叫愿景

市场上，有一类人叫企业家，他们就像上面所说的两个人一样，痴狂、癫狂。这类人为什么而癫狂呢？

实际上为了一个他的构想、梦想、幻想。

这个幻想是怎么来的？具有什么特征？

这类人在实践过程中，对自己所处的社会、技术发展的前景、人们的需求、社会发展的趋势，有一种预见、一种构思、一种想象，觉得人类未来的某个领域、某个市场或者某个行业，在若干年后将会呈现出一幅完全不同的图景。这样的图景有以下几个特征。

改变

这样的图景就是对现在的社会甚至整个人类生活、行为方式等方面的重大改变，使社会向前大进一步，某个行业、某个地区甚至整个人类由此变得更美好，这个图景由此为社会创造了颠覆性的价值。图景幻想者也由此感受到自己改变世界的力量，进而感受到自身生命的意义。所以，想起来就会热血沸腾，不能自已。

幻境

图景开始时是一种幻觉——海市蜃楼。绝大多数人都认为不真实、不可靠、行不通，所以叫作海市蜃楼。幻想者因为对世界深刻的领悟、敏锐的洞察、天才的直觉、狂妄的幻想，而使自己具有神经质般的状态，把自己的全部细胞都调动起来，把自己的每根神经都挑动起来。慢慢地，神经质的特质影响到能够影响的人，他们也为这样的海市蜃楼激动不已，抛弃一切。

憧憬

说起憧憬，我先说说自己的感受。我上初中时高考刚刚恢复，需要模仿高考作文范文。其中有一篇我记得很清楚。作者是一位三十多岁、刚刚做父亲的考生。他所写作文的结尾到现在我还记得，让我感受到什么叫憧憬的力量。

作文的结尾大致如下：未来无论在明亮的实验室，还是在祖国宽阔的工厂，我们一定要把耽搁的时光夺回来。在前进的道路上，我们绝不犹豫和彷徨……

历经十年浩劫，作者还是那么阳光，对未来充满着希望和憧憬，使我受到很大的感染。人对未来充满希望、充满憧憬，是非常幸福的。多年来，我一直在打听这个作者的近况。

还有一个情景。15岁读高一时，中午下课后打了饭，就站在校园里的大树下匆匆吃完。这时学校的喇叭里都会播放一些歌曲。有一次，我听到了一首歌：

  再过二十年我们再相会

  伟大的祖国该有多么美

  天也新，地也新，春光多明媚

  城市乡村处处增光辉

  啊，亲爱的朋友们

  创造这奇迹要靠谁

  要靠我，要靠你

  要靠我们八十年代的新一辈

听到这里，整个人热血沸腾，那种幸福感充盈全身，感觉天是那么蓝，生活是那么美好。其实，我们当时饭都吃不饱，几百号人挤在一个教室改成的宿舍里，许多人因为卫生条件不佳而得了疥疮。

但听到这首歌的幸福感是如此强烈，以至于多年后我对这首歌还有非常美好的情感。当时的情感冲击、幸福感觉是一种本能。实际上，这是一种由一首歌使人对未来充满憧憬而产生的美好感觉。所以，憧憬的力量就是幸福的力量。憧憬一定是由于未来美好幸福的图景使精神细胞被激活而产生的极度幸福感。

痴迷、癫狂

精神的力量是无穷的。正是对这个图景的美好充满着向往，充满着期待，所以它激活了构思者的每一个细胞，让他发疯、发癫、发狂。正是这种痴、癫、狂，让他为了这个图景去拼尽每一个细胞的力量，去克服实现图景过程中的任何艰难险阻，甚至把自己置之死地而后生。这个图景是鲜花，让人欲死欲仙；这个图景同时也是毒药，让人要死要活，受尽折磨，历尽苦难，甚至像夸父一样，倒在追寻太阳的途中。

群魔狂舞

构思者的痴癫感染了一些人，他们慢慢对这样的图景痴迷，潜能不断被激活，精神不断因这样的图景而兴奋，呈现出群魔一起狂舞的癫狂景象。这些人，无论路上遇到什么挫折，甚至没有了最后一点水、一口粮，一旦选择，就不离不弃。

这个图景在企业里叫什么？愿景！

通过这样的描述各位应该都知道了，许多企业的墙上、章程里、企业文化里写的都不是愿景，最多是企业主一种良好的愿望或者一种主观的臆想。

各位也应该知道一个能够把人生命中最沉睡的细胞都激活的愿景应该怎么去塑造了。

第四章

企业管理的精髓：激活企业家精神

把自己当老板

我曾经担任某集团的顾问,在每年末做预算时感触都非常深。理论上说,企业的预算要考虑新一年的战略、对未来环境的预测、企业管理能力的变化等因素。但最后基本上都是一个套路:在当年的基础上,收入增加一个比例,成本降低一个比例。这个比例根本不是什么内外部环境、企业战略决定的,就是和下面的子公司讨价还价决定的。下面不断强调市场竞争的激烈性,上面不断强调挖潜的重要性。和韦尔奇所描述的预算过程基本一样,就是一个猫和老鼠的游戏。就像拍卖一样:上面要求加一点,再加一点,再加一点,下面则说实在不行了,再加我就不干了——好,一锤定音!就这个价。这就是预算的过程。我相信许多企业的预算也是这样。

这件事做了几次后,我就非常困惑:一是这样做的话,要咨询顾问干什么?我的价值在哪里?二是上下这样捉迷藏式地确定预算肯定非常不科学,但科学的预算怎么做?

在经济高速增长的年份,预算都能够完成甚至超额完成,下面子公司的CEO也觉得自己很不错。但是,近几年市场逆转,过去的高增速已经不存在,企业之间是赤裸裸的竞争,这时别说加码,就是维持以前的规模都难。

在经济高速增长时期,只要企业战略基本对路,剩下就是职业经理人的执行问题。这个时候,只要有一定的组织能力和人际交往能力,就能比较好地完成任务。所以,企业老板的大部分精力都放在思考战略或者战略转型以及寻找资源上，对企业里面的人思考得比较少。而当经济增长放缓时，以前表现很优秀的 CEO 一下子就现出原形，显得力不从心。尽管老板不断加压，仍然无济于事。

在企业里我有一个明显的感觉：职业经理人和老板完全不一样，他们总是不理解老板都有那么多钱了为什么还那么拼命。他们取得了一点成绩就觉得自己很了不起，容易骄傲自满。所以，我提出了一个重要理念：把自己当老板，管理能力就能提高十倍。这是为什么？请看下图：

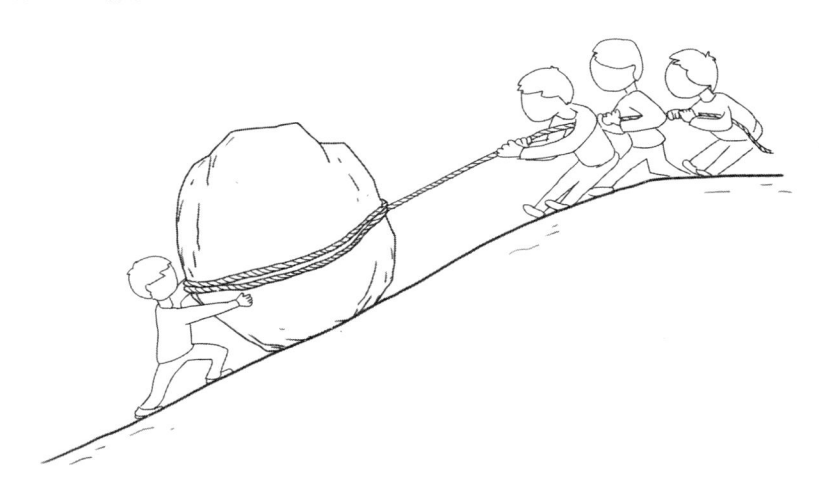

图中最下面那个人就是老板！老板是没有退路的人，是没有借口的人，是所有人都放弃仍不愿放弃的人。压力让人成长，责任让人成熟，所以把自己当老板，管理能力就会提升十倍。

那么，老板这一角色有什么特点呢？我们怎样才能像老板一样呢？请看下面我对老板特征的描述。

老板的特征

永不言败

屡战屡败，屡败屡战，在失败中学习成长，百炼成钢，永不放弃。企业是一个不确定性装置，具体做什么完全是一个试错的过程。在发展过程中，老板不断地做决策，往往是企业越大，错得越多。老板是学习和纠偏能力最强的一群人，他们不惧怕困难，勇于前行。企业发展到瓶颈阶段、面临新的技术挑战、所在行业面临宏观调控时，就像在波涛汹涌的大海上行驶的一条船，老板不能有任何犹豫，要果断转型、果断出击，但未知世界往往和当初的设想相异、团队的执行力可能不行等因素会使决策失败，错误不断。老板要能够在错误中学习，永不放弃，在这个过程中忍受资金链断裂的煎熬，面对股东怀疑的眼光等。

未卜先知的嗅觉

即对风险和机会的灵敏嗅觉。老板多年如一日地思考、洞察，对外面起伏不定的宏观环境、风起云涌的行业环境保持高度的警觉。当大部分人乐观时，他们胆子特别小，安然不动；当大多数人悲观时，他们像老鹰一样猛地俯冲，瞬间抓住猎物；当所有人不理解时，他们一意孤行，忍受着痛苦，承担着压力，孤注一掷。他们静如处子，动若脱兔。

这种嗅觉、这种孤胆英雄的气概，是长期忍受孤独、非议，苦思冥想，不达目的誓不罢休才慢慢形成的。他们有时胆小如鼠，有时胆大包天。

嗜血动物

企业不以赚取最大化的利润为目的是最大的犯罪。利润是效率的同义词，利润越高，效率就越高。因此，真正称得上企业家的都是嗜血动物，视利润如命，视赚钱如命。为了赚取最大化的利润，老板必须对流程优化再优化，对人员精简再精简，对生产精益再精益。任何马虎、任何敷衍、任何将就、任何随意都逃不过老板的眼睛。效率就是生命；利润就是血液，就是下一步继续发展的本钱。因为老板知道，要么卓越，要么破产。

最残酷也是最有大爱的人

大老板都是最残酷、最公正的，不因亲情、人情而放弃原则，不会有无谓的同情和虚假的慈善。大老板把市场最残酷的一面展示在企业内部，让每个员工明白市场的残酷是天性。因此，最残酷的老板会逼着你成长，你应该感激他一辈子。他的残酷、他的严格、他的无情恰恰是市场的正常反应。一个企业中，如果大家享有平等的福利，那么它离破产就不远了。成功的企业没有或者很少有这种福利，这种福利看上去很公平，实际上损害了奋斗者的利益，因为它奖励了懒惰者的劣根性。福利小可以毁掉一个企业，大则可以毁掉一个国家、一个民族。

大老板都是"非常歹毒的鳄鱼"，这种"歹毒"恰恰是市场竞争规则最彻底的体现，是一种最大的爱和最高的善。任何表面上的仁慈、怜悯、同情最后都会毁掉企业，也会毁掉所有员工成长和生存的机会。如果老板不"歹毒"，企业一定会灭亡；只有老板足够"歹毒"，企业才能在残酷的市场中生存下来。企业的业绩评价、预算都要贯彻企业家这种"歹毒鳄鱼"的思想，把市场机制引入企业，作为企业业绩评价的唯一机制。

永不满足，激情四射

他们视事业如命，对成功有着强烈的渴望。创业时，他们不舍昼夜，排除千难万险。度过创业期、进入正常发展期时，他们又想做大做强。他们活着就是为了成就一番事业（没有事业的人生非常无聊），因此不断出击，不断迎接各种挑战，永不疲倦，永不言退，永不满足。他们在追求事业的路上激情澎湃，享受着虽苦尤乐的过程。

孤胆英雄

他们有勇气，有担当。每一项改革、每一个决策，都面临失败的风险和内外部的阻力。但是，企业要生存、要发展，就必须不断调整内部组织结构，不断与时代接轨，收购、兼并和投资新领域。许多时候就如同前面有一道万丈深渊，犹豫不决会使企业迷失进一步发展的方向。而由于深渊太深太宽，老板需要鼓足勇气、屏住呼吸，用尽平生的力气猛踩油门。成功飞跃者大多是车后轮刚刚搭上悬崖的边缘，稍微退一下就要粉身碎骨。

辩证法大师

在企业初创但所有人都不看好、许多决策不被理解时，他们像一轮太阳，照亮团队全体人员的心。虽然没有足够的资源、没有足够的时间，但老板总能让他们和自己一道坚持到成功的前夜。老板是太阳，放射出光芒，普照大地，自己得到的则更多是怀疑和抱怨。当企业走上正轨、有品牌效应、有可观利润时，团队成员认为可以享受了，盛气凌人，高高在上，不可一世，斗志松懈，老板此刻又特别清醒。成功就是失败，得就是失，此时必须进行深度改革和破坏性创新，突破自己的高度，克服人性的弱点。当面临挫折时，老板忍受着可能失败的打击，像太阳一样照亮别人。而当取得进步当上老大时，老板又异常清醒，看到满地是荆棘、到处是风险，把团队从自满、麻痹、骄傲、懈怠、纵情中唤醒，让大家继续保持旺盛的斗志、清醒的头脑，接受比失败时更严峻的挑战。

责任重如泰山

他们使命始终在肩。董明珠做推销员的时候，视企业是自己的事业，视事业是自己的生命。视企业是自己成长提高的平台、发展壮大的舞台，自然就会明白什么叫责任；有了责任感，自然就会把企业每一丝利益的损失视作自己的损失，就会留意每一丝机会为企业创造发展的可能，就会在不用任何人监督、不需要任何人知道的情况下始终如一地视企业的事情为自己的事情。

用自己的钱效益最高，用别人的钱效益最低。对企业的钱要像自己的钱一样对待。要把自己当作企业的主人，而不是打工的经理人；要把企业当作自己人生的舞台，而不是谋生的手段；要把企业当作自己的家，对每一分钱负责。不仅做好自己的那份工作，还从企业的全局、从相关部门的联系看问题。企业的问题就是自己的问题，企业的困难就是自己的困难，不能因为不是自己部门的事就不管，只完成自己的任务并非万事大吉。

吃的是草，挤的是奶

大老板对利润有着无限的贪婪，因为利润代表效率。但他们对钱本身索然寡味，就像许多钓鱼极客平生不吃鱼一样。因为大老板追求的是创新、成长、分享、效率、事业、价值这些精神的元素，这些推动社会进步和健康发展的因素。除了对事业本身极度狂热，他们爱好很少，消耗更少。

沙漠里的胡杨

贫瘠的沙漠里无水，无养分。在这样一贫如洗的土地里长出的植物，坚韧不拔，生命力旺盛，不惧狂风暴雨，不惧恶劣天气。所有老板都是在艰难困苦的土壤里成长起来的，所有有战斗力的团队也都是在资源贫乏、时间紧张甚至环境恶劣的土壤里练就的。华为在战火纷飞、无人愿意去的地方寻找机会，当时的西门子、朗讯等巨头高高在上，养尊处优。要练就一个有战斗力的团队，就要把他们置于贫瘠的状态，让他们能够在野外生存，在上不着天下不着地的环境里活下来。厉害的老板就是敢于把团队放在虎狼出没的荒野上，团队为了求生，会想尽一切办法活下来，由此每个人都变成了有顽强求生能力的豺狼。

为了塑造伟大的团队，永远不能让他们有舒适感，永远不能让他们有小资感，要让他们真正体会绝处逢生的快乐，置之死地而后生，闯出血路。

大吝啬鬼

老板都是大吝啬鬼。对成本和节约理解到极致，而且贯穿一生，贯穿经营的每个过程。沃尔玛的老板节省每一美元，开老破的货车到各个店，出门坐普通舱。他说，节约一美元，消费者就会受惠一美元，利润就会增加一美元，企业竞争力就会增加一点点。每个环节、每个行动都要从节约每一美元着手，贯彻到极致。巴菲特仍居住在20世纪70年代3.5万美元买的房子里。他说，把买新房子花的钱用来投资，以 1 万美元为例，按复利计算，十年二十年下来将会是一个天文数字。他的女儿想装修厨房，开口要借几万美元，都被他拒绝。他把成本节约的理念贯彻到极致，达到疯狂的地步，由此遏制了由于人性弱点可能造成的成本失控、预算失控。许多企业就是因成本失控而死亡的。

狮子和狼一样的血性

老板明白，这是一个虎狼出没的世界，不强大起来，迟早会被吃掉。人类世界和动物世界没有什么两样，再过多少年这一特性也不会改变。要在这种野兽丛生的世界里生存，就要舍得一身剐，就要张开血盆大口、吃肉不吐骨头。只要遇到机会，就拼命冲上去捕获猎物。他们在寒夜里也不忘记自己的使命，不忘记自己面临的威胁，两眼发出绿色的光，虎视眈眈地搜寻着各种猎物。他们像狮子一样张开血盆大口，像豺狼一样昼伏夜出，寻找各种可能的机会，以强大自己、消灭敌人。他们唯我独尊，赢者通吃，不达目的誓不罢休。

永远在创业的路上

老板心态也就是创业状态。什么是创业状态？对成功无限渴望，激情澎湃。控制资源和时间，让团队远离舒适区。面对挫折和失败，老板越挫越勇，拼命学习，从失败中成长，被愿景和梦想激励。

像老板那样战斗，才能有老板那样的效率

相比之下，我们则太容易懒惰、自满、懈怠、丧失斗志。面对困难时，我们容易退却，害怕失败；面临顺境时，我们又忘乎所以，得意忘形。我们喜欢随大流，只知道抱怨：抱怨环境，抱怨老板，抱怨企业，抱怨工资少付出多。我们还没有付出时就会想到回报。如果付出没有回报或者回报很少，为什么还要付出？我们做一点事情，生怕别人不知道，要让别人和老板知道我们做了很多很

多。企业面临风险时，我们想到的不是怎么去面对和承担，而是怎样抽身而退；企业面临亏损时，我们不是想着怎么逆转，而是把自己拥有的股份套现。

经营企业是一个你死我活的竞争过程，我们工作浅尝辄止，美其名曰"我尽力了""太困难了，竞争对手太强了""我们资源太有限了""我们太小了""我们太晚了""我们团队不行""我们起点不行""我们技术不行"。总之，我们有无数理由，却没有一个办法。

我们做一点事就需要别人的表扬和肯定，就要得到报酬；我们遇到了一点困难，就强调客观原因。

对照老板的心态和职业经理人的心态，我们有哪些不足？我们怎样以老板的心态来思考和做事？如果能够发动整个团队进行讨论，进行自我判断和深度学习，一定会极大提升团队战斗力！

合伙人取代职业经理人

仅凭契约激发不出职业经理人的热情

中国民营企业中有一个普遍现象：职业经理人在民营企业里进进出出，非常频繁，企业发展受到很大的影响。职业经理人引进又离开，企业耗费了时间、机会等高昂的成本，继续引进往往又重复以前的老路。

结果是，老板抱怨职业经理人不好找，而职业经理人抱怨与老板难相处。

十几年前，我更多地从文化、激励制度、行业竞争等方面研究这个课题。随着对企业管理实践的切身感受增多，在互联网时代，我认为自己对这一问题有了更本质的认识。我的结论是：

老板之所以不满意，是因为本不应该招聘职业经理人，而应该去寻找有相同价值观、事业观的合伙人！职业经理人这个职业将会消失！

我曾给一个制造企业做咨询。该企业的老板大智若愚，虽然平时在外面跑得多，但对管理层的每一个人心里都很清楚。他们存在一些问题，但对他们的去留老板总是比较优柔寡断，总是考虑一旦人走了会对企业产生一定的影响。

刚到这个企业时，看到整个管理层都向老板叫板，我非常震惊。深入了解后我发现，是CEO带头煽动其他高层人员对老板表示不满，最不满的一点是他们认为年薪偏低，只有30万元，而同行业上市公司的高管年薪都是70多万元。身为一家三线城市的企业，社会平均薪酬水平本来就不是很高，我认为30万元的薪酬已经不低了，而且该企业由于管理混乱长期处于亏损状态。

了解情况后，我和该公司CEO进行了几个小时的沟通。该CEO对我说："我有多少薪酬，就有多少付出。"我对他说："付出是一个动态、无形的过程，而工资和薪酬是一种主观的东西。相同付出的人面对相同的薪酬，两个人可能感觉完全不一样。所以我们能够做的是先付出，再不断地要求调整薪酬。""你先要无条件地付出，带领全体员工把管理效率搞上去。企业价值增加了，老板一定会看到进而提高你们的工资。何况现在企业亏损，你们的工资在我看来也不是很低。一个老板对于真正作出贡献的人，不会假装看不到，或者有意辜负。如果真是这样，他就可能会从市场上消失，企业最终也会破产。所以，首要的是你先付出，如果老是盯着给我多少钱我就付出多少，将会使自己走进一个死循环。"

经过几个小时的交流，他很感动，连说受到了教育。可是接下来，他的行为没有任何改变。

所以，我经常说，有些人是不能教育的，原生态的东西一旦形成，除了自己内心的反省和检讨，外界的教育起不到任何作用。

认识到这一点以后，我坚决要求把此人赶走。老板基于这样那样的考虑，犹豫了好几个月。后来的结果表明，此人早走公司早受益。

这些事实说明，给多少钱做多少事的职业经理人心态，决定了他们的职业生涯走不远。

职业经理人诞生于工业时代，工业时代最大的特点是企业规模不断扩大，企业组织越来越复杂，多元化、跨国经营使得老板只能把控大局和制定战略，具体实施推进则需要借助职业经理人的管理智慧。老板的企业家才能加上职业经理人的管理才能，才能使企业边界不断扩大。所以，学术界和实业界都呼吁家族企业引进职业经理人，实现从家族企业到现代企业制度的转变，只有引进市场上职业经理人的管理才能，家族企业才能做大做强。

从经济学的角度看，职业经理人和老板之间的关系是委托-代理关系，二者之间容易产生信息不对称。为了激发职业经理人，西方企业设计出包括期权在内的风险与报酬相对称的激励制度，该制度曾为第二次世界大战后的美国经济创造了辉煌。

美国职业经理人制度取得成功，很大程度上是由于第二次世界大战后人类所面临的是一个产品稀缺的时代。所以，工业时代企业追求企业规模的不断扩张，实现规模经济，进而降低成本，因此金字塔内的管理协调工作显得非常重要。

后工业时代或者说互联网时代，企业的性质发生了根本变化。

首先，产品短缺时代已经过去，靠大规模、同质化生产进行复制的企业将无法生存，产能过剩成为当前经济的常态。无论从宏观角度还是从企业微观角度看，创新才是经济可持续发展的唯一出路。

既然大规模生产不可持续，与此相连的金字塔式、巨无霸式企业将面临重构和转型。海尔这样的巨人正在努力变成一个个很小的企业单元，甚至把每个人变成一个业务单元，让每个人与市场、客户相对接，让他创造的价值与收益相对称。在互联网时代，恐龙式的企业将会消失，即使不消失也会变为分立、责任清晰的小型企业综合体，以前的金字塔式结构将会变成扁平化结构，原来程序化的管理、协调工作会逐渐减少，同时被机器自动化、智能化逐渐替代。

科斯提出，企业存在的理由是为了降低交易成本，这是工业时代的产物。而当今时代，通过上面的分析可见，企业存在的理由只有两个字：创新！也就是说，如果企业不能创新，将不复存在。

创新最大的特点就是面向未来，面对内外部的不确定性。创新需要胆量、勇气、智慧。创新的过程是非常煎熬的，需要全身心投入，全身心燃烧，不断试错，不断让自己的热血、激情在决策创新过程中经受折磨和考验。所以，我经常说管理就是创新，创新就是不断试错、风险和收益反复权衡的过程。

工业时代的职业经理人一般与老板签订契约，采取年薪制或有一些股份激励。职业经理人围绕预算的业绩指标，在契约的框架下开展工作。职业经理人与老板之间存在的主要问题有：

老板认为职业经理人短视，没有担当。用柳传志的话说，现在的职业经理人太职业了！按照合同约定去完成任务，企业的创新能力、可持续发展都放在其次。职业经理人关心的是考评指标的完成，一切以此为中心。索尼就是这样被考评死的，因为所有人都是为了自己的指标而忙碌，失去了激情和创新的冲动，只剩指标的压力，为了活着而活着。

处于信息不对称状态下，职业经理人在职消费无法识别合理与不合理，尤其是预算内的费用。形势好转时费用预算用不完，职业经理人往往突击消费、额外消费。

职业经理人与老板之间靠制度约束，这种约束是必要的。但是，任何制度都是非常脆弱的。例如在美国超市卖出的衣服、鞋子穿上半个月，还可以无条件地退给商家。外国超市在上海实施这一制度时，很短时间内就宣告失败。到了中国，许多人疯狂尝试各种新衣服，天天穿在身上，到时间后再退给商家。在西方人眼里，这是不可思议的事情。这说明任何一个制度本身都是漏洞百出的，对人的制约非常有限，更多要靠文化、价值观。企业内的制度同样是很脆弱的，预算制度、激励制度都有很大的漏洞。想设计出完美的制度，要么实施成本无限大，要么监督成本无限大。

所以，仅靠契约来约束职业经理人和老板之间的关系，远远不够。

合伙人的标志就是视事业为生命

企业本身就是一个充满不确定性的装置，职业经理人和老板永远处于信息不对称状态。所以老板和职业经理人容易摩擦不断，导致交易成本极高。

互联网时代，由于企业性质发生根本改变、不确定性更大、需要靠创新才能存活、组织结构不断扁平化等特点，仅靠制度约束很难取得应有的效果。

所以，基于以上各种因素我认为，互联网时代职业经理人这个职业将会消失，取而代之的是合伙人制度的诞生。有人可能认为，让职业经理人拥有股份不就变成了合伙人？这样认为是大错特错。合伙人并不一定非得拥有股份。那么，谁能够成为合伙人？合伙人具有什么样的特征？

为了说明这个问题，我们从老板的特征出发进行分析。

老板是有愿景的人。愿景即企业家凭借直觉和顿悟对未来提出的胆大包天的设想。愿景和目标有本质的区别：第一，愿景的提出是企业家凭借顿悟、直觉或者受宗教等因素的影响，而把自己的生命和整个人类融为一体的过程，是对改变整个人类生活方式、生产方式的一种欲望，并内化为自己生命的动力。所以，这类企业家"活着就是为了改变世界"。第二，愿景一经提出，不仅企业家本人像打了鸡血，整个团队也一样，即使穷困潦倒，即使屡屡失败，企业家本人和团队也不离不弃。愿景就是企业家生命当中最强烈的需求，并成为整个团队为之奋斗的终极目标。在愿景的激励下，团队的所有潜能被彻底激发。老福特、乔布斯、马云都属于愿景型企业家。

在愿景的激励下，企业家一直处于我所说的创业状态。这类人认为，人生从终极意义上说是平庸的，只有创业创新才使人活得有奔头。创业让人充满激情，不断迎接各种挑战。不论企业处于什么阶段，这类企业家的精神一定处于创业状态，即充满激情，渴望新的成功，永不满足。企业的这种创业状态，就是创新、突破、挑战。所以，企业家视事业如生命，痴迷于创业、创造，在创新、突破、挑战中体验生命的乐趣。

可见，企业家充满激情和梦想，由此激发出核动能。他们把人生的喜怒哀乐融进企业的创业和发展过程中。

企业家的企业，承载着团队的梦想，承载着人生的意义和价值。能够进入这个团队的人，一定激情燃烧、梦想召唤、痴迷创新、永不满足，以企业的发展壮大为人生最大的乐趣，在企业发展过程中实现自己的梦想和人生的意义。这一类型的高管就是我所定义的合伙人。他们为了共同的事业而合伙，为了共同的梦想而合伙。

这一类型的合伙人不需要别人监督，无须扬鞭自奋蹄，工作是人生的全部，而生活是人生的一个有机组成部分。反之，对职业经理人来说，生活是人生的全部，工作只是谋生的手段。

关于合伙人有许多误区。有人认为给职业经理人股份，他们即是合伙人。从我上面的分析看，完全不是这样。甚至一股没有的人，如果有这样的价值观、人生观，也是合伙人！任正非占公司的股份是1.42%，当年开发小灵通时不知路在何方，担心企业由此而消失，担心几十万员工失去工作，忧虑过度而得了重度抑郁症，差点丢掉性命。韦尔奇在公司的股份很少，而通用电气是个巨无霸的企业，有天晚上得知一项投资可能损失1亿美元，急火攻心，一口鲜血喷涌而出。这就是合伙人的状态，企业就是自己的生命！

我所定义的合伙人，都是视事业为生命，由此产生无限的责任感。但是仅具备这种责任感远远不够。作为合伙人，还需要具有深刻的洞察力和处理复杂问题的能力，具有果敢、强大、决断等将才的特点。只有这样的人才是真正意义上的合伙人。该类合伙人是"千军易得，一将难求"的大将。如果不具有大将的性格特征，仅仅有无限的责任感，最多是一个辅佐型人才。将才与辅佐型人才的特征对照图如下所示。

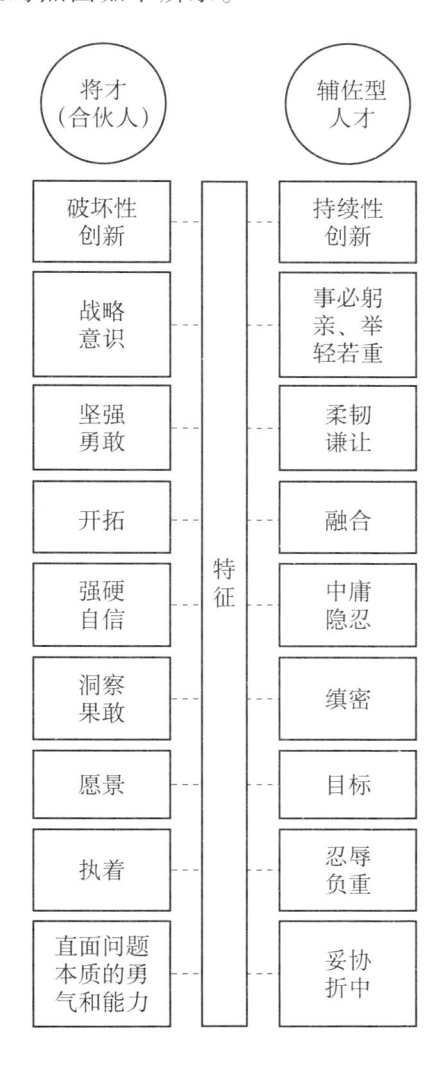

将才（合伙人）	特征	辅佐型人才
破坏性创新		持续性创新
战略意识		事必躬亲、举轻若重
坚强勇敢		柔韧谦让
开拓		融合
强硬自信		中庸隐忍
洞察果敢		缜密
愿景		目标
执着		忍辱负重
直面问题本质的勇气和能力		妥协折中

得合伙人者得天下

企业家是由市场选拔出来的，经过了市场的生存检验，而只有企业家的企业，才能选拔和检验出合伙人。

按照我的分析框架，老板首先要思考自己是不是上面定义的企业家。如果自己是唯利是图的商人，没有事业型的人生观、价值观，你招的肯定都是满身铜臭的职业经理人。

为了利益而合伙永远都是短暂的、斤斤计较的。在信息不对称的情况下，利益联系的纽带更加脆弱、经不起考验。这种情况下，就要对职业经理人采取比较清晰的激励与约束制度，来约束彼此的利益归属。这种制度执行过程中产生上面所提到的各种成本，是无法避免的。

对于企业家型老板，怎样招到合伙人呢？

第一，企业本身是培育合伙人的根本。企业是生命有机体，企业家精神所孕育的企业文化就是这个有机体的养分。判断一个企业是否有竞争力，唯一的方法就是看企业的员工是否不断成长，像一棵树一样枝繁叶茂。所以企业每年要招入新毕业的大学生，让他们经历企业文化的熏陶、优胜劣汰的残酷、压力的捶打，逐步发现一些有相同价值观、人生观的人，并使之成为合伙人。主要靠空降兵而自己内部没有合伙人成长起来，这个企业就是没有希望的。相反，一个企业如果常被别人挖墙脚，恰恰是有竞争力的标志，虽然人才流失是件痛苦的事情。

第二，在创业、并购等特殊时期，要从知名的大企业挖中层。大企业的中层到自己的企业经过检验和锻炼，可能会很快成为合伙人。工业企业如董明珠的格力、任正非的华为，互联网企业如马云的阿里巴巴、雷军的小米。它们都是上面所说的企业，如果可以，挖它们的优秀中层会减少我们培养和探索的时间。

第三，产业链的最高端利润最丰厚，因此最优秀的人也聚集在那里。在我看来，政府部门是产业链高端的高端，所以许多优秀的人挤破头想进去。现在的改革使得利益空间严重缩水，有抱负、能力强的人才都愿意下海。在目前经济比较低迷、辞职潮开始的时候，往往可以到政府机构挖一些优秀的人才。前一段时间某地级市的市长到企业任职就是一个很好的例子。那些闲置在家即使是主动辞职而闲置的人、到处变换单位的人，不管说得多么漂亮，曾经有什么业绩，一概不能用。这样的人要么激情燃烧完了，要么就是一个职业经理人，还不是一个好的职业经理人。

工业时代，职业经理人和老板通过合约建立契约关系。随着企业不断扁平化，程序化的工作越来越少，创新性、决策性的工作越来越多，决策风险越来越大，职业经理人的职业将会消失。或者说，传统工业时代职业经理人的职业心态将不能迎接新时期企业所面临的挑战，这也宣告这类人将不可能走到企业的高层，成为企业的骨干。只有我所定义的合伙人，为事业狂，为事业活，才能迎接当前企业所面临的挑战。

以我的分析框架来看，能够做大做强的企业恰恰都有志同道合的合伙人，比如华为的轮值CEO、联想的四大金刚、阿里巴巴的十八罗汉。它们都是以企业家精神孕育和检验出合伙人，一起燃烧，一起痴狂，由此不断成长。

也就是说，如果企业不能孕育出合伙人，而平台、资源、声望、财力又不能招到合伙人，要想做出一番事业，要想将企业做大做强，只能是痴人说梦！

千万记住，职业经理人不是合伙人！职业经理人千军易得，而真正意义上的合伙人一将难求！

释放个体潜能是绩效考评的关键

枯燥考评指标的后面是活生生的人

多年的企业管理实践让我深深感受到，不从生命深处找到奋斗的动力，仅仅是一般理念的培训和灌输并没有什么效果。

员工把自己的工作当作一种不得不做的事情，作为基层员工和中层管理者还可以理解，作为高层管理者就麻烦了。他们没有激情，没有斗志，更重要的是失去了发自内心的学习冲动。

担任某集团顾问时，为了让中高层管理者得到很好的激励，我起草了一个系统的激励方案。该方案强调长期激励的好处，因为职业经理人只有和股东形成长期利益共同体，才会被激发出潜能。方案兼顾长期的股权、短期的薪酬、当期的利润分成，形成了一个比较系统的激励方案。为了激发他们的斗志，还设置了大病保险等保障激励措施。

这一激励方案经过上下讨论，修改了几十稿。一天，一个念头突然在我的脑海里冒出来：方案讨论了几十稿，各方面的意见都兼顾了，但一个最基本的前提条件没有考虑到——这些人是否合格？如果这些人不是合适的人，再科学的激励方案、再大的激励幅度，也无异于南辕北辙。

那么，这些人应该具备哪些素质呢？

为此，我提出了高层管理者的素质框架：顶层设计能力、凝聚力、执行力和学习能力。

顶层设计能力是指高层管理者对自己的领域拥有敏锐的觉察、良好的直觉，或者说有比较好的战略能力。凝聚力是指对事业的强烈热爱使人愿意跟随的能力。执行力和学习能力反映随着环境和竞争对手的变化而随机应变的能力。

民营企业都诞生于经济高速发展时期，加上优秀的人才都在国有企业、公务员队伍，所以民营企业里人才相对弱一些。在经济高速发展时期，老板并没有西方企业那样选人、育人、考核人并进行职业规划的一整套人力资源方案。他都是凭着直觉，能够完成目标就是英雄，就能拿到提成。而且，外部的环境也没有让老板感到关于人才的紧迫性。

所以，这个时期民营企业有两个特点：一是对人的成长没有关注；二是考核的主要是收入、利润、成本指标。

但是，随着环境的改变，这些人一下子显出了原形，老板在残酷的市场面前只好施加压力。当机会性增长消失，需要靠人的创造性、创新来促使各项指标增长时，民营企业一下子反应不过来。老板本能地压指标，每个月每个季度对照指标兑现一个人的工资和奖金。

有个问题我一直在思考：在激烈的市场竞争中，人不成长，怎么可能要求企业利润和收入以及企业竞争力成长？即使天天加压，效果也可想而知。

每次开绩效讨论会时，大家都是基于指标而谈指标，没有人去想一个基本问题：没有人的成长，哪来企业的成长？这是新时代给每个民营企业提出的新课题。我们一定要认识到，人的能力、人的成长是绩效考评的前提。国家提出供给侧改革也是因为机会性增长不存在了，需要通过创新来刺激消费，而创新就需要关注人的创造力和成长问题。

许多企业的绩效考评方案看上去非常完美、周到，执行过程中却慢慢走样，最后流于形式。绩效考评不做不行，做了好像效果又不佳，企业不知道问题出在哪里，也不知道怎么去改善。

近几年一个出名的案例大家都知道——索尼被考评考死了！我支持这个观点！因为在考评体系里，人彻底异化为工具——实现企业绩效的工具，而工具是机械的，没有激情，没有创造力。

要想使绩效考评有效率，只有一条路可走——使人成为人！

怎么理解这句话？就是一切以人的进步为起点和终点，各项绩效指标考核的都是人是否进步，都是对人的进步的衡量。

因此，考评需要从这几个方面进行分析。

每个员工能否每天进步一点点

绩效考评有效率的前提是建立一套考评的基本制度体系，并不断完善。这些制度包括存货、往来款项、固定资产、货币资金等的盘点，合同签订、考勤、产品质量等各项工作和产品标准。

首先是建立这些制度,其次是严格执行。海尔的日清日结之前我们仅仅理解为一种天天检查、盘点的制度,而且觉得只有海尔才能做到。其实,这是一个误区!每个企业都应该做到,而且是必须做到!

严格执行这些制度,就会使人日精日进,员工就能每天进步一点点。

心理学认为,人都有停留在舒适区的习惯,网上流行的"葛优瘫"就是生动的说明。但是,一直停留在舒适区,人体的"熵"值会越来越大,最后导致解体,感到百无聊赖、意志消沉。

严格执行这些基础制度,就是让人远离舒适区,主动去做一些每天都要做的盘点、核对等要求苛刻的工作。长此以往,就会形成良好的习惯以及责任担当精神,人体的"熵"值就会越来越小。这样,人就会从工作中找到生命的乐趣,通过工作慢慢成长。

领导力成长是对中高层管理者考评的核心

考评时许多人认为应该只问结果,对结果负责,对绩效负责。这主要是从责任方面来强调的,有一定道理,但不能认为考评就是结果为王。

德鲁克说,企业存在的目的是创新和市场营销,或者说创造顾客,而利润只是企业继续存在的条件。他的意思是,企业的本质是创造价值,企业必须为顾客创造价值,这是企业存在的根本理由,而利润是价值创造的衍生物。

从企业考评的角度,我认为企业存在的理由是使人得到全面的提升和发展。而这个发展最重要的标志就是人的领导力得到提升。

在我做顾问的一个企业,每个岗位都建立了一套指标体系。该公司最大的问题是废品率高达20%,开发、设计到制造各个部门都有责任。有沟通问题,有责任分担问题,还有技术提升问题。针对这些问题,我们把降费指标在各个部门逐级分解,而且直接与每个月的绩效挂钩。几个月下来,大多数中高层管理者的得分都是40分左右,根本拿不到绩效奖金。因此引起了大家的心理波动。

考评对整个公司起到了很大的震动作用。如何认识这个考评结果？老板的话一针见血：这个结果恰恰反映了公司当前的现实，如果大家都是七八十分，那就说明这些指标有问题。

但每个月针对运行结果的分析会仅仅针对结果去分析原因，去想办法。这样几个月下来，分析来分析去还是老样子。

其实主要是人的问题，尤其是中高层管理者的领导力低下问题没有得到解决。针对废品率得不到改善，如果老是困在分析各项指标，而不把目光放在产生这些结果的人的领导力问题上，无异于缘木求鱼。

实际上，在该公司，由于各种原因，中高层管理者多年没有压力和考评机制，也没有学习提升机制，大家都是凭着感觉走，从领导力方面看没有得到任何提升。

虽然进行全员全指标的考评给他们施加了很大的压力，提高了他们的责任心，但作为核心问题的领导力问题不解决，根本问题就没有解决。

从开放系统的视角来看，该公司各个部门、各个部门经理都是一个封闭系统。他们互相看不起，工作中扯皮甚至给对方设置障碍。这种状态就是我认为的封闭系统。

企业内部以及企业与外部环境之间，应该是一个开放系统。互联网时代，随着信息流通的便利，跨越时间、空间的信息流通变得非常便利和经济，企业组织成为开放系统更有条件。一个开放系统能够充分地从外面的系统，甚至整个宇宙吸收信息和能量。企业开放度越高，可以肯定地说，它的核心能力就越强。一个中高层管理者的开放度越高，他的领导力也一定越强。

但这个企业的生产、工艺、开发、市场部门之间，沟通严重不畅。有些部门经理之间甚至到了有你没我、有我没你的地步，这在我对该公司的机构进行调整时暴露得淋漓尽致。

一个具有领导力的人一定是一个不断开放的系统，心中没有偏见、没有自负、没有教条、没有先入为主，和禅宗所说的"无执念"完全一致。只有心中没有任何执念，我们才能敞开智慧的大门，吸收各种有益的信息和能量。处于封闭系统时，我们的智慧大门就关上了。

所以，针对上述企业，要从考评结果中找到根本问题，那就是中高层管理者领导力弱化这个关键，通过培训、内部论坛、制度设计进行改变。对于经过各种措施仍然没有改善的要立即淘汰。

所以，考评结果看上去反映的是经济效率，本质上反映的是中高层管理者的领导力问题。如果不把这个层次的人当作（有领导力的）人来对待，仅仅限于指标谈指标，一定找不到出路。如果长期按照考评指标来扣罚，能力高于平均水平的人接受不了会走人，能力低于平均水平的人无处可走，赖一天是一天，结果就是劣币驱逐良币。

在另一个食品企业，考评的过程基本相似。该企业产品销路不畅，为了加快占领市场，老板要求加大市场营销的力度，确保每个月20%的增长率。在高压之下，管理层不得不向终端施压。最后的结果是：虽然销量上去了，但真正的销售没有实现，大部分积压在终端。食品的有效期非常短，过了保质期只能当饲料，积压在终端的产品还得企业派车拉回来。

企业考核的指标到人、工作要求到人，再施以与市场竞争激烈程度相称的压力都是必要的。但是，我们的眼睛同时要盯着这群人是不是（有领导力的）人。

实际情况是，该食品企业的高层管理者在残酷的市场竞争面前，既缺乏有效的战略突破能力，也缺乏誓死一搏的拼命精神，他们在老板的压力和市场的压力下疲于应付。各个分管高管之间根本不存在我所说的开放系统，基本不沟通，各自为政。

绩效考评是激发而不是泯灭人的激情

企业里的每个人都有无限的潜能，所以问题在于怎样通过各种考评体系来激发和甄别这种潜能，不要老说这个不行那个不行。有这样一句名言：人才放错了地方就变成了垃圾。这个作为人力资源管理部门的基本理念是对的。不过许多企业在高速发展时期，由于机会比较多，并没有形成一套选人、用人、育人的制度体系，凭感觉找了一些人，而且没有后续成体系的人力资源管理机制，所以许多高层管理者基本不具备领导力。

领导力最起码的要求是具有对事业的痴迷和热爱，由此激发出无限的斗志以及正直的人格等。这些原生态的东西很难通过培训来提升，只能在进人环节就设置一套关于领导力的价值观，以此来选人。所以我一直强调企业一定要找合适的人上车。人一开始就不合适，再严苛的考核都不会有好的效果。

领导力是发自内心的激情，是一种生命的热情，是自己生命深处最热切的需求。每个人都面临生存压力以及各种外部环境的挤压，但这种热情、激情、热切是高层领导力最核心的东西，是企业能够战胜对手、在市场上取得胜利的根本。

所以，要通过考评结果来发现，我们的领导力处在哪个层次，哪里最欠缺领导力，哪些人的领导力可以通过培训、学习来提升，哪些人的领导力无可救药，等等。

所以，必须把这个层次的人当作有领导力的人，和考评结果有机结合起来，这是使考评真正起到作用的关键。

再看看索尼的考评，随着规模的扩大，企业慢慢变成一个官僚机构。为了让这个官僚机构运转，从上到下都制定出一套完善的考评指标体系。这是非常必要的，形式本身没有问题。关键是，每个人最后都变成了细分化组织的小格子、小框框的执行者，变成了围绕指标转圈的工具，没有了激情，也没有了好奇心，一个个活生生的人异化为机械的工具，这才是问题的关键。

在这些烦琐、细微的指标体系运行过程中，如果我们始终关注执行这些指标的"人还是不是人"这个本质问题（具体说来，对于基层员工就是日精日进，对于中高层管理者就是领导力），那么考评就可能不会使人的激情、活力、梦想、斗志消失，人就是人，这样的绩效考评才能提升企业的核心竞争力。

当前世界上，许多互联网企业具备这种精神，谷歌就是典型。由于强者恒强，谷歌处在一个非常高、非常强的位置，所受的短期竞争压力相对较小，因而有条件通过各种考评体系"使人成为人"。他们的工作环境是彻底的开放系统，没有严格的部门之分，大家可以随意地交流碰撞，每个人可以拿出 20% 的工作时间"胡思乱想"。公司给每个员工极大的自由，让员工之间自由组合、自由探索。这种状态下的人才是一个有好奇心、有激情的人。

可能有人会说，谷歌这种使人成为人的考评体系，全世界也只有一两家。对于在价值链末端为了生存而承受巨大压力的中小企业来说，这种愿望太奢侈了。我认为，虽然不可能达到谷歌这样的境界和条件，但是在低端制造业，越是面临残酷的环境，越是面临很大的生存压力，越要把人当作人！我们要结合自己企业的实际，找到员工要成为怎样的人这个关键，把不同层次的人的提升作为考评的起点和终点，把人的激励、提升、成长作为企业的使命去追求，这样才能在残酷的市场上活下来。除此之外，除非以前机会遍地的时代重现，否则没有任何路径可以选择。

我一直认为，管理就是生命链接生命。只有企业家那旺盛蓬勃的生命，那发自生命源头的生命力所激发的斗志和激情，才是驱动员工成长的根本。所以考评表面上看是一系列的绩效指标，实际上这些指标后面隐藏着人的激情、斗志等无形的因素。例如，华为的考评看上去不外乎创造价值、评价价值以及分配价值。那么，谁创造价值？考评机制的根本问题是要找出谁真正创造了价值。同时，用这样的机制去刺激员工拼命创造价值，创造价值的过程就是员工成长的过程。此外，什么是价值也是一个很重要的问题。我们明白了价值的内涵，就会像华为一样，业绩好可能得不到多少奖励，业绩不好反而可能得到很好的奖励。因为价值是评价的主线，结果好有时候不一定创造了价值，而可能是由于机会等因素带来的。这和许多企业都不一样，有些企业里，谁拿到市场订单谁就是老大，他可以横着走。这是一种机会主义价值观，不会使企业和员工得到成长。

所以，只有把员工的成长作为考评的核心，把人当作人，企业的考评才不至于舍本逐末，最后把企业带上不归之路。

将骨子里自私的人与团队隔离

为什么做预算总是一个讨价还价的过程

在企业家的企业里，各个部门均是生命有机体的组成部分。它们在一个共同使命的激励下，遵循共同的价值观，追求共同的愿景，拥有共同的心灵契约。在经济型的企业里，员工之间首先是围绕自己的利益，其次是围绕部门的利益从而树立各种不同的部门墙，使得企业效率低下。

在做预算的过程中，我深深感受到这个部门墙的负面作用。预算总是停留在讨价还价阶段，企业高层管理者不知道下面真实的能力边界在哪里，下面总想为自己留有余地，这样的游戏玩下去并不是真正的管理。

为此，经过几个月的思考我做出了"基于领导力成长的业绩评价体系"培训方案，并对企业展开培训。培训的基本指导思想是，中高层管理者的领导力是决定一个企业核心竞争力的关键。只有他们的领导力提升了，企业的竞争力才会提升，各种指标才会提高。从人生命的本源出发，我觉得所有生命都有共性，尤其是能够承担高层管理者职责的人，他们应该在创新、突破、挑战中感受到生命的意义并乐此不疲。这是生命的一种本能，也是一个人奋斗不止的动力来源。而对这个过程的追求会使领导力不断提升。我由此设计了领导力的内容以及考评方法，细化到每个季度和每个年度，对高层管理者的领导力进行考评，并提出改进的方向，让每个高层管理者都知道自己今年是否成长了，以及来年努力的方向。如果大家都关注自己的领导力提升，都把自己的工作和领导力提升紧密结合起来，那么预算讨价还价的程度就会减轻。

我的基本思想就是希望激活高层管理者生命源头的活力，让他们视成长为一种积极主动的追求。一旦主动追求这种成长，企业的竞争力就会提升，预算的各项指标也会提升，这样他们就不会为了指标而讨价还价了。反过来说，如果领导力没有提升，即使屈服于上面的压力而同意了预算指标，他们又怎么能完成？

但是那次培训几乎没有什么效果，这些东西他们听起来觉得很虚，很高大上。说得再多，根本上是他们对领导力没有感觉，因为预算和薪酬实实在在地挂钩，所以他们还是关心每一个预算指标。至于什么是领导力，平时并没有形成一个系统的相互交流和学习的体系，也没有什么其他交流学习平台让他们知道怎样去提升领导力。总而言之，企业离学习型组织差得很远。

他们对预算讨价还价的行为本身无可厚非，是在老板将业绩指标与工资奖金挂钩压力下的理性行为。但我真正感到，没有源于生命源头强烈的奋斗动机，就没有那种日夜不息的激情，就没有遇到天大的困难都永不放弃的毅力，也没有因为目标而激发出的强大学习能力。

所以，每年做预算都是一个争吵不休、彼此斤斤计较的过程。在预算执行和考核过程中，为了实现自己的目标，部门主义、小集团利益等又表现得淋漓尽致。

什么是骨子里自私以及三类骨子里自私的人

关于骨子里自私有个典型的刑事案件：山东招远的一个农民亲手把从国外留学探亲的女儿女婿用斧头杀害。女儿女婿在国外读书，生活过得十分艰难，但是女方家里盖房子等需要用钱的时候，他们都尽可能地挤出钱来寄回家。那次还把除了买机票之外的钱全部留给家里了。然而这个农民要他们给患有癫痫病的弟弟在城里买套房子，好让弟弟娶亲。但他们身上确实没有钱了，父亲气急败坏，冲到房间把两个人杀害了。宣判时这个农民非常淡定，坚称不后悔。这个案件不用我多解释，就是最典型的骨子里自私。

人是社会性的，最多的活动是交换、交易。骨子里自私的人和外人交易时显得极其吝啬，和他能够左右的人交易时骨子里的自私则发挥到极致。上面的例子中，他认为能够用亲情左右女儿女婿，所以就采取极端不平等的交易方式把女儿女婿身上的钱榨干了，全是为了自己（他的儿子就是他自己）。当不能满足这种骨子里的自私时，他就走火入魔，夺走了女儿和女婿的性命。在他的意识里，女儿是泼出去的水，是别人，只有儿子才是自己，女婿更不用说。

这是第一类骨子里自私的人。这类人只能和土地进行交易，和人是无法交易的，所以一辈子就是那一亩三分地。

第二类骨子里自私的人不像第一类那么露骨，而是以一种虚伪、笑面虎的形象出现，人们开始时容易被他蒙骗。

这类人看上去笑眯眯的，但对任何人没有真诚、没有真心，非常狡猾和虚伪。和别人交易时，他表现出多面的特征。对他有好处的官员花多大的成本都舍得，一顿饭几万元眼睛都不眨一下，显示出大老板的气概。多大的官员这类人都能拖下水，他们利用各种政策的漏洞，在贷款、土地指标等方面抓住机会，从而成为所谓的大老板。另一方面，对忠心耿耿做事，尤其是和他不计较的人，他则非常吝啬。

这类人不管经营了多少年，最后公司平台上只会剩下为数不多的几个人。哪几个人？一般是他的儿子女儿！因为在他眼里，所有人都是被他利用的。政府官员对他有用，他出手大方，让人家舒服，自己也得到大便宜。（郭文贵就是一个典型。）其他人在他眼里不过是打工的,所以各个方面都非常苛刻,最后只能剩下自己的儿女追随。

这类骨子里自私的人虚伪狡猾,可以利用制度不完善赚大钱。他的物质需要满足了,精神却非常空虚。为什么?因为没有团队,团队是实现人生梦想的平台。所以这类人为了显示自己大老板的身份,每天都装作很忙的样子。有项目时跑得比任何人都快,多年下来却没有一个项目落地。事业一事无成,最后只好靠显摆来显示自己是大老板,其实内心空虚得要命。

第三类骨子里自私的人是更高级的一类。这类人有战略决策等各种能力,所以在他的带领下,能够形成一个有战斗力的团队,实现自己的人生梦想。但是当面临生命终结时,这类人骨子里的自私则显露无遗。因为骨子里自私的人其特征就是一个字——"我",而且这个"我"已经渗透到骨子里。所以,不管多么大的企业,在他心里都是"我"的。他没有认识到,这是社会的一个细胞,一个平台,一个实现广大员工梦想的平台,一个对消费者、供应商、国家、员工等利益相关者都负有责任的平台。这类人在生命即将终结时,骨子里的自私作祟,无论儿子女儿是否胜任,都让"我"——自己的骨肉来领导。

我所说的这个例子可能有些人知道——美国当年的电脑大王王安。王安开创了美国电脑行业的一个时代,成就了一番伟业。当他患上癌症即将离开人世时,把一把手的位置让给了在战略发展部表现平平的儿子,使得当时许多表现突出的经理人只好悲愤地离开。没过多久,王安电脑公司急转直下,最后销声匿迹。这是 20 世纪 80 年代在收音机里听到的故事,至今我还记忆犹新!

企业管理实践中骨子里自私的人的特征及其识别

怎么识别骨子里自私的人?如何对待这类人?怎样设计相应的制度去避免这类人给企业带来的损失?这是企业管理实践的一大挑战。

在我担任顾问的某集团公司的子公司里有几个副总经理,我认为他们都是骨子里自私的人。我曾经想通过培训和他们进行深度沟通,但最后打消了这个念头。因为我一直认为骨子里自私的人是不可教育的,特别是人有许多原生态的东西是不可改变和教育的。

一个子公司的一位副总经理每年预算考核时都没有完成预算指标。但他介绍自己时,工作都是非常精彩和出色的。听他说得头头是道,要不是我亲自考核,还真以为是那么回事。别人在他眼里都是不行的,但他走到哪里都是优秀的。这类自以为是的人就是我定义的骨子里自私的人!这类人有几个基本特征。第一,除了老板以外看不起任何人,和别人的配合意识非常差。在公司里,他与其他副总经理之间没有任何交流和沟通。第二,小集团利益意识特别严重,拼命为自己那部分人包括自己争取利益,不管公司是否严重亏损。在他眼里,好像不是自己公司的亏损。第三,刚愎自用,好大喜功。每做一点事都要表功。之所以把这类人归入骨子里自私的人,是因为上面所说的特征可以集中为一个字"我"。"我"最有本事,"我"的部门要加工资,"我"做了许多事你们都不知道。总之一个字,"我"字当头。

企业的经营管理就像打仗一样,面临太多的艰辛、太多的复杂性和不确定性。作为企业高层管理者,应该具备哪些意识?首先要具备强烈的忧患意识;其次要具备面对困难的协作意识;最后要具备强烈的企图意识,也就是达成目标的强烈渴望。这三种意识决定了一个团队的心智。所谓团队心智,就是团队在达到目的过程中所面临的各种困难、需要采取的各种措施等方面的心理契合度。一个心智高的团队时刻明白企业和个人所面临的挑战,拥有付出努力和并肩作战的强大决心。

企业管理是团队协作并肩作战的一个过程,所以企业高层管理者仅仅把事情做正确是不够的,还应该时刻问自己是否在做正确的事情。某企业的一个副总经理分管生产,每次汇报工作时他都说得头头是道:如何克服困难、如何让事情完满解决等。实际上这个企业因产品老化、积压，销售渠道严重不畅，经销商渠道核算和产品成本核算也非常混乱，一直处于严重亏损状态。每次我和他交流时，上面的问题在他看来似乎一个都不存在，好像都是别的企业的问题。以至于在和他多次交流后，他的坦然和平静彻底摧垮了我——是不是我错了？是不是企业没有这些问题，我在杞人忧天？老板、CEO等都和我的认知基本一致，为什么他却如此坦然？一句话——骨子里自私。如果把企业比喻成大海里航行的一艘船，整艘船都快要沉到水里了，所有船舱都进满了水，只有这位副总经理的那个房间还是干的。他的工作主要就是防止其他房间的水漫到自己房间。为什么大家都忧心忡忡时，他却如此坦然？因为他的房间还是干的。

实际工作中，连把事情做正确这个要求他都没有做好。他平时就是对下面发号施令，不深入车间，所以成本核算乱得一塌糊涂。

我一直认为企业的高层管理者要从基层开始培育，从外面拉郎配并不会有什么好的结果。这个企业就是这样，导致许多遗憾的事发生。前任副总经理的情况也差不多。公司的费用制度乱得无以复加，他却视而不见，甚至可能还趁机浑水摸鱼。后来一个团队泡了半年才把过去的费用勉强整理出来。

传统企业团队心智的困境及解决之道

传统企业为什么艰难？通过以上分析，我认为最主要的原因就是存在许多这样骨子里自私的人。有了这样的人，传统企业的摩擦力特别大，效率低下，工资不高。这样的恶性循环使得传统企业的管理层人员素质越来越低。

相比之下，投资银行、会计师事务所以及高科技企业中每个人的工作边界是非常清晰的。做一个项目按照规定的比例提成，每个人都是自己的老板。项目小组的分工和责任也很清晰。所以，这类企业可以把最有能耐的人吸纳进去，形成良性循环。

传统企业产供销研紧密相连，特别需要协作，也就是说，工作之间的边界很难界定清晰。一旦遇到这些骨子里自私的人，就会使团队的心智归为零。他们之间各自为政、彼此隔绝，这样的企业如果有核心竞争力，那真是天方夜谭。

我在企业里是个非常有耐心、有毅力的人。遇到事情，我不会仓促下结论，而是会观察、访谈，收集过程和结果的资料，从各个方面去思考和研究这些人。通过这些工作，一旦发现骨子里自私的人，我会比任何人都意志坚定地把这类人清理出去，或者降到他的工作边界能够清晰划分的岗位上去。

对于传统企业，我们必须像海尔的张瑞敏一样，想尽办法使每个员工都是老板，在企业这个平台上投入和产出基本对应，这样的传统企业才有希望。虽然很难都达到海尔那样的水平，但这个方向是错不了的。企业能否进行制度创新，要看每个人、每个小组、每个团队是不是都具有老板的创业精神，这是评判一个企业制度是否有效率的重要标志。

现在回到主题上来。如何提高传统企业团队的心智？

首先，要清除骨子里自私的人，或者让他从事不需要协作的工作。在此基础上，需要企业家用强大的目标、激动人心的愿景打开员工的自私之门，让大家都对团队的目标有清醒的认识，并坚定必胜的信心。要和团队成员就不同阶段的目标进行充分的沟通：完成不同阶段的目标面临哪些困难，需要大家怎样配合。在实现目标的过程中，要给团队成员指导和鼓励，加强过程的反馈，使整个团队的成员既有实现目标的信心，又有遇到困难坚韧不拔的勇气和决心，同仇敌忾、万众一心，使团队心智达到一个较高的水平。这样的企业才有可能战胜对手，在市场竞争中胜出。

打开员工的生命通道

生命通道阻塞的员工没有战斗力

2008年汶川地震时有个非常让人揪心的名词——生命通道。当时泥石流频发，把去映川的救援通道堵死了。地震废墟里一个个鲜活的生命，正等待着外面的大部队去挖掘救援，时间一分一秒地流逝。所以，当时部队下了死命令，要不惜一切代价打开通往映川的生命通道，争分夺秒地拯救埋在废墟下的生命。

在当时的大灾大难下，生命通道被阻塞让全国人民揪心。为了打开这条生命通道，还付出了新的代价。

类似于大地震发生时的生命通道，我们每个人其实也都有一条生命通道，而且经常处于阻塞和半阻塞状态。有时我们知道阻塞了但不知道怎么去打通，有时我们不知道它处于阻塞状态，任凭宝贵的生命一分一秒地流逝。

生命通道被阻塞的表现如下：

工作中承受的压力、委屈、残酷竞争导致挫败感严重，对工作没有兴趣，仅仅是为了生存而工作。

有些人童年缺少爱，成长的环境扭曲，遇到问题时就焦虑、自卑，不知道怎么去排解，甚至演变成严重的心理疾病，从来没有感受到生命的美好和芬芳。

更多的人在年轻时，为了房子、身上的责任，可以承受异常的压力，可以去拼命。当生活基本安顿好以后，就找不到人生前进的方向，倦怠无聊，任凭生命一天一天地耗费。

还有的人看到别人在股市发了财，也奋不顾身冲进去，天天盯着屏幕，打听小道消息。股票涨也心跳、跌也心跳，被折腾得血压升高，妻不和，子不教，亏损一大截而痴迷不悟，经年累月坏了身体、坏了精神、坏了心态。

针对生命通道问题，前期我在企业做过一些访谈，从民营企业的角度，就我所接触的，导致老板和员工生命通道阻塞的有以下几个方面。

沟通障碍

老板独断、缺乏耐心；员工处于被动地位，想法得不到尊重，主动性无法发挥，因挫败感严重而焦虑。人际关系障碍是不快乐的一个重要原因。

转型期的焦虑

企业发展战略模糊，没有一个清晰的方向，尤其是增长放慢时，竞争比以前残酷得多。这种竞争的残酷性变成了老板的焦虑，而这种焦虑又通过责怪、责骂等方式传导到员工身上。

得不到成长的失落

企业舍不得投入进行培训，外面的世界在飞速发展，而员工得不到有效系统的培训，不能随着企业的成长而成长，由此而感到失落和彷徨。

归属感弱

团队是一个协作的组织，由于民营企业有生存压力，由共同目标激发出的全体员工的斗志、激情以及由此衍生出的企业文化，实际上并不存在。员工的归属感非常弱，无法激起对工作的热爱。

对外部环境无所适从

由于外部法律、税务、诚信环境比较差，企业应付起来非常辛苦。外部环境使得员工无所适从，进而心力交瘁。

焦虑、心力交瘁、工作没有动力和激情、自己没有成长、挫败感等都是生命通道被堵塞的表现。

建立企业的心灵图谱，唤醒员工的生命激情

那么，从理想状况看，生命通道被完全打开是什么样的情景？

因为爱，所以爱

因为热爱，所以对周围的世界充满感激、感恩，无比珍惜这样的时光，笑声从生命深处发出来。也正是有了这种爱，即使面对各种单调枯燥、艰难困苦，也视若坦途，充满战斗的豪情，以竞争、挑战、突破为工作最大的乐趣。

充满好奇和热情

生命通道被完全打开的人会对世界充满好奇和热情，由此衍生出强大的学习动机。所谓学习，是指一种强烈改变自己的愿望。这种愿望使自己像一个巨大的风口，贪婪地吸收着周围的信息和能量。生命就像一颗美丽花园里的小树，吸收着阳光和土地里的养分，每天欢快地歌唱。

现实情况是，世界上有太多人的生命通道被堵塞了。生命变成了无奈、无趣、打发时间，没有欣喜，没有期盼，有的只是应付和推搪，生命就是它本身——活着。

多少鲜活的生命因为通道被堵塞，生命之树停止了生长，失去了勃勃生机！

企业管理中，打开员工的生命通道成为提高效率的重要途径。也就是说，如果不能打开生命通道，而一味从技术层面着眼或者一味灌心灵鸡汤、喊口号是没有用的。

从企业家的角度看，怎样打开或者疏通员工的生命通道？

帮助员工发现工作背后的意义

领导力最重要的表现之一，我认为就是通过目标、奖励与压力、反馈与指导，让员工明白工作背后所隐藏的意义。任何意义都是被赋予的，也就是说，如果不能发现工作背后的意义，即使做皇帝也会感觉非常枯燥。更重要的是，领导者一定要明白自己的生命通道是否被堵塞了，如果自己都没有感到发自生命深处的急切呼唤，怎么可能带领员工疏通那宝贵的生命线？

认知重构

人其实就是一个精神系统！人的意识决定行为。所以，我们要善于学会认知重构。这种重构说极端一点就是自己欺骗自己，但是时间一长就变成了习惯，就不是自己欺骗自己了，而变成自己强大的生存能力。例如，人际交往中遇到特别难对付、特别固执的人，我们经常会感到无奈和心力交瘁。当我们暂时无法改变时，就要重构自己的认知。因为你越反感，心里就越憋屈。不如这样想："这样的人如果我都能搞定，以后遇到难对付的人我就不怕了"，这样就会改变心态，调动智慧去沟通，或者站在更高处去交流，就会使自己应付复杂局面的能力得到提升。

积极正面思考

这也是自己欺骗自己的艺术。当年马云到处求爷爷告奶奶找人投资，找了37次都没有人理。可他每次回来都说，我没有看上这家投资人，这样就不会使团队灰心丧气。领袖人物最显著的特点就是，在危急关头，有刀架在脖子上都不眨眼，这种气概也是慢慢自己骗自己骗出来的。所以，失败不叫失败，而是暂时还没有成功；撤退不叫逃跑，而是以退为进等。世界上的事物是客观存在，不同人对它的认识完全不一样。比如对待考试成绩，积极地看，考了59分也可以高兴；消极地看，考了99分也灰心丧气。所以，一旦我们把积极思考变成自己下意识的行为，就会发现世界是非常可爱的。

建立企业家和员工的心灵图谱

这种关于人生观、生命意义的理解，我把它叫作心灵图谱。企业里领导者和员工的追求、向往等往往不在一个频道上。企业家对人生有激情、有梦想，企业家的生命越丰盛就越能唤醒员工的激情和战斗力。只有这样才能建立一个组织的心灵图谱。他们共鸣共振，就会为了一个共同的目标竭尽全力。

工业时代的商业文明下，人脱离了繁重的体力劳动，生产效率大幅提高。但人还是流水线上的螺丝钉，机械的服从、简单的重复、因巨大压力而产生的一系列问题，一直是工业时代的副产品。生命通道很多时候处于堵塞半堵塞状态。互联网时代的商业文明下，我想一定会通过企业家的各种创新，让每一个生命通道都是打开的，每一个生命都开出灿烂的鲜花，都有出彩的机会。

《功夫熊猫3》里一个美丽的场景深深打动了我。那里繁花似锦，既有青山绿水、天然竹林，也有大雾弥漫、悬崖峭壁。那些鹅、熊猫脸上都洋溢着发自心灵深处的笑容——这不正是互联网时代人类生活的美丽图景吗？我对此有着无限的期盼，这也是整个人类的憧憬。人类之所以不会被智能机器打败，就是因为我们有憧憬、有好奇心！

　　以上各部分探析了企业家精神与企业管理的关系，以及企业家的企业的具体特征。在企业家的企业里，价值观起到灵魂统领的作用，整个组织在愿景的牵引下建立起共同的心灵契约。各项制度既有自身的严谨性，又有创新、创造的灵性。企业家的企业就像一个生命有机体，在企业家精神的沐浴下茁壮成长，如下图所示。

光合作用：愿景

枝繁叶茂：员工成长

经络：业绩评价 预算管理 内控体系

根系：永不满足、自我超越的精神

土壤：文化价值观

企业家精神

第三篇

企业家精神与经济社会变革

第五章

企业家精神引爆经济与社会变革

企业家精神与当前改革的方向

心智模式对改革实践的影响

我十分喜欢印度哲学家克里希那穆提,他的《心智的力量》是一本难得的探讨人的心智模式的好书。

我们每个人都是在一定的心智模式下思考和认知世界的。世界是我们认知框架下的世界,真实的世界和我们认知中的世界有很大的差别。在一个丢斧头的人眼中,邻居都是鬼鬼祟祟的。许多情况下,我们囿于自己的心智模式,出现偏见、狭隘、局限、主观、短视等。

克里希那穆提说,你是什么,世界就是什么。所以,你的问题就是世界的问题。你和我才是问题,而不是世界,因为世界是我们的投射。要了解世界文明,必须先了解自己。

然而,我们对自己有多了解呢?

他还说,从某种角度看,知识是必要的,但从另一种角度看,知识变成了障碍。所以,如果时时刻刻都能将过去的意念止息,我们的心就能保持清新而不腐朽,不被黑暗的思绪吞噬。

现实情况是,我们总想在别人那里得到启蒙,而无法依靠自己的觉察和理解。

克氏终生致力于启发人们自我觉察和探索,超越自我、宗教和民族的局限,通过个人的意识转化获得单纯而开放的心灵。

他对灵魂的看法发人深省：灵魂只能独行，因为我们只有能力决定自己的方向，而没有能力控制别人的道路。

和克氏一样，禅宗的六祖一直倡导"无念"，这个思想实际上出自《楞伽经》。所谓无念，就是不执着，连这个不执着也不要执着。任何人都在有念中生活，都在二中生活，于是就有烦恼和生死。无念就进入了不二，不二就没有那些念头，如主观、客观、善恶、是非、过去、未来等。

禅宗的冥想也是清空自己已有的认知垃圾，让思维处于一种空灵的状态，以还人一个无念的心智。

今天我们生活在一个充斥各种理念的世界中，所以一直被各种模式、真理、理想、主义包围，我们对世界的认识很难逃脱这样那样的心智陷阱。正因如此，许多宗教和哲学大师毕其一生从事这种探索，企图拂去人类心灵的尘埃。

一个人受自己心智模式的束缚，一个企业则受一群人心智模式的限制。《第五项修炼》就探讨了这一问题。一个民族或者一个国家，基于现实和历史的原因，同样会形成一个群体共有的心智模式。这个模式也可以叫作意识形态。

例如，在欧洲黑暗的中世纪，人都是为神而活着，上帝是万物的主宰，所以人必须终生买赎罪券消除自己的罪孽。这是由宗教人士构思出来并使全体人民都确信的意识形态。

能够上升到意识形态层次的，一般都有一个理论体系，通过宣传和教育使人慢慢丧失判断力而跟随。洪秀全鼓吹自己是上帝派来的，他的拜上帝会就是那个时候的意识形态。

1933年初德国出现了纳粹的法西斯专政。此后5年间，德国大学教师被解雇、受迫害的有2 800人，海德格尔却在该年秋天带领960名教授公开宣誓支持希特勒的国家社会主义政权，并一度担任弗赖堡大学校长。在强大的国家机器面前，作为哲学家的海德格尔丧失了自己的判断力。

同样，文艺复兴高举人性大旗，认为人生而有追求幸福的权利、资本主义信奉自由市场竞争等，这些都是具体时期形成的意识形态。

群体的心智模式既与人类对世界认识的深度和广度有关，又与各种历史、文化、政治因素密切相关。

那么，怎样判断群体的心智模式是不是阻碍了人类的活动？我觉得老子的思想可以为这一判断提供强有力的启迪。老子认为，万物归于道。什么是道？所谓道，就是原来的样子，也就是还没有人类或者人类处在洪荒年代的样子。当我们的思维模式是"为道日损，损之又损"时，就会接近原来的样子。所以，在关于人类的治理模式上，老子强调我无为而民自化；在治理国家方面，老子强调治大国若烹小鲜。这种原来的样子也可以说是一种常识。由此，任何违背常识的意识形态都是阻碍社会发展的。

所以，判断一个人也罢，一个群体也罢，都要看它的心智模式是不是原来的样子。如果强加了人的意志、人的欲念、人的理想，就一定会阻碍个人和群体的活动。

企业家之所以行动果敢和决断、有良好的直觉，就是因为他们的心智不受过去约定成俗的条条框框的束缚，不受各种知识、真理的诱惑。他们的心智所受的扭曲最少，所以是面向未来的，是被梦想激励的，是在愿景的牵引下无所畏惧的。我把这些称为"伟大的实践"。

同样的道理，伟大政治家的改革也没有受先入为主的意识形态的制约，因而是一场伟大的实践。

当前中国的改革需要一场伟大的实践

任何称得上伟大的实践都是不受任何既定的条条框框约束的，都是在伟大愿景的感召下，凭着领袖人物的胆量、意志和决心，对未来的一种大胆尝试。在试错过程中会经历许多挫折和失败，但是整个组织通过学习，在领袖的牵引下不断适应内外部环境，不断朝着既定目标前进。

以毛泽东为首的中国共产党与当时共产国际以及留苏派不顾中国革命实际情况的瞎指挥，进行了坚决的斗争。他们不唯上、不唯理论的条条框框，创造出工农武装割据、农村包围城市、枪杆子里出政权等一系列前无古人的实践。这是一个不断试错的结果，我把这种过程叫作伟大的实践。

邓小平推动的改革开放更是伟大实践的典范。他对几十年国际共产主义运动以及苏联社会主义国家的模式保持高度警惕。或者说，他的心智没有陷入姓社姓资的束缚，所以勇敢地面向实践，坚持不懈地试错，以勇气和决心而不是什么主义、什么理论把实践推向前进。当时，人们还受关于社会主义和资本主义思想的束缚，改革裹足不前。邓小平非常大胆地说不要进行无谓的争论，并提出了三个有利于的指导思想，开启了中华民族又一伟大实践的序幕。

共产党夺取全国政权的胜利、改革开放的辉煌，都属于这种伟大的实践。

中国经历了四十年的高速发展，到了一个关键的转折点。四十年来，在邓小平先行先试伟大思想的指引下，中国取得了举世瞩目的伟大成就，也积累了许多根深蒂固的矛盾。

最突出的表现是社会贫富差距越来越大。大量富人因对前景没有乐观稳定的预期而纷纷移民海外，民营企业投资不断萎缩。而中产阶层在货币超发的大潮下，财富进一步缩水。整个社会处于矛盾交织、各个阶层都很焦虑的状态。

当下中国社会的发展路在何方？我认为，需要启动一场以激发企业家精神为主线的伟大实践。

以国有企业改革为例。当前国有企业的混改是一场前无古人的改革实验。国有企业是我国综合国力的载体，是国民经济的重要支柱。改革的方向就是要进一步激发国有企业的企业家精神。混改后国有企业如果能够涌现一支企业家队伍，改革就是成功的，国有企业就会逐渐走上依靠创新、创造的可持续发展道路。

显然，这是关系到我国经济未来走向的一场改革，企业家和企业家精神是检验这场改革的试金石。这需要从政府到国有企业领导者大胆突破各种条条框框的束缚，发挥20世纪80年代初期先行先试的改革精神，这样就一定会掀起一场新的伟大的改革实践，使我们再次创造令世人瞩目的经济奇迹。

改革的方向与产业政策选择

谈论中国改革方向的选择，就不能回避林毅夫关于产业政策的观点。这不仅是学术观点之争，而且是关乎中国改革具体路径的选择问题。

我对林毅夫的认识，源于20世纪90年代他在《经济研究》上发表的《现代企业制度的内涵与国有企业改革方向》一文。该文认为，只要国有企业享有充分的信息，对经理人的激励和监督就不是问题。为此，国有企业可以超出产权领域进行改革，"超产权论"就是他提出的。他认为，只要信息充分，就可以激励和监督经理人。但是，他是否想过，这样的充分信息从哪里来？没有产权清晰的充分市场竞争，何来充分信息？

一般认为，自由是一切创新的起点，企业家是自由竞争的产物。林毅夫则认为，我国几千年的小农经济下，人民日出而作日落而息是充分自由的，怎么会没有创新？但是，小农经济下人们的那种自由是现代市场经济意义上的选择自由吗？

林毅夫主张有为政府，强调对产业进行引导、扶持。问题的关键是，有为政府的边界在什么地方？

关于政府和市场的关系问题，党的十八届三中全会通过的《中共中央关于全面深化改革若干重大问题的决定》说得十分清楚：经济体制改革的核心问题是处理好政府和市场的关系，使市场在资源配置中起决定性作用和更好发挥政府作用。

前不久,辽宁省请林毅夫团队对辽宁的发展进行战略规划。他们提出了以政府大力扶持轻工业为主导的一系列产业发展策略。方案一出台业内哗然,批评之声不绝于耳。

林毅夫团队认为,面对急剧下滑的经济形势,政府不能束手无策,不能无为,而是要引导和扶持有比较优势的产业。以前之所以各种方案都没有什么效果,关键是没有发挥比较优势。针对反对者关于政商环境不佳等问题的看法,他们给出的答案是:政商环境是内生的问题,也就是说,只要找到发挥比较优势的产业,政府对此进行扶持和引导,政商环境就会好起来。如果政府在目前这样的衰退形势面前按照反对者所说的优化政商环境,实际上就是什么事都不用做了,也就是没有作为。

实际上,政府积极主动的产业政策存在信息不对称、激励扭曲、负外部性等问题,这样的产业政策下即使不出现寻租行为,也很可能导致好心办坏事的结果。因此,在市场面前,我们需要的是一个有限的政府,有所为有所不为。政府应该减轻企业运行的各种成本,同时加大产权保护力度,提高企业创新的积极性。一句话,政府的作用是通过各种措施为市场释放自由,同时加强立法和司法,保护市场的自由,让市场的各个主体有参与的积极性。这样就可以激发市场参与者的创造热情,一个充满活力的市场就可以培育起来。这才是政府更好发挥作用的方式。

林毅夫说:"我从来都认为,讨论政策问题与讨论纯粹的学术问题是不一样的。谈论政策问题,只能从当下所拥有的初始条件和边界条件出发。"

但我认为恰恰相反!他无视了我们现在所面临的初始条件。

这个初始条件就是,现在世界经济已经是一种过剩经济,更需要原创,需要企业家的创新精神。以前大把的机会现在不仅消失了,而且变成了威胁。从外界关于中国的言论中就可以知道,现在世界上大部分国家都紧盯着我们，我们的劳动力、环境等方面已经不具备曾经的优势。在经济容量饱和的情况下，各国之间的贸易摩擦和各种壁垒不断增加，我国的经济发展实际上已经到了无人区，在许多领域不得不由我们来引领。这样，我国也由以前追赶、学习和模仿的经济时代必然过渡到依靠创新的企业家经济时代。

所以，退一万步说，即使过去是靠产业政策导致了高速增长，但是现在这样的国际、国内市场空间没有了，靠定向引导也很难起作用。

关于产业政策的作用还有一个更生动的例子。

某省有位领导收到了一个残疾人写的建议信，信中提出了把该省发展成国际化大省的建议，其中提到建立国际研发中心。该领导批示建议很好，让下面的发改委照办。发改委找到平时素有往来的某高校教授。该教授负责起草国际研发中心评价标准，也就是研发经费、利润、收入等指标。对于这个一天就可以完成的工作，该教授申请了 80 万元的经费。由于一直和发改委某部门合作，通过发改委报省财厅后就通过了。除了来得很容易的这笔钱，还有令人意想不到的收获。由于该教授是全省国际研发中心标准的起草者，也是该项目评估组组长，各个企业的老板知道后蜂拥而至。因为一旦评上这样的国际中心，省政府给每个中心都有 2 000 万~3 000 万元的资金支持。这些老板都是看得很远的人，知道未来中心实施时，这个组长将起决定作用。所以他们上门，有人送几万元钱，有人送几箱酒，有人邀请到企业考察，包上一个大红包等。项目还在起草阶段，该教授就已经被各路老板包围。该教授对别人说，没有想到权力有这么大的作用，权力真好。

此项目由于该领导调任而作罢，否则该教授还会发更大的财。这也反映了政府的产业政策为什么会与其初衷背道而驰。

在一个权力可以获取巨大利益的国家，产业政策很可能变成寻租的工具，环境使得那些商人成为唯利是图的奸商，而那些想成为英雄的人最后举步维艰，要么扭曲成商人，要么从市场上消失。而在一个充分竞争的环境里，企业家可以很好地成长，而商人因为没有寻租的空间，也不断通过创新生存，到一定程度也会演变成企业家。这样一个英雄辈出的环境就出现了。

深化改革的现实选择

关于中国经济的现状、发展趋势、成因，许多所谓的经济学家发表了各种不同的观点。我认为，如果一味盲从于这些所谓的经济学家，你说一路我说一路，一定会把中华民族的改革拖进死胡同。

人类社会要想进步，不是靠坐在书斋里的知识分子所谓的理论推导，而是靠伟大政治家和伟大企业家的实践。而这个伟大的实践是他们用整个身心对中国和全世界所面临机会和风险的深刻感知而产生的顿悟，以及他们强大的意志和决心所形成的伟大决策。改革需要"我不下地狱谁下地狱"的大无畏气概，需要掀起一场伟大的实践。

这个实践不是对"L底""速度高不高低不低"等进行的无聊争论，而是应该以增强市场的活力、激发企业家精神为标准。

为此，政府改革的方向可以从以下方面展开：

- 接受企业的投诉，乱收费、乱伸手行为发现一起查处一起，并追究相应地方领导的责任，从根本上减少企业的负担，让企业想干、愿意干。

- 逐渐放开能源、电力、通信的准入限制，让民营企业有步骤地进入。改革就是邓小平所说的先行先试，错了不要紧，退回来就是。不要天天在那里无聊地争论而贻误战机。

在当前的改革中比较走在前列的地方政府，我认为是深圳。

年初我到深圳企业调研，有个企业主告诉我，政府专门出台了文件，不允许税务专员随便到企业。如果他们来企业了，企业可以随时向有关部门反映。我听了以后，热血沸腾！这才是中国改革的出路！这样的政策环境激活了一大批创业者，人人都想创业。

另外，现在的五险一金给企业带来了比较沉重的负担，深圳是怎么做的？

我调研的那个制造企业有几百名员工，员工只要从家乡开具已经交过社保的证明就不用交社保了！这些都是深圳政府为了减轻企业负担而进行的大胆探索，目的是让小企业好好成长，等它们壮大了，一切就好办了。而这种探索既没有违反国家的政策，又使企业轻装上阵，是我们应该大力倡导的改革实践。

相比之下，我在肇庆、广西做顾问时发现，每个基层员工1年的社保就是近1万元，如果交少了或者不交，罚款则是几万元。肇庆某个制造企业有2 000多人，一年社保就是2 000多万元。

深圳是改革开放伟大实践最成功的典范，关键就在于它把服务企业、激发企业的活力作为改革的方向。在这样的改革实践中，一大批企业和企业家如雨后春笋般成长起来，现在深圳市的上市公司就有350多家，许多世界性的大企业、大企业家作为深圳的名片，正向世界展示着它的骄傲。

企业家有了选择的自由触发持续繁荣

传统经济学里没有企业家，因而是苍白的

今天的宏观经济学和微观经济学其实是有问题的。因为宏观经济学把复杂多变的经济简化为投资、消费、储蓄这样的简单循环，没有真正把握经济的本质。微观经济学走得更远，把企业的活动简化为厂商的生产函数，完全抹杀了企业活动的本质。

真正触及经济本质的是熊彼特的创新理论。企业的本质是创新，而创新是企业家行为。熊彼特、奈特、海耶克都属于这一学派。

人类发展到今天，一直受错误经济学的困扰，为此付出了沉重的代价，如果不对此问题进行深刻的剖析，人类将会继续遭受更多的痛苦。每次经济危机来临，凯恩斯主义的幽灵就在经济学的上空飘荡。凯恩斯主义理论看上去非常有道理，其实对整个人类是个很大的祸害。这种理论认为，经济的竞争导致了无序的后果，一定时期会引起经济危机，所以政府必须出面干预这种无序行为，各种财政、货币政策就是在这样的背景下出台的。

为什么市场学派软弱无力而干预学派振振有词

经济危机来临时我们应该怎么办？在这样萧条的经济面前，政府并不能无所作为。而市场学派仅仅停留在呼吁创新、让市场自动修复的阶段，没有提出任何实质性的操作性做法，因此他们的呐喊苍白无力，逐渐被边缘化。正是由于没有可操作性的方法和工具，市场学派的影响日渐式微。

要实现经济的可持续发展，首先是要解决权力对市场的侵害

在经济发展过程中，政府不应该是市场学派所倡导的无为，而应该是大有可为。这种可为首先表现在切实防范各种行政权力对市场的伤害，防止层出不穷的权力以管制的名义阻碍企业的发展。

党的十八大以来，党中央和国务院高度重视各种权力对市场的伤害问题。

2014年9月，天津滨海新区将分散在18个不同单位的216项审批职责合并为"一局一章"，原有的109枚公章就此废弃。2014年11月，这109枚封存的公章永久收藏进国家博物馆。每枚公章都曾是一道通往市场的"关卡"，都是一项权力。原来许多企业仅立项就要耗费几年的时间，盖上百十个公章，在瞬息万变的市场面前，待到立项成功了，市场已发生了很大变化。

虽然109枚公章送进了国家博物馆，但并不表明各项权力对市场的伤害问题得到了比较好的解决。

2015年9月18日，在李克强总理主持召开的深化国有企业改革和发展座谈会上，中国铁道建筑总公司董事长孟凤朝说："总理，我们现在一个项目要交多少保证金，我给您念念。有投标保证金、履约保证金、信用保证金、质量保证金、安全保证金、入市保证金、考核保证金、文明施工保证金、审计预留保证金、复垦保证金、施工进度保证金、农民工工资保证金……确实承受不起啊！"

李克强听到孟凤朝发言后问道："你们现在分公司、子公司一共有多少？"

孟凤朝回答说，目前有30多家子公司，分公司和项目公司加起来有500多家。

李克强总理非常惊讶，立刻询问道为什么要这么多公司。

"这主要是为了投标，"孟凤朝解释道，"因为建筑市场很多项目要求，承揽任务必须在当地注册实体子公司。"

"这是哪里的规定？"李克强问道。

"这是地方和项目业主的自行规定，并在标书上有明确要求。"孟凤朝说，"刚才我没说全，我们现在实际上共有700多个子公司，其中有200多个是为了投标注册的'空壳'。"

一个大型国有企业面对地方上的各种权力都倍感无奈，千千万万的中小企业就可想而知了。在深化改革的今天，要清理市场上有形无形的权力对企业发展的制约，是一项长期的工程，需要多管齐下，坚持不懈，才能把一些异化的权力关进笼子里。

中国要实现经济的可持续发展，首先要解决的就是权力对市场的伤害问题，否则一切都无从谈起。

经济高速发展几十年，是因为企业家有了选择的自由

全世界都在谈中国经济高速发展或者创造经济奇迹的原因，有各种奇谈怪论，比如精英说。其实，真正的原因是起始于邓小平的

市场经济改革，在庞大的行政体制下撕开了一个小口子，让广大民营企业有了选择的自由和选择的动力。

所谓选择的自由，是指民营企业可以进入许多普通的领域。中华民族苦难了很久，给一缕阳光就灿烂，苦难和贫穷极大激发了人民的斗志和激情，出现了一大批走街串巷的商人，也诞生了一批优秀的企业家。另一方面很少有人注意到，就是对高税负采取务实态度。我国的税负重是一个不争的事实。如果企业完全按照税法规定纳税，基本上很难生存。地方政府出于政绩的需要，为搞活国内生产总值（GDP），在高速发展的那几年对企业税收采取了放水养鱼的态度。这样政府与民营企业之间取得了比较好的平衡。有些地方甚至出现企业送税上门，税务局竟要求退回去，因为怕交多了，来年下达高指标。所以，实事求是的做法规避了过重的税收对企业发展的伤害，让企业有了选择的动力。

我认为，正是有了选择的自由，企业家群体才能出现，这是中国经济高速发展的全部秘密。

纵观世界其他国家，经济之所以长期落后或者陷入停滞状态，莫不是由于企业没有选择的自由，或者是有选择的自由但缺乏选择的动力。许多落后国家虽然实行多党民主制，但实际上没有民主，只有民粹。

在社会财富处于两极分化或者全面贫穷状态时，民粹会导致大众对腐败、富人深恶痛绝。这个时候的民众不可能是理性的，某个政党和个人就会利用这种仇恨情绪，倡导看上去符合大众利益实际上最终伤害最大的还是大众利益的政策。例如，委内瑞拉的查韦斯把所有油田收为国有，鼓吹均贫富，获得了广大民众的支持，现在整个国家却陷入破产的境地，拖欠中国的巨额外债没有办法偿还。希腊每个政党上台之前，都承诺给民众高福利、低失业以拉取选票，上台后却不能兑现，导致政府走马灯似的撤换。中国同样有民粹，他们在前几年到处鼓吹国有资产流失，不仅影响了广大民众而且影响了当时的政府，使得国有企业改革倒退。挑起民粹的政党和个人，为了自己的利益煽动大众的不满，把整个社会推向越来越坏的方向。

民粹就是煽动群众，而煽动群众效果最好的做法就是基于高尚名义的道德愤慨。一旦群众情绪被刺激起来，大众心理在不断的相互暗示、自我催眠中就变得越来越专横、偏执和凶暴。这是勒庞《乌合之众：大众心理学研究》一书对民粹最精辟的剖析。

民主只会出现在社会阶层呈现橄榄状的社会中，就是中产阶层占大多数，社会的怨恨情绪比较少，社会大众的心理比较成熟，这个时候进行的大众投票才是理性的。在一个理性的社会，民粹分子没有用武之地。当年为了出名，有些民粹分子大闹香港证监会，打着保护广大中小投资者利益的旗号舌战群雄，但始终没有掀起任何波澜，只好灰溜溜地跑到内地，在内地以国有资产流失而一炮走红，被平民大众奉为青天。

在一个民粹盛行的社会里，企业即使有选择的自由，也没有选择的动力。由于政府各个环节和部门处处腐败，办任何事效率极其低下，企业要想发展尤其困难，权力经济盛行。更可怕的是，这些国家别的不强大，工会组织非常强大，动不动就组织工人罢工，和企业主谈条件，让人对创业望而生畏。所以，企业实际上没有选择的自由，也没有选择的动机。

民粹非常厉害的地方还有我国台湾地区，现在台湾地区的年轻人是逢中、逢大陆必反，例如海峡两岸经济合作框架协议、课纲的修改等。问他们这些事情的具体内容，大部分人根本不知道，这样的自主、民主不可能给社会带来积极的作用。

因此，人类所追求的民主，实际上在整个人类社会中没有多少国家真正达到，绝大多数国家陷入的是民粹，包括现在实施高福利政策的发达国家。这些高福利政策都是民粹的结果。执政党上台后为了博取民众的欢心，都扯起为大众谋福利的大旗，最后导致恶法

（如税法）盛行，进一步伤害社会发展的动力。

这一思考框架解开了我几十年来的困惑：

既然民主是一种理想的社会制度，为什么许多实行民主的国家却沦落为世界上最落后的国家？

发达国家都实行民主多年，且有着成熟的市场经济基础，法规法律很健全，为什么有些却被拖到破产的边缘？

所以，在我的框架里，人类追求的终极目标是自由，而不是似是而非的民主。有了自由以后，才会涌现出企业家。

如果强权的政府能够对伤害市场的各种法律和权力开战，使企业有选择的自由，同时有选择的动力，那么也能达到自由这一结果。

美国社会之所以还保持比较旺盛的创造力，是因为它的社会福利还没有达到使人懒惰的地步。在美国，贫穷、弱者不会引起人们多大的同情，美国社会更多的是追求机会均等，而不是结果均等。

从人类发展史可以看出，一个贫穷落后的社会如果无条件地追求民主，一定会陷入民粹的可悲下场。

任何时候，无论是经济高速发展还是经济危机，政府所要做的事情都是不断推进改革，降低体制运行的成本，减少各种不恰当的干预行为，使企业在市场上的"摩擦力"不断减少。这样政府就会越来越小，和市场的边界就会越来越清晰，真正达到"小国寡民"的地步。

人类社会只要存在，不论实行的具体制度是什么，都要极力遏制各种权力对市场竞争的伤害。只有政府对各种干预行为保持高度的敬畏，以降低市场运行成本作为自己矢志不移的目标，人们才会有选择的自由和选择的动力，一批批企业家才有可能出现，经济奇迹也才有可能发生。

《奥巴马为什么失败？》，是因为人们没有自由的动力

杰弗里·塔克在《奥巴马为什么失败？》一文中对奥巴马的评价用了四个标题：为何他搞砸了、对经济学的无知、技术官僚接管、统治不能创造财富。这样的评价真是让人忍俊不禁。

很难想象有世界上最高水平的经济学家作为智囊团，总统怎么可能对经济学无知？

作者说，奥巴马给人希望又富有魅力，有可以信赖的智囊团，可是他没有结束持续的经济停滞。

为什么呢？因为他从来没有理解经济学，对创造财富和繁荣的自由动力不知欣赏。这就是说，他认为财富创造是理所当然的，好像这是一部机器，没有必需的燃料也能自己开动。

作者在"统治不能创造财富"一节中对奥巴马的评论可谓一针见血：

> 这个受过良好教育的人，拥有无可挑剔的资历，拥有一贯正确的朋友。然而，在某种程度上，他是教育体系的受害者。正是这个教育体系，压制着经济学的伟大真理。
>
> 尽管他看似对一切都有着丰富的知识，有着无穷的魅力可向公众兜售，但他忽略了一个关键环节。他不理解财富并非给定；财富必须由活生生的人通过创业和创新、贸易和试错来创造。人们需要的是尝试的自由，而不需要一个管制征敛的国家出来碍手碍脚。财富的创造，不会因为在白宫有一个心地善良、受人欢迎的家伙而发生，只会因为有正确的机制而发生。
>
> 他昧于这最简单的一课，否则尚有可能转败为胜。不是实施更层出不穷的管制，不是采取美国历史上最糟糕的医保改革，不是给产业加上更加沉甸甸的负担，他走的可能是另一个方向。

奥巴马政府恰恰是以追求公平、公正为目标，颠倒了经济发展的基本逻辑。管制层出不穷，人们自由选择的动力大大减弱，使得在他的八年任期期间，人民的生活水平没有得到任何提高。

企业家精神是经济与社会转型升级的引爆点

中华民族几千年的封建历史，对好流动的人群总体上是打压的。因为他们好动、不安分，这和封建统治者维护大一统的社会稳定的目标是背道而驰的。正是因为有这种特性，他们往往会冒犯统治者的天规戒律。所以我们看到，封建统治者越是想使自己的江山永固，本能地就越想对这类人进行控制，从头脑到行动。

然而，一部人类的文明史，就是一部一群敢冒险、好折腾的人不断开辟未知疆界，使人类思想和意识不断突破限制，由此推动社会从低级向高级不断进化的历史。

企业家所具备的这种特质，导致他们的行为为人类创造了价值，缝合了社会的裂痕，熨平了经济发展起伏不定的周期，倒逼了各种社会制度改革。在企业家的企业里，人得到成长，激发出潜能，实现了生命的尊严。企业家不断开拓进取的精神也成为人类文明最宝贵的精神。

价值创造

大家都知道，中国经济目前存在的主要问题是脱实向虚。大家一窝蜂地搞资本运作、金融创新。不是说金融创新和资本运作不需要，而是大多数社会精英、高智商人士都聚集在投资银行、基金等领域。由于上市的实体企业真正有价值的不多，他们不断进行各种资产重组和金融创新，实际上许多都是没有价值创造的倒腾。

而企业家活动的特点是创新和破坏性创新，通过他们的创新活动，经济面貌会发生深刻改变。当年中国彩电还是奢侈品的时候，国美、苏宁家电大卖场的出现就是一个破坏性创新。它们大大降低了物流和采购成本，使各种家电成为每个家庭都用得起的日用品。在美国以马作为主要交通工具的年代，福特提出要让每个家庭都有一辆轿车，最后梦想成真，这种大规模生产的流水线就是破坏性创新。苹果智能手机把人类带到了移动的时代，使人类的交流沟通更加便捷，无键盘、简约智能化设计就是破坏性创新。

企业家的创新活动，无论是新商业模式的诞生、新技术的突破，还是新行业的开辟，要么大大降低了产品的成本，要么大大提高了产品的质量和性能，要么开辟了新的消费领域，结果都是把人类带到更幸福的水平，企业家通过这些活动为人类创造了价值。

缝合社会裂痕

改革开放取得了巨大的成就，但我们也要看到，社会财富的差距越来越大，使得整个社会仇富心理严重。

前几十年的经济高速发展是投资拉动型的经济增长，是靠牺牲环境以及高能耗、物耗维持的发展模式，也是有一定的权力参与谋取利益的过程。所以导致财富两极分化，使社会处于某种程度的紧张状态。

法国思想家托克维尔的《旧制度与大革命》深刻剖析了革命发生的原因。一个社会，如果任凭各种矛盾持续激化，贫富差距继续扩大，社会不断撕裂，就会像清朝末年那样处于崩溃的边缘。社会崩溃的前夜一定会有革命。而革命"不会摧毁旧制度的枷锁，只会强化这种枷锁"，"革命并不是一项成就，也不是新时代的黎明。它源于年迈腐朽，源于思想和制度的枯竭以及自我更新的失败"。

一个社会中出现大量喜欢挑战的企业家，通过他们的价值创造缝合社会的裂痕，缩小贫富差距，就会逐渐走上良性发展的道路。

熨平经济周期

这四十年的经济发展还有一个显著特点：大起大落、大悲大喜。当面临全球经济危机时，政府宽松的货币政策刺激各种有效无效的投资一浪高过一浪，这个投资的中心最后都转移到房地产以及相关的产业中，导致辛辛苦苦做了几年的制造业老板不如在北上广深买一套房赚得多的怪现象。而当房地产在高位盘旋时，银行、地方政府平台债、信托、基金等各种金融资产都压在房地产上，导致房地产反过来又绑架了整个经济。

为了消化大量积压的房地产，2016年初中央提出去库存，结果导致强压下去的房地产又如熊熊烈火，烧遍中华大地，各地政府在压力下不得不颁布禁购令强行按住高烧不退的房地产，防止其死灰复燃。

现在银行的行为更是令人哭笑不得。虽然房地产处于打压状态，但是除了房地产一般行业它们并不敢放贷。尤其是中小银行，承担风险的能力低，优质客户与它们无缘。而小客户除了地产行业，从中国经济过往的经历看都风险极大。

这就是中国目前的经济生态。这个生态最显著的特点是投资拉动、机会导向、短期套利、政策红利。在房地产的暴利面前集结着各路资金，而土地是政府的，所以房地产商拿地又和各级政府的权力纠结在一起，导致了许多和权力合谋的行为。

据报道，北京和上海在反腐败的高压威慑下，居然有几十万套房子找不到主人。事实也证明，房地产是近几十年来最聚富的领域。《财富》排行榜上的富人大部分都是靠房地产发家的。

一个领域存在超出平均概率的发财概率，就会使资金、人才、技术统统向这个领域集聚。近几年的房地产、资本市场就是这样。而这样的结果导致一个领域发展过热，其他领域发展过冷，总体上经济发展不均衡，资源错配，起起伏伏，冷热交替，这种情况下政府又不得不进行干预。

我国经济发展的这种状态使政府疲于应付，人民处于焦虑状态。在一波波的经济周期中，中产阶层不是壮大起来而是在不断缩小。

如何熨平这种经济的大起大落，拉平经济周期的波峰和波谷？

企业家行为是治理这种经济波动的中坚力量。能够称得上企业家的人，都耐得住寂寞。他们追求自己的愿景、梦想、目标而沉浸其中，往往能够抵挡得住外界的浮躁、喧闹、泡沫的诱惑。

在2007年、2015年股市疯狂时，许多上班族无心工作，因为随便买一只股票都可能是涨停板，挣的比一个月的工资都多，所以全民疯狂炒股。2015年的一段时间每天的交易量突破万亿元，开户数天天创新高。许多理性的人开始怀疑、忍耐，看到周围的人一个个发了财，奋不顾身地投身其中。

能够经得起这种诱惑的人，往往具有非凡的定力。如果没有源自内心的信念，很难做到这一点。

华为、格力、美的等企业是中国经济的压舱石，是熨平经济周期起伏不定的核心力量。如果不是这些企业几十年来埋头于自己的核心技术研发，致力于"中国造"，中国经济的波动性会更大。

使人获得尊严和成长

《长寿公司：商业"竞争风暴"中的生存方式》的作者阿里·德赫斯是荷兰皇家壳牌集团公司董事，在该公司工作了38年。他认为有两种类型的公司：一种是经济型公司，这种公司哪里有钱就往哪里钻，员工沦为企业赚钱的工具。另一种是生命型公司，企业是一个生命有机体，任何决策都围绕怎样让企业的寿命更长。为此作者提出了学习型组织的概念。作为生命有机体，必须不断学习，才能获得对环境的适应能力，才能在和环境的相互作用中不断进化。这个学习和成长的过程表现为企业里人的成长。生命型公司和经济型公司最显著的差别在于对待员工的视角。在生命型公司，员工是企业的有机组成部分，在各种营养（例如企业文化和企业家精神）的滋养下不断成长，由此推动企业组织的成长。

这种具有生命特征的企业就是企业家的企业。在企业家的企业里，管理就是生命链接生命。企业家喜欢挑战、永不满足，他的愿景、激情、梦想、斗志感召着全体员工，使大家愿意为了未来去拼搏、去学习。在这样日复一日的奋斗中，大家的潜能都被激发出来，精神面貌日新月异。由此，企业家的生命和员工的生命在企业这个组织里通过管理的实践得到了共同的成长。

德鲁克最早把企业视为对人的生命和尊严具有重要意义的组织，他认为企业能让平凡的人做不平凡的事。他终生都在探讨和实践企业怎样在愿景、使命和价值观的作用下，让每个生命都能够成长从而获得生命的尊严。

一个有企业家精神的生命型公司一定人才辈出，是人才的摇篮。各种人一进入这样的企业，就会像一棵树一样茁壮成长。

这方面的企业典范当推通用电气。在韦尔奇当家的20多年时间里，通用电气为无数企业输送了CEO。许多人一旦从通用电气末位淘汰出来，其他企业都疯抢。

这类企业除了人才辈出，核心团队也基本稳定，许多人在企业度过整个职业生涯。他们的生命和企业的生命联系在一起，这样的企业一般都是长寿企业。

每一个生命都有尊严，都有生存的权利，都应该开出鲜艳的花朵。怎样让每一个生命都获得尊严？我觉得在企业家的企业里，生命能够健康成长。在这里人们可以找到成就感，从而获得生命的尊严。

倒逼社会改革

改革开放后，人民压抑了多年的经商热情一下子被激发出来。

小商小贩走街串巷，极大地满足了人们的物质需求。他们吃苦耐劳，在常年的经商过程中练就了精明的头脑、敏锐的嗅觉。

企业家的作用不仅是满足人们的各种需求，还包括不断创造人们的需求，使人们的生活水平芝麻开花节节高。

更重要的是，这种不断的流动、变化、交易等，对各种制度不断冲击，反过来倒逼社会的政治制度改革。

"文化大革命"期间，农民偷偷摸摸把自留地的菜拿到市场上售卖，被抓到后当作资本主义的典型批判。那个时候意识形态太强大，一点微弱的商业之火并没有燎原。

到了20世纪80年代，情况发生了改变。当时安徽有个做瓜子的老板名叫傻子，他的雇工超过了7个人。当时中央有人主张把傻子抓起来，但遭到了邓小平的反对，他主张再看一看。这样一看，就拉开了中国民营经济发展的大幕。

任何制度不到濒临崩溃的那一步，都很难主动改变。只有借助外界的力量，才会逼着它去改革。网约车的出现对出租车形成了极大的冲击，遭到了既得利益者强烈的抵抗。有些地方为了对付网约车，花巨资建立起约车中心，试图保护自己的利益。但历史的车轮浩浩荡荡，顺其者昌，逆其者亡。

企业家这种永无止境的创新行为可以倒逼经济与政治改革，使那些已经过时、阻碍社会进步的法律法规和各项制度不断进化，由此打破原有的均衡，实现社会的转型升级。

近几年来，经济发展的L底、中等收入陷阱、社会阶层固化等问题牵动着每一个国人的神经。去产能、去库存、去杠杆、脱虚向实等呼声不绝于耳。通过推动股市发展来激活经济，号召"大众创业、万众创新"，大力推动互联网金融等措施，都在意图为高速发展了三十多年的经济进入新常态后找到增长的突破口，但以上举措的效果十分有限，互联网金融中的P2P不仅没有给经济发展提供推力，反而导致了严重的社会问题。

畅销书《引爆点：如何制造流行》的作者马尔科姆·格拉德威尔提出了一个非常有意思的概念——引爆点，对我们理解当前改革的思路有一定的启示。

他在书中描述了这样一个案例。美国有款名叫暇步士的羊皮鞋，1993年之前一直默默无闻，每年仅销售3万双，当时生产该产品的公司甚至考虑停产这种鞋。但是，到了1995年秋季，意想不到的事情发生了，许多大牌设计师打来电话，告诉公司打算在自己的展览中用暇步士鞋作为搭配，暇步士就这样一下子流行起来。1995年，该公司销售了43万双暇步士鞋，1996年的销售量是上年的4倍，暇步士成为美国男青年衣着打扮的重要组成部分。

令人惊奇的是，该公司总裁承认，公司并没有为赢得流行而做出任何努力。

是什么原因使得名不见经传的暇步士流行起来呢？这一切都始于曼哈顿东村和苏河区几个年轻人穿了这种鞋。他们穿这种鞋的原因是没有人愿意穿。接下来这些年轻人对暇步士的爱好传递到两位时装设计师那里，他们用该种鞋子搭配其他高级时装。就是这种搭配，使得暇步士成了最新的时尚潮流，一下子从曼哈顿商业区赶时髦年轻人的时尚之选走向全美国。

这场莫名其妙的流行是谁引爆的？是开始使用该鞋子做搭配的时装设计师，他们俩就是暇步士流行潮的引爆点。

那么，上面所描述的所有经济与社会问题的解决，能否找到马尔科姆·格拉德威尔所说的"引爆点"？能！这个引爆点就是企业家精神！

我们要实现经济与社会的转型升级，实现从依靠大规模投资拉动向依靠创新驱动的转型，实现资本市场从无效、低效到高效的转型，一句话，整个经济结构、经济增长方式、资本市场、社会发展转型升级的引爆点就是企业家精神！企业家精神就是当前改革的导火索、方向标！

通过上面的分析可以看出，企业家通过为人类创造价值、缝合社会裂痕、熨平经济周期、倒逼社会改革等行为，可以创造新产品，开辟新产业，打破原有均衡，实现经济与社会的转型升级。由于生命源头永不满足、永无止境的精神，企业家永远在创新、突破的路上。企业家精神具有一种核动能，具有无限的穿透力，使之成为经济与社会转型升级的引爆点。这一特征如下图所示。

资本市场要把企业家请回来

当前资本市场的发展战略

中国资本市场经过二十多年的发展，已经成为全球第二大资本市场，也是全球第一大新兴资本市场，还是全球成长速度最快的资本市场之一。在取得巨大成绩的同时，我们也应该看到，发展过程中大起大落、起伏不定的现象也一直存在。这与资本市场的发展战略密切相关。我们必须搞清楚不同历史时期资本市场的发展战略，并及时根据外部环境的变化进行调整，才能使资本市场得到健康的发展。

任何一个国家的经济发展都有其路径依赖。美国的资本市场是在当时自由松散的市场环境下发展起来的，是一个自下而上的过程。我国的经济以国有经济为主体，是从大一统的国有经济走过来的。在资本市场发展之初，国有体制僵化，效率低下。为国有企业脱贫解困、改变国有企业的经营机制和治理结构，成为当时经济改革的头等大事，资本市场的出现就承担着这样的历史使命。资本市场比较好地完成了这一历史任务，使国有企业得到了比较好的发展，国有企业反过来也为资本市场的稳定和发展作出了贡献。

今天，国有企业脱贫解困的任务已经完成，因此资本市场的发展战略应该顺应时代的潮流，及时根据外部环境进行调整。在当前环境下，应该把培育市场机制作为当今资本市场发展的战略。

党中央明确提出，要让市场机制发挥决定性作用，资本市场同样不例外。如果资本市场的发展战略和管理理念偏离了这一方向，就会使其发展充满不确定性。

2015年整个社会都希望股市快速发展，使资金进入实体经济，结果却事与愿违。股价在这一理念的推动下节节上涨。但股价上涨了，资金并没有流到实体，上市公司的大股东都在高位减持套现，仅5月就套现1 500多亿元。在股市乐观情绪的催发下，越来越多的公司不断发布各种子虚乌有的信息，把股价推高并乘机变现，连境外的资金也流入股市来套利。

本来是想快速发展资本市场，向实体经济输血。结果呢？资本市场股价冲天的时候，连实体经济的经营者也无心经营，跑到资本市场去套利了。

今天，资本市场的改革和创新的重点，就是要及时地把战略重心转移到培育市场机制上来。

中国资本市场是否存在市场机制

资本市场首先也是市场，而且从根本上说和实体的市场没有什么两样。

实体经济是一种"看得见"的经济，各种产品的质量和性能只有得到消费者的认同才能获得市场的青睐。

例如，这么多年来房地产发展得很好，就是因为房子所在的地段、面积、装潢、朝向、结构等，一看就知道了。中国制造风行全世界，虽然离德国和日本的工匠精神还有一定的差距，但基本功能还是很好地满足了消费者的需求，所以美国等发达国家的日用品大部分都是中国制造的，印度的日用品也离不开中国。在实体经济方面，中国人民的勤劳和智慧获得了很好的回报。

只要有自由的竞争，相应的法律能够保护消费者的权益，这个市场就会发展起来。

20世纪80年代市场经济正处于起步阶段，各种造假行为屡有发生。那个时候出现了"刁民"王海，专门买假冒伪劣商品，再去商家索赔。最后许多商家都怕王海，这在客观上促进了市场的进步。市场上存在的惩罚机制，使得实体市场的诚信慢慢建立起来。

有些产品并不能直接判断为假冒伪劣，例如90年代风行一时的保健品，商家进行疯狂的广告轰炸，广大消费者尤其是农村消费者辨别能力比较差，许多商家由此发了大财。在自由竞争的市场经济面前，时间是最好的朋友。时间一长，广大的消费者都意识到，所谓的保健品其实没有什么保健作用，以至于保健品市场名声很不好，这个行业现在也基本衰落了。曾经如日中天的三株口服液因为喝死了一个老汉，企业一夜之间垮台。实际上这只是偶然事件，广大消费者的眼睛是雪亮的，随着时间的推延，即使没有喝死老汉这件事，没有价值的产品包括整个行业也迟早会被市场淘汰。

实体经济"看得见"，产品鉴别起来比较容易，执法效率比较高，所以市场发育得比较好。

而资本市场作为"看不见"的经济，相比之下则困难得多！一些造假上市的企业，从上市到最后套现离开，由于手段隐蔽，始终没有被发现。

西安有一家珠宝企业叫达尔曼，1996—2004年间，公司董事长许宗林等人将十几亿元的上市公司资金腾挪转移，其中有将近6亿元的资金被转移至国外隐匿。监守自盗了大量公司资产后，许宗林携妻儿等移民加拿大。许以出国探亲和治病的借口出走到加拿大，从此一去不回，这才引起了监管部门的调查。调查发现，达尔曼从上市到退市，在长达8年的时间里，极尽造假之能事，通过一系列精心策划的系统性舞弊手段，制造出具有欺骗性的发展轨迹，从股市和银行骗取资金高达30多亿元，给投资者和债权人造成了严重损失。

资本市场的市场机制是怎样建立起来？和实体经济的市场机制一样，资本市场必须有惩罚机制、定价机制、信息甄别机制等。下面从不同的方面考察我国资本市场是否存在这样的机制。

中国资本市场的资产是怎样定价的

股票和实物的定价机制不一样。实物产品的价格是由它的使用价值和供求关系决定的，而股价是由未来预期决定的。许多企业开始上市时，就通过中介机构讲未来的故事，把故事讲得高大上，以至于上市第一天股价就一飞冲天。例如，华锐风电上市第一天股价达到每股90多元，现在股价只有1元多，早已带上了st的帽子。海普瑞上市第一天股价冲到每股188元，现在只有十几元。这些股票的投资者都深套其中。

实体市场同类产品有竞争机制约束价格，而资本市场同行业产品虽然有市盈率做比较，但许多公司上市时和中介机构一起，总是找到自己与众不同的地方。例如华锐风电当年号称风电行业龙头，引起各路资金追捧。而海普瑞以行业中唯一通过美国认证忽悠投资者。监管部门也无法辨认真相，只好规定公司上市第一天股价上涨幅度不得超过44%，以此来约束这种疯狂行为。

上市以后，为了高位套现，上市公司会和中介机构合作，继续讲故事，把股价抬上去。

2015年5月8日，安硕信息的股价报收每股400.62元，成为A股历史上第一只突破400元大关的股票，并在一周后创出了每股474元的历史新高。然而，在股价登顶之后，就开启了断崖式下跌。后来证监会的立案调查表明，安硕信息董事长高鸣、董事会秘书曹丰与某证券机构分析师接触并达成默契，通过信息披露、投资者调研、路演等多种形式持续、广泛地宣传安硕信息开展互联网金融业务的相关信息，使安硕信息的股价在2015年创出了每股474元的历史新高。现在的价格是每股20多元。之所以这么狂跌，就是因为除了炒作互联网金融的概念，它没有真正的盈利能力，2017年的半年报显示亏损690多万元。

像这样通过和中介机构合作发布不实信息抬高价格是上市公司定价一个比较普遍的方式。全通教育以互联网教育第一股的概念闻名股市，2014年1月上市时每股30.31元，到2015年5月29日，每股涨到467.57元，之后又从最高时每股467.57元跌到最近每股10元的地板价。曾经的互联网教育第一股已经到了亏损的地步，2017年上半年亏损1 786万元。正如有些媒体所说，全通教育"除了概念一无所有"。

资本市场的大股东是怎样获利的

实体市场上，企业卖掉产品、实现利润并纳税后，股东才能分配利润进而实现收益。资本市场上，股东获利的方式本来和实体市场基本一样，分红是重要的收益来源。但在中国资本市场上，从这么多年愈演愈烈的套现情况看，大股东获利的主要方式不是利润分红而是套现。

查阅相关资料并计算后我们获知，华锐风电的初始投资者5年获得了超过500倍的高额回报，就是后来进入的新天域资本，不到3年时间也斩获了逾145倍的回报。现在，当年的大股东全部套现走人。上市6年，公司股价蒸发掉98%，广大投资者欲哭无泪。

许多大股东都进行这种清仓式套现，每年的套现额惊人。以2016年为例，据万德数据库统计，2016年的股市虽然处于修复期，但仍有1 097家公司发布减持公告，主要股东全年减持2 790亿元。据第一财经统计，2017年上半年1 309家公司的主要股东减持3 314亿元。

2010年2月26日登录创业板的万邦达，上市之初账目净资产不到1亿元，5年时间里总市值一度冲到450亿元，万邦达的原控股股东王氏家族更是在股价达到历史高点时"精准"清仓式减持，累计套现达60亿元。

2014年6月到2015年6月，万邦达不断公布并购、项目中标等多达18项利好消息。事后查实，这些所谓的并购、重组绝大部分是子虚乌有。

另一个奇妙之处是多得离奇的研报。有关数据显示，自2010年2月以来，先后有36个券商发布关于万邦达的研报233份，2014年5月到2015年6月期间发布研报105份。研报数量伴随着万邦达股价到达历史高点而大幅增多。

在各种利好的支持下，万邦达的股价从2014年7月的每股9元左右上涨到2015年4月初的每股51.95元，短短10个月时间上涨幅度逾500%。随着股价一路高涨，大股东所有的减持均在接近股价历史高点完成，近60亿元的巨额套现在7个交易日就完成了。

减持一年后的2016年8月12日，万邦达发布公告称董事长和财务总监辞职。大股东拿走60亿元后就这样解脱了责任。

打着互联网教育第一股的全通教育，在股价冲高的过程中原始股东疯狂减持。2016年3月和5月全通教育原副总经理和董事会秘书在锁定半年后纷纷减持，并且很快离职。按照初始成本和最后套现价格计算，这些高管获得了近 800 倍的回报。到了 2017 年，控股大股东一到解禁期便急不可耐地套现 1 595 万股。虽然股价一路下跌，但依然有近 100 倍的收益。

许多公司的大股东通过这种方式套现离场。这样无风险的套现已经成为上市公司大股东主要的盈利模式。

现在中国人在国外大肆买房，这些买房资金中部分就是股市套出来的。资本市场变成了套现的市场，变成了国外房产市场资金的提供方。

面对愈演愈烈的大股东套现潮，管理层不得不出台减持新规，严格限定大股东套现速度。

针对欺诈行为，监管部门是怎样处罚的

市场上所有参与者都是对风险和收益进行权衡的理性人。也就是说，如果造假欺诈付出的代价大于收益，那么这种行为就会减少；反之，就会盛行。这一惩罚机制是资本市场成为市场的基本前提。

实体市场上，针对价格欺诈和价格垄断，有关部门的处罚非常明确、有效。中国资本市场的情况怎样呢？

2005 年 2 月，针对达尔曼这样的惊天造假案，证监会对许宗林开出罚单：给予警告和罚款 30 万元，并对其实施永久性市场禁入。这样的处罚几乎起不到任何震慑作用，直到今天达尔曼退市了，许宗林依然在国外逍遥。

针对安硕信息的欺诈行为，在现行的法律框架下叫信息披露违规，监管层开出的罚单是：拟对安硕信息、高鸣、曹丰分别给予警告，并分别罚款 60 万元、30 万元和 20 万元。与此同时，在安硕信息案中并没有看到对"鼓吹手"分析师的处罚。在行政处罚告知书中，证监会只是表述为"某证券机构分析师"，甚至连身份都没有曝光。做出这种联手损害投资者的行为，连身份都不用曝光，真是不可思议。

全通教育大股东的行为根本没有受到处罚，大股东仅因为代持被罚款60万元。

通过发布不实并购重组信息拉高股价而全部套现离场的万邦达董事长和财务总监，同样没有受到任何处罚。

在现行的法律框架下，只有会计核算的造假才是造假，而和财务分析师联手发布不实信息、做虚假宣传都不是造假，这是信息披露违规，对这种行为的处罚可以说轻于鸿毛。

正是对这些行为的处罚成本趋近于零，才使得上市公司的大股东和中介机构把送股、增发乃至资产重组等作为提高公司股价的手段，制造出各种概念扭曲股票的价格信号，事后他们赚得盆满钵满而没有受到任何惩罚。

当资本市场的套利、投机空间巨大时，就会扭曲市场的激励结构，拖垮社会的创新能力。正如施一公教授所说，现在大多数精英都投身金融，这个社会并没有希望。但是，资本市场这样的暴利模式如果不扭转，将会使越来越多的精英奋不顾身地加入。

在上面所举的价格欺诈的例子中，中国资本市场几乎为零的造假成本和天价造假收益之间的极端不对称，使得上市公司各种概念炒作屡禁不止。

从上面收益和成本的比较来看，中国资本市场的市场机制还没有很好地建立起来。

正是因为资本市场没有这样的机制，也就是说，资本市场不是"市场"，所以出现了许多令人啼笑皆非的怪相。公司上市，监管的人更多了，要求更高了，压力更大了，绝不是什么惊天的喜事。但我国的许多上市公司老板听到过会后则喜极而泣——公司上市成功，自己从一个不见经传的普通人一下子变成了亿万富翁。还有一些上市公司，如八菱科技的老板在过会时号啕大哭，请求各位发审委专家开恩让公司上市，上市后不久则频繁进行资本运作，推高股价后快速套现。如果是一个竞争压力大、淘汰可能性大的市场，怎么可能会出现这种奇葩的现象？

针对中国上市公司这样的现状，财务分析师张化桥一针见血地说，现在股市的市盈率有几十倍，大家挤破了头；就是两倍的市盈率，这些老板也会挤破头要上市，因为上市圈的钱就是公司的利润，根本不需要偿还。除了国有企业，上市公司少有分红。为了遏制这种现象，管理层只好出台政策强制上市公司分红。

目前的情况下，虽然实行了注册制，但如果不改变造假的风险与收益极度扭曲的机制，后果只会更加严重。

对造假的上市公司进行严厉处罚，使它们造假的成本与产生的收益相匹配，这是把资本市场变成市场的唯一出路。发布不实信息进行造假和欺诈，需要有专业能力的中介机构参与，所以，对中介机构严惩不贷，对遏制造假具有同等重要的意义。

中国资本市场怎样把企业家请回来

各国资本市场的发展和创新是各国经济和社会结构不断演化的结果，反映了一个国家制度变迁、技术创新、企业家成长乃至整个经济发展的历程。

中国的资本市场同样是自己的经济和社会结构演化的结果。上市企业的基本面、发展前景一定是与实体经济态势紧密联系在一起的。由此，对上市公司的审核、监管都不能脱离实体经济的现状。

我国的实体经济得以长足发展，靠的是宽松的货币政策以及各种机会红利，大多数公司本身并不具备导致公司成长的创新能力。近几年来，实体经济绩效不佳，产能过剩，结构扭曲。而上市核准的条件却对成长性、盈利性提出了与实体经济相脱节的要求。实体经济不好，怎么可能选到较好的上市公司？在核准制和大批公司排队的情况下，许多胆大的公司造假。

有些企业上市前在税收和员工社保方面有一定的空间，一旦上市要全部按章纳税和全员缴纳社保，这样原本有些利润，一旦上市就大幅降低甚至归零，这就是一些企业一上市就业绩变脸、许多人上市后一门心思想着套现走人的原因。因为在现行的经济结构下，实在没有能力满足招股说明书上关于成长性、盈利性的承诺，套现走人是上策。

这些扭曲的产业结构以及盈利能力低下的现状，不可能通过上市就能扭转。

资本市场的基本功能是对企业的未来进行定价，并把未来折现成企业创新所需要的现金流。所以，从本质上说资本市场最有利于创新企业的快速发展。

美国作为第二次和第三次工业革命的新兴国家，诞生了火车、电话、电灯、电力、石油、生物技术、原子能、计算机等技术。创造这些新技术的企业在资本市场杠杆的作用下快速成长，美国投资者也在资本市场上享受了企业创新的红利，资本市场由此得到空前的扩展。

可以说，资本市场成全了美国的第二次和第三次工业革命，反过来说也是一样。

按照哈耶克关于自发秩序和扩展秩序的界定，如果把实体经济叫作自发的秩序，那么资本市场通过股票、债券、期权等金融工具组成的虚拟经济就是扩展的秩序。

马特·里德利在《自下而上：万物进化简史》这本书中说："经济发展不仅体现在收入增长上，还体现在群众参与整套合作系统、推动创新、节省满足各自需求的时间上。"

按照哈耶克和里德利的标准，我国扩展的秩序没有很好地建立起来，群众在扩展的秩序中参与合作、推动创新、节省时间的效率比较低。

如果一个资本市场不能够很好地对创新能力最强的那群人进行有效定价，就不能为他们的创新提供资金。或者说，如果资本市场为那些靠虚假信息、欺骗行为的企业提供资金，那么资源配置的效率就低下，创新能力最强的那群人——企业家将从资本市场上消失。资本市场没有了企业家，就没有了价值创造，没有价值创造的市场庞氏骗局一定会盛行，这样广大投资者就失去了获取投资收益的渠道。

所以，与其说资本市场是资本的，不如说资本市场是企业家的。因为越是具有创新能力的企业，未来的定价就越高，折现价值就越大，获取的创业创新资金就越多，企业就越能得到快速的发展。一个高效的资本市场能够催生企业家群体的快速成长。

由此，资本市场是企业家能力定价最有效率的机制，资本市场成全了企业家。广大投资者享受企业家创新的红利，资本市场由于效率提升也得到不断发展，由此企业家成全了资本市场，成全了一个发达和富足的社会。

更重要的是，一个定价效率高的资本市场，使社会大多数财富能够资本化、证券化，使社会的经济结构从低级初放型向高级精致型跃迁。

陈志武教授说，判断一个国家的制度是否有优势，最重要的一个角度就是看这个国家有多少财富是可以或者已经被资本化了。

按照这一判断，我们现在还有不小的距离。

现在我们面临的尴尬是，经济高速发展，货币超发，居民天量的资金嗷嗷待哺，找不到有效的投资渠道。普通百姓的钱要么存入银行，在通货膨胀下缩水；要么买房，被迫做房奴；要么被泛亚投资这类打着投资招牌的骗子骗光；要么通过各种影子银行进行资金体外循环；要么投资到股市，绝大多数情况下以亏损收场。

目前还有一个矛盾的现象：一边是资本市场和货币市场的流动性泛滥；另一边是实体经济中中小企业融资难，资金链紧张。两种现象并存反映了当前我们资本市场效率低下的困境。

为什么政府多少年来一直打压房价，但房价越打越高？关键就在于居民手中的资金买房还可以保值，投资股市时绝大多数人都以亏损告终。

现在的阿里巴巴市值3万亿元，腾讯市值2万亿元，如果发生在中国的资本市场上，将会使多少资金获得良好的回报！但是，如果这些企业当年真的在中国上市，会不会有今天这样健康发展的结果？这些企业家会不会在中国资本市场这么浓的投机氛围里迷失自己，也在高位套现，变成投机分子从而丧失企业家的奋斗精神？

未来如果不能让大多数人的资产随着社会创新和发展能力的提升而获益，也就是不能通过资本市场获利，这个社会的经济结构和社会形态就一定是扭曲的，要步入中等发达国家行列就可能成为一句空话。

现在中国社会的创新能力已经居于世界先进水平，高铁、移动支付、网购和共享单车可称中国为世界贡献的新四大发明。如果中国资本市场不能很好地为这些创新企业提供有效的定价机制，它们就会到效率高的境外市场上市。这样我们的资本市场就失去了发展的大好契机，同时失去了为中国投资者提供创新红利的机会。

现在中外媒体都说，第四次工业革命将由中国或者中国和发达国家一起引领。中国能否引领第四次工业革命，很大程度上要看资本市场能否为企业提供创新激励，提供定价机制，提供未来折现的现金流。如果许多创新型企业像今天的BAT一样，都在境外上市，能否引领第四次工业革命可能就存在很大的不确定性。

北京大学教授周其仁说，感谢邓小平为我们请回了企业家。这句话之前应该还有一句话：感谢邓小平为我们请回了市场，只有请回了市场，才有企业家的成长。可以说，市场和企业家是一个问题的两个方面。

资本市场发展的唯一一条路就是：把市场请回来，把企业家请回来。

怎样把市场请回来？现实情况是，我们还差得太远。那些传统行业的上市公司，其商业模式、盈利能力通过传统的财务工具还是可以看得懂的，但依然造假盛行。而对互联网企业来说，在开始的时候，创业者自己都不一定清楚商业模式是什么（如 360 杀毒软件实行免费使用，未来的盈利模式是什么周鸿祎本人都不清楚；微信刚诞生时仅仅是发挥社交功能）。如果这样的企业大量上市，那么我们就分不清谁是真正的互联网企业，谁打着互联网的招牌像全通教育、安硕信息一样，纯粹是个幌子。

目前管理层只接受盈利企业上市，拒绝不能盈利和盈利模式不清晰的互联网企业上市。互联网时代的中国已经处在第四次工业革命的浪潮之巅。资本市场拒绝了这些最具有创新能力的企业，就可能拒绝了一个时代！

市场经济的发展史告诉我们，市场上企业家的命运就是这个国家命运的缩影。这句话用在中国资本市场上最合适不过。资本市场发展 20 多年，一些优秀的企业要么不愿意上市，要么跑到境外上市，通过中国资本市场成长起来的企业家有多少？中国资本市场上企业家的命运就是中国资本市场命运的缩影。

要把企业家请回资本市场，首先要把市场请回来。发挥市场的定价机制、惩罚和激励机制，市场机制就存在了，企业家就会不请自来。

企业家是价值的创造者，一旦企业家回归资本市场，那些打着市值管理的幌子、搞各种花样翻新的金融创新、创造各种新奇概念忽悠中小股东的现象就会大大减少。这样的资本市场就真正成为服务实体经济的资本市场。资本市场上没有企业家，服务实体经济只能成为一句空话。

企业家精神

第四篇

制度、文化对企业家精神的影响

第六章
不同制度、文化背景下的企业家精神

把企业家当英雄，民族就有希望

纵观全世界，有两个国家把企业家当作英雄。在这两个国家，整个社会都崇拜企业家，学习企业家，以他们为榜样。这两个国家也先后成为经济大国和经济最活跃的国家！它们分别是美国和中国！

在美国，总统被人调侃，而对企业家的崇拜却到了狂热的地步，企业和企业家是美国社会的主角。

哈佛大学教授西尔弗在20世纪80年代出版的《企业家——美国的新英雄》一书中，把企业家称为美国人的新英雄。他在书中写道：美国是一个崇拜英雄的民族，以前人们崇拜的是华盛顿、林肯这样的伟大政治家，现在更热烈、更真切的崇拜早已转移到更真实的英雄人物——企业家身上。对企业家和企业家精神的顶礼膜拜，使许多天才青年怀着朝圣的心情加入这个占据社会中心舞台的队伍。

企业家精神不仅对企业产生影响，而且对整个社会产生促进作用。美国学者戴维·奥斯本和特德·盖布勒合著的《改革政府——企业家精神如何改革着公共部门》一书在美国影响很大，它强调用企业家精神塑造"企业化政府"，并开出了十条药方。

美国人对企业家十分崇拜，是由于200年来的市场竞争中大批企业家成长起来，为美国社会的繁荣富强作出了人人看得见的贡献。所以，企业家崇拜潜移默化地成为美国社会的一种文化、一种意识形态。这种全民以企业家为榜样的文化，使美国社会 200 年来企业家层出不穷，而且世界级的企业家都出自美国。

和美国不同，中国社会对企业家的崇拜既有民间的基础，也离不开我们的倡导和宣传。

只要是从那个年代走过来的人都记得，改革开放初期经济充满活力最显著的标志是出现了许多敢于冲破陈规陋习的能人，也就是我们所说的企业家。这些企业家一出现，就被我们当作英雄在全国宣传。

最早成为全国知名企业家的是浙江的步鑫生。1980 年，步鑫生出任浙江省海盐县衬衫总厂厂长。在他的带领下，小厂打破"大锅饭"进行全面改革。他以敢为人先的精神，在企业里推行了一套独特的经营管理办法，使这个小厂的产品畅销全国各大城市，成为全省一流的专业衬衫厂。

对于这些胆子大、有个性、有想法的人，政府的行为对他们的影响至关重要。面对步鑫生的行动，我们的政府做何反应？具体如下：

1983 年 4 月 26 日，浙江日报刊登了报告文学《企业家的歌》，用整版篇幅介绍了步鑫生大胆创新、坚持改革的事迹；半年后，人民日报登载了新华社发表的《一个有独创精神的厂长——步鑫生》。一时间，步鑫生成了闻名全国的改革家，全国掀起学习步鑫生改革创新精神的热潮，使改革创新精神深入到每一个中国人的心中。

1984 年，中央指示全国推广步鑫生的精神。由中央下命令全国推广一个人，之前只有雷锋和焦裕禄。1984 年 2 月 26 日，新华社播发了浙江省委支持步鑫生改革创新精神的报道。第二天，人民日报在头版刊登文章，标题是《浙江省委充分肯定步鑫生的改革创新精神　中央整党工作指导委员会指出要积极支持敢于改革创新的干部》。当时有统计称，《人民日报》自创刊时起，报道量第一的先进人物是雷锋，第二就是步鑫生。

1984年，短短两个月内全国各地到海盐县衬衫总厂参观的人数就达两万多人。各路记者闻讯赶来，使企业家成为当时社会追捧的英雄。

对企业家创新精神的热情讴歌，把他们树立成社会学习的榜样，世界上还没有第二个政党这样做！这也说明了中国共产党是具有企业家精神的政党！也正是凭着这种精神，才使后来的改革开放向纵深处发展，使中国的经济和社会面貌发生了翻天覆地的变化。

在步鑫生之后最出名的企业家是马胜利。

1984年，马胜利毛遂自荐承包石家庄造纸厂，率先在国有企业打破"铁饭碗、铁工资"制度，并推出改革"三十六计"和"七十二变"，使造纸厂迅速扭亏为盈。他当时提出的"三十六计"和"七十二变"承包思路成为国有企业摆脱困境的一剂良方。

马胜利的改革精神随即得到党和政府的高度赞扬，他本人也获得数不清的荣誉。1986年年底，马胜利获得"时刻想着国家和人民利益的好厂长马胜利"和"勇于开拓的改革者"称号。1987年，马胜利被评为国家有突出贡献的科学技术专家。1988年，马胜利荣获中国首届企业家金球奖。1986年和1988年马胜利两次获得五一劳动奖章。迄今为止中国只有他一人两次获此荣誉，而且还获得了邓小平四次亲切接见，他的声名一下子传遍全国大地。

今天看来很奇怪的是，他是石家庄的厂长，当时的上海市委也做出向马胜利学习的决定！接着北京市委、轻工部、全国总工会、中央向全国宣传，到处都贴着大标语，全国性地向马胜利学习。那几年马胜利在全国大江南北做了600多场事迹报告，电视每天都有他的报道，他成为当时当之无愧的"电视明星"！河北女作家高峰在《马承包新传》中写道："他谈笑风生，话语幽默而又风趣，会场内外鸦雀无声，听得人们如痴如醉，长达三个小时的报告，竟无一人走动，有人憋着尿也不去厕所。"这也反映了整个民族向英雄学习的火热场面。

那是一个激情燃烧的岁月，那是一个英雄辈出的时代。这些英雄人物、这些胆大包天的人，党和政府把他们奉为英雄在全国宣传，其产生的精神激励和榜样效应成为今天中国人民进一步深化改革的力量源泉。

热火朝天的中国，勤劳勇敢的人民，渴望幸福生活的梦想，正如一首民歌《心愿》所描述的那样：

　　当年我打起腰鼓诉说心愿
　　淳朴的人们翘首期盼
　　心灵在播种着富强的梦幻
　　翻身的土地争奇斗艳
　　……
　　我们对着太阳说
　　向往不会改变
　　我们对着长江说
　　追求不会改变
　　我们对着大地说
　　贫穷总会改变
　　我们对着黄河说
　　生活总会改变

正是在这样对英雄崇拜的氛围下，在短短二三十年的时间里，一大批世界级企业家出现在中国这片热土上！许多甚至不怎么知名的企业家，其公司产品的市场份额占世界的很大比例。例如，格兰仕微波炉把西方曾经的高价产品一夜之间冲击得无路可走。格兰仕微波炉的市场份额一度占全世界的80%，而该企业的老板绝大多数人都不知道是谁。还有大家都知道的华为，靠两万元在深圳铁皮屋起步，经过二十几年的打拼，打败了曾经如日中天的巨无霸而成为世界第一。这一切都让我们看到了一幅中华民族勇猛精进的宏大历史画面。

改革开放短短几十年时间，我们涌现出一大批有世界影响力的企业家，这些企业家带动着整个经济的发展，使我国的经济很快成为世界第二大经济体。

反观有些国家，土地资源很丰富，自由竞争的市场制度也早已确立，经济却陷入一蹶不振的境地。因为它们的工会动不动和资方较量，它们的政府动不动要均贫富，它们的人民要雷打不动地喝下午茶，高福利一样不能少，不满足就上街游行。要知道，这样把创造财富的人踩在脚下，动不动就向他们叫板，英雄最后就气短了，甚至大面积地一命呜呼了！

我们对企业家英雄般的热捧，既是多少年被压抑的热情极大释放的一个信号，也是中国共产党锐意改革的一个信号。开始时这种舆论宣导、弘扬的作用是十分巨大的。随着改革深化、经济向纵深发展，对企业家的热捧必须像美国一样，慢慢通过制度塑形、文化沉淀，使企业家精神和企业家作用的发挥有制度和文化保障，这样企业家精神就会逐渐成为社会的主流精神和主流文化，使我们的民族一直保持旺盛的创造力和持久的活力。

在经济进入新常态的今天，党中央、国务院对企业家精神的重视、对企业家精神的呼唤又迎来了一个新的起点，具体表现在：

2017年3月15日，"工匠精神"与"企业家精神"第一次写进当年的政府工作报告。

2017年9月25日，《中共中央 国务院关于营造企业家健康成长环境弘扬优秀企业家精神更好发挥企业家作用的意见》正式公布。建国60多年，党中央首次以专门文件明确企业家精神的地位和价值。这份文件激活了整个民族的创新热情，使更多的企业家涌现出来，无疑具有划时代的意义。

企业家精神在与制度环境的博弈中成长起来

企业家精神发源于生命中的不安分，但这种精神是否发育成为企业家精神，取决于一个社会的文化、意识形态、法律制度、经济结构等要素。

一个制度和文化处于转型期的社会，处在一种混沌状态，这个状态就是一种博弈的过程。我们可以用拔河来形象地比喻企业家精神的这一孕育过程。由于企业家的生命中有一种不甘平庸想做事的本能，这是一种成长的动力，而社会制度和环境开始都存在对这种精神压抑的本能，如果上升的动力战胜了制度、环境的阻力，企业家精神就不断被激活，反之则被遏制。上升的动力和制度、环境的阻力是一个此消彼长的过程，是两个相反方向的作用力，可以看成一场拔河比赛。

一个社会规则混乱、政治权力进入市场，那么企业家行为就会受到抑制，严重的情况下会窒息企业家精神。下面通过一个例子说明这个问题。

我的一个朋友从事制造业，拥有一家几千人的大企业。他完全符合我所定义的企业家，平时对物质条件没有任何追求，就是想做一番事业。他对我说，人只有今生，没有来世。

大约在2009年，他的企业所在地换了一位税务局局长。这位局长一上台，就打电话给我那个朋友，说他的企业税收有问题。朋友对我说，他知道对方打电话是什么意思，所以就约那个局长出来喝茶。先是喝茶，再是吃饭，到最高档的地方消费，最后就是唱歌，大家熟悉了就不会无故找碴儿了。用朋友的话说，最后变成了好兄弟！

我熟悉的许多企业家，他们本身根本不想和政府部门周旋，但是为了把事情做好，又不得不这样。税务局局长搞定了，如果还有这个局、那个局的局长上门，那么企业家的精力都耗费在这上面，就无心去市场上拼搏了。再一个就是当他们这样与这些人周旋时，价值观、人生观也会发生改变，以至于企业家精神不断萎缩。

一个社会的规则、环境不是一下子就能改善的。企业家精神在这些规则和环境里发育成长的过程，也是和社会规则、法律法规建设博弈的过程。如果政府意识到需要给企业家的成长创造一个宽松的环境、减少对企业的干扰，就会出台相应的政策，而这样就会进一步激发企业家精神。而企业家精神不断发育又反过来促进制度进一步完善。在深圳等发达地区就是这样。这样企业家精神成长的动力就战胜了制度、环境等对企业家精神压抑、窒息的阻力，企业家精神就在博弈中取胜。反之，落后地区则是另外一种景象，企业家精神成长的动力在博弈中输给了制度、环境的阻力，导致企业家精神不断萎缩甚至异化为寻租、强取豪夺等非企业家精神。

现在政府提出建立新型的政企关系即亲清的政企关系，如何把这一思想贯彻到实际的企业家精神孕育过程中，使企业家精神在这场拔河比赛中取胜，需要企业家和政府在实践中不断探索。

企业家精神孕育的第二个方面是：它是和经济结构转型升级相互作用的一个过程。

企业家精神能否发挥出来，取决于社会制度。正如道格拉斯·诺斯所言，制度安排在决定收益结构中起着重要作用。所谓收益结构，就是不同社会活动的相对报酬。如果生产性活动有益，那么企业家精神也会倾向于生产，带来资本的流入以及生产性活动的活跃，进而带动经济繁荣；反之则可能将各种资源集中于非生产性领域，这就可能带来收入向金字塔尖人群集中，加大贫富分化甚至社会溃败。近年来我国经济发展的现状也符合这一论断。现在的制度安排和相对报酬结构使太多人钻到了金融、资本市场，把资本市场搞得乌烟瘴气。同样的道理，前几年的公务员考试出现了万人空巷的壮观场面，一个税务局的普通公务员岗位有 4 000 多人竞争，而气象局的岗位居然没有人报名。本来公务员的工资都是差不多的，为什么不同岗位的差别竟然如此之大？原因就在于各种灰色收入导致报酬结构形成巨大差异。

中国经济近四十年的高速发展，是靠投资拉动、货币宽松政策加上国内外强大的消费需求带来的。这个时候经济的基本特征就是复制、简单扩大再生产。尤其是房地产市场持续几十年火爆，股市也是几次发疯。在这样的大背景下，人能够心无旁骛地坚持自己的追求是非常难的一件事。

我们以吴晓波在 2015 年 5 月中国股市发疯时写的一篇文章《疯了》为例，说明当一个社会炒股买房、一夜暴富像海啸一样刺激着所有人的神经时，如果你还不被冲天的海啸卷进去，需要多么大的定力。

在一个浮躁的社会里，看上去许多行业弯腰都能捡钱，辛辛苦苦办企业多年，不如在一线城市买一套房。这样的信息冲击着多少做实业者的神经。许多人从此"如梦初醒"，一下子冲进股市和房市。如果大多数人都这样，社会的价值创造就无从谈起，企业家精神也就消失殆尽。

他的文章部分摘录如下：

　　中国目前的资本市场正处在一个非理性繁荣的抛物线通道中。这应该是近十年来最大的一次资本泡沫运动，所有试图置身其外的人，都不出意外地将成为受伤者。

　　当暴风科技的涨停板记录达到 20 个的时候，至少有四位互联网老兵打电话给我："晓波兄，你能给我们解释一下吗？现在的市场到底怎么了？"当第 35 个涨停板出现之后，所有的人突然变得非常寂静了。

　　这应该是集体心理的理性防线被击穿后，由极度亢奋而导致的窒息性思维停滞症状。

在中国的互联网企业梯队中，无论是业绩还是成长性，暴风科技大概都只能排在200名以外。然而，它今天的市值已经超过了最大的视频网站优酷。中国股民对它的"热爱"，无法用理论或模型来解释。

理智——如果它还真的存在的话，已经在涨停板面前彻底晕厥倒地。闪亮亮的第35个涨停板，使得"怀疑"本身变得毫无意义，理性分析让位于身不由己的裹挟式冲动，所有的反应都发酵为攫取利益的本能：谁将成为下一个暴风科技，而那个公司会不会就是我？！

…………

来自《中国证券报》的某篇报道引用了一位资深基金经理的话，他宣布自己已放弃用大脑思考，"在资本市场，钱是最聪明的，我们做的只是尊重市场，因此，就是'无脑买入'，也要硬着头皮买进！"

…………

市场真的是疯了。

就在昨天，一位相识多年的资深投资人给我发来微信：晓波兄，我决定向市场投降。

在过去半年里，他一直矜持旁观，而现在他停止所有的美元投资，转身全数投入人民币市场。在微信的最后，他颇有点无奈地写道："对于所有的投资人来说，非理性地拥抱泡沫，也许真的是眼下最理性的经济行动。"

所以，这是另一场拔河比赛。当经济结构让投机行为有很好的回报时，大多数人就会涌向这些领域，即使许多企业家想按照自己的愿望做自己的企业，也很难耐得住寂寞。因为创新、创造是非常艰难、风险高、时间长的活动，需要克服许多常人所不能承受的艰难。如果投机性业务带来超额回报，简单的扩大再生产就能获得高额利润，许多企业家往往就在上面描述的资本市场的喧嚣中背弃自己的初心。而投入到赚快钱的领域，企业家就变成了唯利是图的商人。

所以，这也是企业家精神与商人的投机精神在博弈。如果企业家精神占上风，那么市场经济的拼搏意识、创新意识等就会成为社会的主流，这样整个社会就会通过创造价值使经济结构成功转型升级。相反，如果商人的投机精神占上风，那么整个社会的投机钻营之风就会盛行，人们就会热衷于钻空子搞关系，经济结构也一定在低层次徘徊。

上面的分析说明，企业家精神的孕育成长过程是一个和制度、环境以及相应的经济结构相互作用的过程，企业家精神成长的动力和这些因素所产生的阻力就像在拔河，此消彼长。

应该说，近十年来，我国的企业家精神有所萎靡，更多是因为经济结构低层次徘徊，资本市场充满投机，法律环境不健全，使企业家精神基本上输掉了这场拔河比赛。

这也是2017年首次把企业家精神写进政府工作报告的原因。企业家精神作为经济发展的铁律、经济发展的灵魂是在200年前就已确立的一个常识，为什么现在还要政府重新倡导呢？原因就在于此。企业家精神成长的拔河比赛图如下所示。

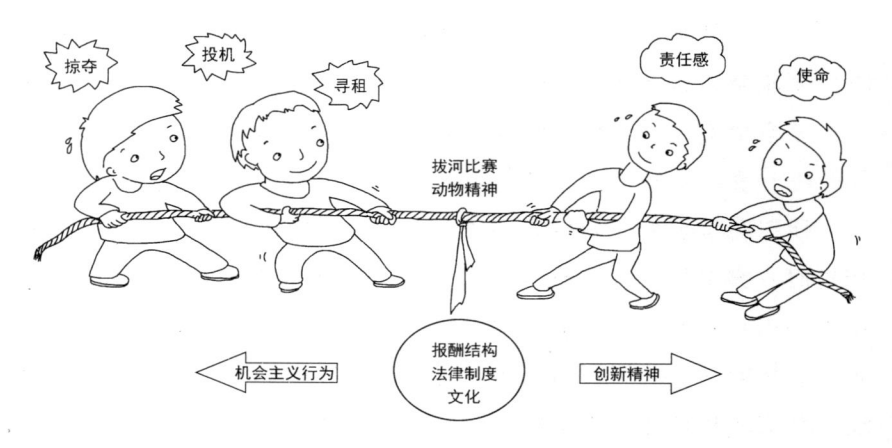

企业家精神孕育之道：内圣外王

这里的内圣外王是借用的一个词语。内圣原义指内在具有圣人的仁德，是内在的人格修炼。在这里指文化在企业家精神成长过程中的内功，当这种内功特别强大时就达到了内圣状态。外王原义是对外施行王道，指致力于建功立业。在这里指各种法律制度、经济结构、传统习俗等促进企业家精神成长的外力，当这种外力特别强大时，就达到了外王状态。

《历史上的企业家精神：从古代美索不达米亚到现代》这本书里有一个非常重要的观点：一国经济衰落的原因，与其归结为外族入侵，不如说是国家内部的政治失衡。要想构建强大的经济基础，激发经济发展的活力，首先要在制度、文化上下功夫，培养起能涵养企业家精神的环境土壤。该书认为，企业家精神是人类社会发展的灵魂，制度和文化则是涵养企业家精神的沃土。

一个民族的文化，是指该民族的人在征服世界的实践中，不断形成的决心、意志、斗志、情感等诸方面的集体心理体验，是该民族共同的精神因子，通过一代代的传承，慢慢形成了本民族的文化。

企业家精神源于动物精神，无论什么民族，这种动物精神在开始阶段都不应该有大的差别。之所以后来差别巨大，就是因为各个民族的不同实践而形成的不同文化，导致激发企业家精神的内力各异。

世界各民族文化中，在激发人的斗志，激发人永远进取、永不满足的精神方面，我认为能够称得上内圣的，只有中华民族的传统文化！

中华民族五千年的历史从未间断，文明从未消失，历史上也曾经多次创造繁荣昌盛的高峰。

改革开放短短几十年，在比较宽松的制度、环境下创造了世界经济的奇迹，就是再清楚不过的证明，中华文化对企业家精神具有内圣的地位。

五千年的中华文化，是人类文明长河中一颗璀璨的明珠，其内容博大精深，能够对企业家精神起到极大的催化作用。

我们的文化中有许多美丽的传说和神话故事，例如女娲补天、愚公移山、夸父追日、嫦娥奔月等；还有许多诗词歌赋，既有异想天开的想象，又有催人奋进、给人自信的篇章；还有许多不畏艰难险阻、敢于打破旧世界的小说，例如《西游记》和《水浒传》等。

中华文化还有一个显著特点，就是把一些有利于激发人们顽强拼搏、努力进取的理念形成了儒释道等系统的哲学伦理，人们通过学习，慢慢获取精神营养。这些恰恰和企业家精神非常吻合。例如，"故天将降大任于斯人也，必先苦其心志，劳其筋骨，饿其体肤"，这是要人吃苦耐劳、经受磨难；"天行健，君子以自强不息"，这是流淌在每个中国人血液中的精神因子；"生于忧患，死于安乐"，这种忧患意识使人日夜劳作，永不满足；"一粥一饭，当思来之不易；半丝半缕，恒念物力维艰"，这种感恩意识使人深知唯有劳作不止，才有幸福的生活；"韬光养晦""以德报怨"，使人目光长远，心胸宽广。以上这些通过几千年的传承和潜移默化，已经形成了整个民族共同的精神因子，变成了传统文化的内核。中华文化在激发人的斗志、毅力，使人志存高远等方面没有任何文化比得上，达到了内圣的地步！

在激发企业家精神的巨大作用方面，同样值得称道的还有日本文化。

日本从 7 世纪开始学习中国，早在明治维新时期，实业之父涩泽荣一就把士魂商才确定为日本企业家的理想人格。士魂商才的意义就是，人要立足社会，为人处世一定要具有武士道精神，经济上必须有商才。武士道精神源于日本镰仓幕府时期，核心就是"名，忠，勇，义，礼，诚，克，仁"八个字，这和儒家文化所倡导的基本一致。

日本明治维新以后，一大批企业家成长起来就是这种文化孕育的结果，其文化的内力十分强大，日本经济竞争力一度超过美国绝不是偶然的。

我们都知道，日本文化的根在中国，日本文化能够产生巨大的激励作用，也可以从侧面看出中华文化的巨大内力。

美国文化在激发企业家精神方面的功力如何？马克斯·韦伯的《新教伦理与资本主义精神》揭示，清教徒勤俭节约、艰苦奋斗的精神是西方资本主义获得快速发展的重要原因，从历史表现来说，在激发企业家精神方面功不可没。

文化一般有两个基本作用：激励与约束。新教伦理在激发人的奋斗精神方面的作用有目共睹，对人的约束作用也很大。基督徒必须听从神的命令，必须行公义，好怜悯。类似的价值观在我们的传统文化中比比皆是。但是我们必须承认，改革开放以来我们的奋斗精神得到了极大的发挥，但敬畏和约束的文化内涵没有很好发挥出来。

清华大学孙立平教授讨论中国未来经济发展潜力时说：

从长远看，中国经济是不可遏制的，最后可能美国、欧洲都敌不过中国经济。

为什么？不用看别的，就看这十几亿人口，每个人的眼睛里都闪烁着那种欲望甚至是贪婪的光芒。就这一点，你就知道谁也弄不过。内心没信仰，行为没底线，什么都不要，就一个字"钱"。很少有一个民族能在经济上比得过这样的民族。

大家可以想想，生活我们可以不要，休息我们可以不要，家庭我们可以不要，环境我们可以不要，什么都不要，就要钱。行为还没底线,别人不敢干的事我们都敢干。

从长远来说,什么东西起作用?就这个东西起作用!改革开放三十年中国经济快速发展,你说什么东西起了作用?我觉得最根本的动力就是唤醒了人们的这种欲望。

....

所以从长远来说,什么东西起作用?文化,国民性。

中国所发生的经济奇迹,与中国人愿意吃别人所不能吃的苦、受别人所不能受的罪的文化基因密切相关。而改革开放释放了一定的自由空间,使这种奋斗精神得到了极大的发挥。

相比之下,传统文化中的约束作用没有很好地发挥出来,所以这种奋斗精神很容易就演变为贪婪无度,没有底线,为了达到目的不择手段,进而演变为疯狂的拜金主义,导致成王败寇的风气盛行。前几年电视相亲节目中就有女士"宁在宝马车里哭,不在自行车上笑"这样不理智的现象。

不可否认,中国传统文化中约束人,讲究责任、担当的精神是非常丰富的,可以说也是任何一种文化都比不上的。

例如,传统文化中的"君子爱财,取之有道","穷则独善其身,达则兼济天下","君子喻于义,小人喻于利","士不可不弘毅","天道无亲,常与善人","勿以恶小而为之,勿以善小而不为"等思想,是非常有利于有责任和担当意识的企业家成长的。但明清的封建专制统治者为了维护自己的统治,借助传统文化的教义,"满口仁义道德",最后实际上导致了如鲁迅先生所说的"吃人"的结果。封建统治阶级为了维护自己的专制统治,歪曲、摧残了传统文化中的"义""士""道"的精神,而士大夫这个精英群体在专制压迫下不得不蜕化为苟且偷生的奴才。明清时期的封建专制僵而不死,对传统文化的阉割十分严重,以至于每当民族危亡的时刻,我们就要算传统文化的账,就要砸烂孔家店。其实,我们应该砸烂的是封建专制统治制度,是这样粗暴的制度摧残了传统文化，也摧残了我们的民族，而不是传统文化摧残了我们的民族。封建专制这样一个外力把传统文化蕴涵的巨大能量窒息了。

目前，传统文化在孕育企业家精神方面需要解决三个层面的问题：第一，虽然传统文化的源头是非常清澈的，但是几千年封建专制的阉割、扭曲，使文化的河流受到污染。如何清除这些污染？第二，文化源头非常丰富，儒释道并存的多源头文化体系，能否提炼出一套系统的核心价值观，以便于企业家群体传承和学习？第三，传统文化如何和世界文化融合，焕发出新的生命力？

所以，弘扬传统文化也是一个不断创新的过程，和企业家的实践是一个相互作用、相互促进的过程。

新教伦理之所以对企业家成长起到非常大的作用，原因在于这种伦理已经达到了信仰的高度，形成了全社会普遍的精神契约。

信仰是一个精神体系，起源于敬畏，并由敬畏建立深层次的精神内涵。一般通过某种仪式长期坚持下来就形成了自己的信仰。同时，信仰也是一个理论体系，是个系统化的前后逻辑一致的体系，使人能够系统地学习、传导从而达到信仰的地步。

中华文化无疑是一个博大精深的信仰体系。但是，怎样使这种信仰成为企业家甚至全社会普遍的精神契约，使传统文化在企业家精神孕育过程中真正起到内圣的作用？

首先，要从娃娃抓起。把传统文化的精髓形成体系化的范本，通过诵读、吟唱等形式，让孩子在生命开始就接受义、道、诚信等信条，慢慢形成普遍的价值观。古代的私塾教育在这方面有比较好的效果，我们需要在这方面推陈出新，继续尝试和摸索，使传统文化的信仰在孩子很小的时候就渗透到他们的生命中去，就如西方的孩子很小的时候就参加宗教仪式一样。

其次，把传统文化普及作为基本的国策固定下来。在各种场合，通过各种形式把传统文化中具有普世价值的内容广泛传播，不懈宣传，慢慢浸透到人们的思想和灵魂中去。现在党中央一直强调要弘扬优秀的传统文化，这是非常及时的，也是改革开放发展到今天的必然要求。

如果传统文化中的责任、担当、道义、敬畏等精神慢慢成为社会主流精神，更多的人成长为企业家，社会就会走上可持续发展的道路。

文化是企业家精神发挥的前提，但不是充分必要条件。仅有这个前提并不够，还必须有作为外王的诸多因素才能真正把企业家精神激发出来。

在诸多激发企业家精神的外力中，对企业家产权的保护具有十分重要的地位。现在一般人都认为第一次工业革命的爆发是由于蒸汽机的发明，但没有人问蒸汽机是怎样发明的。制度经济学家诺斯对当时地中海地区的经济制度进行考察时发现，当时产权保护制度的出现极大地激发了人们创新的积极性，蒸汽机恰恰是这种产权保护制度的产物。所以，作为外力的产权保护制度其作用是非常巨大的。

对中国企业家而言，还有一个更重要的——对其财产权的保护，《意见》第二条对企业家各种权益的保护规定得非常具体：依法保护企业家财产权，依法保护企业家创新权益，依法保护企业家自主经营权，建立依法平等保护各种所有制经济产权的长效机制，建立因政府规划调整、政策变化造成企业合法权益受损的依法依规补偿救济机制等。

因政府政策变动造成企业家的损失可以依法获得补偿，这在历史上是头一遭！如果这些保护和尊重企业家权益的制度都能得到贯彻落实，我们有理由预见不远的将来，我国激发企业家精神的各种外力的作用会越来越显示其威力。

纵观世界各国市场经济发展的百年历史，在激发企业家精神方面，美国的各种外力相对来说达到了外王的地步，市场自由竞争的秩序得到了保护，企业家爱自由的天性得到了很好的释放。日本在文化的内圣方面极具威力，而在外王方面总体上处于比较保守的地步。日本市场的自由度一直不高，企业之间相互交叉持股、银行对企业实施控制等，使得外力对企业家精神的发挥产生了抑制作用，远没有达到外王的状态。在战后美国大力扶持的条件下，内圣的作用很好地发挥出来，从而创造了经济奇迹；而当外部环境逆转时，内圣就无法发挥其应有的作用，导致日本的企业家精神萎靡不振。

除了以上因素，一个民族的传统、习俗也会对企业家精神产生影响。例如中国人甚至亚洲人，家族的传统特别重，家族的认同感非常高。中国人还很重义气，桃园三结义的故事让一代代的中国人津津乐道，但重义气的结果是契约意识不强。这些传统对企业家精神的成长也会产生影响。本篇最后一章就将讨论这些传统习俗对企业家精神成长的制约作用。

综上所述，在内圣、外王的框架下，可以看出我们弘扬企业家精神的努力方向。从内力来看，就是要把传统文化中的责任担当精神、敬畏意识转化为整个社会主流的价值观，使士大夫精神，也就是齐家治国平天下的家国情怀，在新的历史时期进一步发扬光大。从外力来看，就是改革可能窒息和异化企业家精神的各种制度，保护企业家进行创新的积极性，规范企业家与政府的关系，这样企业家永不满足的天性就会得到很好的挥发，同时会进一步巩固企业家的责任和担当意识，使更多的企业家在内力和外力相互作用的过程中涌现出来。只有这样，作为内力的文化和外力的各项制度等要素在孕育企业家精神的过程中才能发挥内圣外王的威力。这是弘扬企业家精神的根本之道，也是进一步深化改革的必经之道。

我们把孕育企业家精神的内圣和外王的各种因素，用一幅图表示如下。

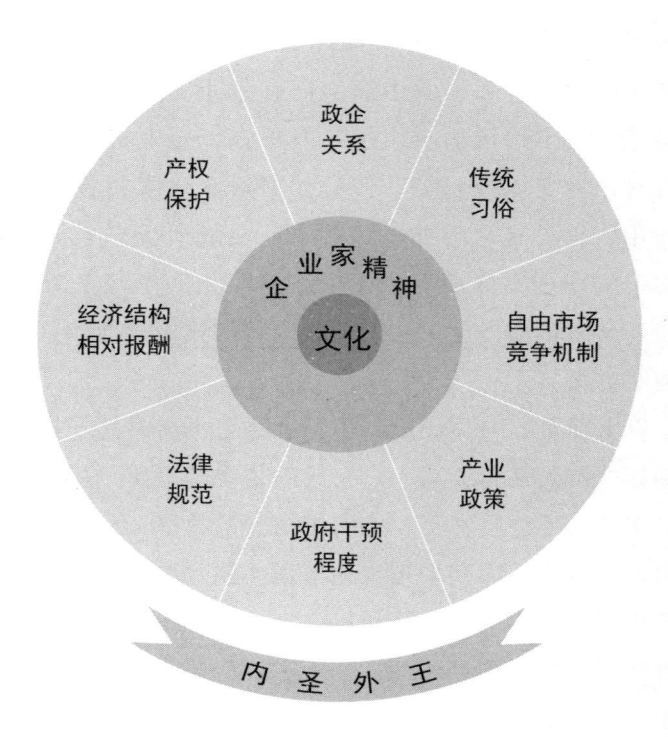

企业家精神

政企关系

传统习俗

产权保护

自由市场竞争机制

企业家精神
文化

经济结构相对报酬

产业政策

法律规范

政府干预程度

内圣外王

第七章
打破企业家成长的路径依赖

家族亲情与企业家成长的瓶颈

家族企业是一种古老的企业组织形态,虽然历史悠久,却有着"富不过三代"的生命周期。中国改革开放几十年,家族企业得到了空前的发展,但大多数家族企业都在小规模、低层次的水平上徘徊,制度约束效应不断显现,导致企业发展缓慢甚至解体。

浙江远东皮革集团有限公司(以下简称远东皮革)是典型的家族企业,创业初期家族成员围绕市场"抱团打天下",在这个过程中,个人的信誉和家族的亲情等非制度因素占主导地位。在这种"家""企"不分的治理结构下,亲情成为维系企业安定团结的重要砝码。但是后来企业内部家族成员各自组成利益集团争夺控制权,利益的驱使导致企业分崩离析、兄弟水火不容,最终到了对簿公堂的地步。

远东皮革的成立与发展

远东皮革成立于1994年2月,由王敏及其兄弟姐妹以股份合资的形式创办,专业生产猪皮革。当时几人的投资比例是:王敏30%,王怀20%,王楚20%,王萍20%,剩下10%留给他们的父母作养老之用。公司成立之后的十年里,王氏家族内部分工明确。王敏的弟弟王怀负责皮革厂的管理,姐姐王萍负责财务,其他家庭成员也各自分工负责。在全家人的努力打拼下,企业迅速成长:2001年,远东皮革成立了艾莎工厂;2003年,远东皮革正式进军鞋业；2004 年，园区 1.4 万平方米的厂房建成，家族企业资产超过 1 亿元；到 2005 年，远东皮革已经成为世界规模最大的猪皮革产销企业，在浙江拥有 2 座先进的皮革加工基地和 1 座现代化工业园，年产优质皮革 2 000 多万平方米，产品远销世界 60 多个国家和地区，并成为众多世界品牌和国内品牌的首选皮革原料，与多家世界 500 强企业建立了业务合作关系，王敏也由此成为世界知名的"皮革大王"。至此，远东皮革已然成为行业的龙头老大，成为一家以皮革制造为主业，涉足鞋业、明胶、地产等领域的综合性企业集团，下辖 13 家成员企业，总营业额突破 20 亿元大关。远东皮革名列中国民营企业 500 强，集团总资产达 12 亿元。此外，公司还在 2005 年先后荣获中国民营企业 500 强、浙江省出口创汇先进企业、中国鞋都功勋企业等荣誉称号，并成为中国皮革协会副理事长单位，中国国家猪皮革行业标准唯一起草单位，中国首批 12 家"真皮标志环保皮革"企业之一。

公司内部治理情况

据王氏兄弟的父母介绍，创业开始后的十多年中，远东皮革创造的所有利润都只是单纯地再投入以扩大经营规模，并没有拿出部分利润按股份比例进行分红，采取的是传统大家庭"不分利，按需分配"的大锅饭式分配办法。而且，由于是以家族形式建立的企业，远东变革的内部也没有明文的规章制度和规则来确定控制权和收益权的分配。创业初期，家族各个成员都凭着一腔热情和对整个家族的归属感为企业鞠躬尽瘁，构建起一种靠亲情、血缘关系维系的内部治理结构。

随着远东皮革的不断发展壮大，考虑到今后事业发展的需要，王敏把集团总部迁到广州，并将浙江的事务交给姐弟打理。之后，王敏又试图将远东皮革这个家族企业逐步过渡到现代企业，2005 年开始在集团内部推行现代企业管理制度，并聘请职业经理人参与管理和改革。从此开始，远东皮革的家族利益纷争正式拉开了帷幕。王敏本人也一直认为是他对企业的改革触犯了其他人的利益，为家族的分裂埋下了隐患。王敏称其在广州的 2 年时间里接触到很多世界 500 强企业，发现它们的管理非常规范。反观他们的家族企业，总经理后面有妻子，妻子后面有亲戚，每个人都想在企业管理中插一手，十分混乱。他还说自己是个重感情的人，自己好了，绝对不会让兄弟吃亏。可是就在 2005 年 3 月，王敏却擅自任命其妻林秉珍为公司副总裁，管理企业的财权，打破了家族创业时的约定——家属不参与高层管理。此后王敏又因为其弟王怀与世界 500 强企业比利时 PB 公司进行合资生产明胶的谈判前，未向身在广州的自己汇报而大为光火，独断专行地对外宣布停止温州公司一切对外业务和经济活动，并截留、抽走了 1.5 亿元流动资金，造成当年在温州的几家企业 8 000 万元欠款和 2.2 亿元银行贷款无法偿还，使这几家企业到了濒临破产的边缘，兄弟间的矛盾逐渐尖锐。

2006 年 1 月，王敏提出要对原 30% 的股份进行调整，改为拥有 51% 股权，并将原属整个家族全体股东所有的广州鞋厂和另一处土地独归他个人。由于遭到姐弟的强烈反对，最终未能成功。恼羞成怒的王敏多次向当地政府及银行、公安等部门举报家族企业的各种罪行，还在公众场合散发传单，试图破坏在温州主持公司工作的其弟王怀的公众形象。

2006 年 11 月，王敏委托律师对集团在浙江的 5 家企业——浙江远东皮革有限公司、温州远东皮革有限公司、平阳远东塑革实业公司、温州远东房地产开发有限公司以及温州艾莎皮革有限公司进行资产核查。核查结果是：这 5 家企业的注册资金总额为 10 291.8 万元，总资产 3 亿元，年进出口额 12 亿元。但此时王敏却发现，自己在这些企业的 5 000 万股股权早已被全部更改，完全转移到其弟王怀、王楚和姐姐王萍等人名下。经过调查他得知，这些变更资料均系伪造，连王敏的亲笔签名都是假冒的。此时，从法律意义上说，王敏已经不再是这些企业的股东，在这5家被侵占的企业中已一无所有。不仅如此，王敏还称，他的律师通过调查发现，王怀等人早在2005年就开始在荷兰、美国挪用公司资产注册公司、购买土地房产以便申请投资移民，并将子女送到美国留学。同时，他们还将公司资产转到个人名下，在越南开设工厂。他认为，王怀等人甚至已为东窗事发准备了后路。对于此事王敏非常愤怒，于是同年12月15日，王敏以王怀、王楚、王萍等人涉嫌职务侵占罪的案由，向温州市公安局经侦支队报了案，警方开始介入此案的调查。远东皮革的家族利益纷争由此浮出水面，由一场家族内部的利益争夺演变为暴露在公共媒体上的"豪门生死战"。

王敏报案后，其弟王怀12月21日写了一份《重大错误事件解释》，称"由于银行贷款的压力，你无法回来签字，才造成一些错误的安排"。2007年1月4日，王敏与王怀等人签订了一份《王氏家族股东协议》，确认王敏在远东皮革创始人的地位，并自动出任董事长、总裁和法定代表人，明确王敏在王氏家族企业中的持股比例为51%，并且确认集团的"FAREAST+图形"商标归王敏个人所有等。随后，王敏向温州市公安局申请撤销案件。但上述协议并未呈送工商局更正。对于撤案的理由，王敏坚称是"撤回举报是由于受到父母的压力，不是因为举报不实"。2007年3月，王怀等人邀请王敏赴温州参加董事会会议。当天下午，到了父母在温州市区的家中后，外甥陈鼎等5人突然从房间里冲出，将王敏用绳索捆绑后送至温州精神病医院。顷刻之间，昔日的"皮革大王"成了"精神病人"。王敏一直坚称自己并没有精神问题，并认为其亲人做出这种行为的根本目的是造成王敏患有精神病的既成事实，让他失去民事行为能力，进而侵吞远东皮革的所有财产。2007年3月12日，在其妻子林秉珍与医院方面严正交涉后，院方才同意王敏出院。至此，王敏正式与家人决裂。之后王敏多次向法院提起上诉，状告的对象有平阳县公安局、平阳县对外经济贸易局、温州市工商局等部门，认为这些部门在办理股权转让相关手续时"存在重大失职，行政不作为，违法办事"。对于将儿子送进精神病医院的行为，王氏兄弟的父母解释道："由于他屡次出尔反尔、行事出格，作为父母，我们只得求助医生对王敏进行心理治疗，经中国心理学专家汪先苓教授多次检查治疗，认定王敏患有中度忧郁症，建议休养治疗。由于他不配合，结果不了了之。2007年3月，他再次发病，丧失理智，扬言要杀死兄弟并放火烧毁厂房。事态发展到一触即发的危急关头，为了避免家族的流血悲剧发生，在万不得已的情况下，我俩只好采取强制的办法将他送进精神病医院……"

2009年，遭遇了一系列重大变故的王敏决意将户口从温州平阳迁到他工作生活了十几年的广州。前往平阳县公安局办理户口迁出手续时他发现，在公安局出具的《户口迁移证》上备注一栏赫然印有"王敏已办理二代身份证。签发机关：平阳县公安局。签发日期：20060413"的字样，而自己从来没有申请办理过二代身份证。联想到自己股权被变更的时间正是2006年5月，王敏便推测有人偷天换日，冒领了自己的二代身份证，并拿着身份证去工商局做了股权变更手续。由于工商局要求股权变更登记必须股东本人到场，因而王敏判断：肯定是王怀在其担任平阳县公安局户籍科科长的大哥王伟的帮助下，偷天换日冒领了王敏的二代身份证，然后拿着身份证去工商局做了股权变更手续。于是5月14日王敏前往平阳县公安局将自己的户籍资料打印出来。果然不出所料，王敏二代身份证上的头像是王怀。2009年，就身份证冒领一事王敏将平阳县公安局告上法庭。2009年6月及2010年3月，王敏诉平阳县公安局违法发放王敏一代身份证和二代身份证案件分别开庭审理，这桩12亿元资产引发的豪门生死战在法庭上展开了激烈的辩论，"远东皮革兄弟股权纠纷"的"豪门恩怨"再燃战火。

时间		事件
2005年	3月	王敏在企业内部引进职业经理人,推行现代企业制度,同时任命自己的妻子为公司副总裁,掌握财权。
	不祥	王敏因其弟王怀没有及时汇报和比利时PB公司的合作业务而大为光火,停止温州公司一切对外业务和经济活动,并截留、抽走了1.5亿元流动资金,造成当年在温州的几家企业8 000万元欠款和2.2亿元银行贷款无法偿还。
2006年	1月	王敏提出要对原30%的股份进行调整,改为拥有51%股权,并将原属整个家族全体股东所有的广州鞋厂和另一处土地独归他个人。由于遭到姐弟的强烈反对,最终未能成功。王敏采取多种行动打击报复。
	4月	弟弟王怀在王敏不知情的情况下,去公安局冒领王敏的二代身份证。
	5月	王敏所持浙江5家公司5 000万股股权在其不知情的情况下被转移至姐弟名下。
	11月	王敏在对浙江的5家公司进行资产核查时,发现了自己的股权被转移的事实。
	12月	王敏以王怀、王楚、王萍等人涉嫌职务侵占罪的案由,向温州市公安局经侦支队报了案,警方开始介入此案的调查。其弟王怀随后写了一份《重大错误事件解释》阐述缘由。
2007年	1月	王敏与王怀等人签订了一份《王氏家族股东协议》,确认王敏在远东皮革创始人的地位,并自动出任董事长、总裁和法定代表人,明确了王敏在王氏家族企业中的持股比例为51%。随后,王敏向温州市公安局申请撤销案件。
	3月	王怀等人邀请王敏赴温州参加董事会会议,却将王敏用绳索捆绑后强行送至温州精神病医院,随后王敏在妻子与院方交涉后出院。
2009年	4月	王敏准备将其户口迁往广州,却发现了自己的二代身份证被冒领,其后就此事将平阳县公安局告上法庭。
	7月	王敏诉平阳县公安局案判决王敏胜诉。
2010年	3月	王敏诉平阳县公安局违法发放王敏二代身份证一案在温州市平阳法院开庭审理。

在这起家族企业的利益纷争案例中,当事双方各执一词,王敏坚持认为自己的亲兄弟算计了自己,包括冒领身份证、股权转移和

强行送他到精神病医院。他觉得这是其姐弟一场巨大的"阴谋",目的就是要侵吞他一手创建的远东皮革的所有财产;而其兄弟及父母则认为王敏才是造成家族纠纷的始作俑者。他贪图企业的控制权,先让自己的妻子掌握财权,又试图侵占其姐弟在家族企业中的股份比例,想要把当初大家齐心协力创办的企业归为自己个人所有。王敏的父母甚至在网络上公开发表言论,细数王敏的种种恶行,并称是因为"忽视了子女各已自立门户的事实,没有遵循'亲兄弟明算账'的古训",才导致了这样的局面。

纷争从2005年至今持续多年,但仍没有得到完满的解决。正如王敏所说:"曾经,远东皮革的商标价值过亿元。不用任何抵押,公司就可以从4家商业银行获得3 000万美元的贷款。如今,一切都成了过眼云烟。"曾经如日中天的家族企业开始崩塌,产值下降,税收锐减,企业和家庭都遭受了重大挫折。

家族成员争强好胜,控制权争夺惨烈

集权情结作为一种控制的欲望,几乎是一种普遍的人性倾向。即使是发达国家的家族企业,家族的控制欲望也很强烈。根据Raymond研究机构的调查,2002年美国家族企业CEO的构成中,家族成员高达93.7%(其中有血缘关系或收养关系为79.8%,有姻亲关系为13.9%),上市家族企业董事会中有5~6名家族成员的占比高达63.6%,而有87.8%的企业主相信未来5年企业仍将掌握在控制性家族手中。在有家族主义传统的国家,企业主的集权倾向更为强烈。

可以说以家族形式创立企业往往是因为不愿意将控制权让与外部人员,所以从外部将家族作为一个整体来看时,控制权是集中的。此时,如果家族成员齐心协力地为企业打拼而没有个人利益的冲突,企业的控制权便处于一个相对比较稳定的状态。相反,如果家族企业内部各成员的控制欲强,不满足于和其他成员分享企业的收益和权力,那么企业内部往往就会出现各种利益集团争夺控制权,严重的将导致企业瓦解。

在远东皮革的案例中,从各方收集的资料以及采访谈话中不难看出,王敏是一个控制欲很强的人。在访谈中他多次出现这样的语言:"我这人做事就是想做大,做到别人没有办法达到的高处","我做每件事都能做成功,而我三弟做事跟别人做,老是失败","我只身闯荡,到外面闯出了一片天地,把整个市场都打开了"……过分地强调自我虽然凸显了王敏超常的自信,同时也暴露了其强烈的对企业的掌控欲。他认为远东皮革能走到今天,都是因为他的带领,是他为企业鞠躬尽瘁,利用才能闯出了一片天地。不可否认,企业家精神在一个企业的发展过程中起着至关重要的作用。王敏从小就敢于打破权威、自信、有能力,他的作用在远东皮革的发展壮大过程中不容小觑。但是同时因为他强烈的自我意识,并且担心父母姐弟对自己作用的不认同或者说认识不足,王敏对控制权的丧失又有着很强烈的担忧。谈话中他曾提到,弟弟王怀更改股权、和其他企业合作都是为了达到架空他的目的,弟弟是为了争夺整个企业的控制权才对他发难的。

实际上,王敏2005年打破家族成员在企业创立时的约定,擅自任命其妻子为公司副总裁,并让其掌握财权,已经说明了他对控制权的渴望。而且据其父母透露,王敏曾经声称自己是公司的唯一创始人,遭到姐弟的反对后心存不满,采取了一系列报复行为。

对于各个子女对企业的贡献,王敏的父母也有自己的看法:"二子王敏是我们远东皮革的旗帜,十多年来是他领航,迎风浪,闯险滩,运筹帷幄,含辛茹苦,对企业有着巨大的贡献,功不可没。但同样,一起创业的三子王怀配合其兄,反应敏锐,足智多谋,应对有方,智不可缺;四子王楚对企业管理费劲心血、事必躬亲,勤劳不可少;长女王萍爱厂如家,尽职尽力,忠诚不可无。是他们四人共同创造了'兄长带头、姐弟合作'成功创业的民间神话。王敏是领头人,但不是救世主,是众人抬竹排,他在前兄弟在后,两者仅差三步之遥。"父母认为远东皮革的成就不能归功于王敏一人,兄弟们也不赞成将企业的绝对控制权给他,这恰恰是王敏所担心的,之后的一系列冲突和纷争都是围绕控制权的争夺而展开的,并且冲突愈演愈烈,到了亲人之间水火不容的地步。

没有规则的亲情摧毁了大有前途的企业家

家族企业作为一种自发的制度安排,在全世界范围内都是一个普遍存在的现象,说明家族企业必然有其存在的效率、合理性。在家族企业中,家族成员所有权与控制权两权合一,家族成员既参与企业经营管理,又参与剩余索取权分配,所以家族企业中的家族成员有动力经营好企业,这使得企业面临逆向选择和道德风险的可能性大大降低。不仅如此,由于血缘关系的维系,家族成员对家族高度的认同感和一体感,使其对家族产生了一种神圣的责任,这使得家族成员为家族企业工作都是"各尽所能,各取所需",不计较自己付出的劳动和获得的报酬是否处于合理的比例关系,从而使企业成员间的交易费用大大降低。

但是随着企业规模扩大,成员的关系及组织结构日渐复杂,传统的伦理规范往往就会失效。利益集团分化后,各方想要获得控制权却无章可循。在一个没有约束力的合同或约定的前提下就会出现"公说公有理,婆说婆有理"的情况。远东皮革的情况就是典型:在企业创立时没有建立有效的制度和议事规则,没有事先约定对企业控制权的分配方案。到了后期,企业取得了一定的成就,对于控制权和收益权的分配出现了不同意见,此时伦理规范已经无法起作用了,无明文规则下的利益争夺使得企业的运作效率下降,交易成本上升。

家族企业只有在分崩离析之后才会意识到规则的重要性,而在这之前总是认为亲情能够替代规则,能够战胜一切。所以,纵观世界家族企业发展史，那些真正走得长远的家族企业，并不是因为亲情多么浓厚。恰恰相反，是在企业发展初期就充分认识到亲情在许多情况下可以提高企业的效率，但永远代替不了规则，只有在比较明晰的规则约束下，亲情才能发挥它的优势。所以，事后诸葛亮往往为时已晚，家族企业主必须拨开亲情的迷雾，无论是企业发展的初期还是发展的大好时期，都要认识到这一家族企业发展的普适规律，避免走进历史的泥潭，导致亲情丧失、企业凋敝的可悲下场。

今天，远东皮革已经不复存在。当年的企业家王敏现在在广州为了生计经营着一个规模很小的企业。

西方有篇产权心理学文献通过问卷调查，研究不同文化背景下的人对财产这个词的心理反应。西方文化背景下的人一看到财产这词，首先想到的是效率、效果、交换。东方文化背景下的人首先想到的则是继承、向别人表明身份等。从这里可以看出，东方人对财产更重视占有、控制。所以，在东方人看来，把所有财产在死之前全部捐给慈善结构简直是不可思议的事。

这种对财产的认知传统或者说意识形态，是东方人在合作过程中的一个重要变量。从本案例看，就是对财产有极度的控制欲最终导致公司解体。远东皮革给我们提供了活生生的教材。

重义气轻契约的传统断送了企业家的前途

黎鸣在《中国人性分析报告》一书中，对文化传统和传统文化做了一个非常好的区分。传统文化是一个民族在长期改造社会和自己的过程中不断积聚的精神素养；而文化传统是一个民族在长期的生活中形成的集体行为方式、认知习惯以及由此形成的一套伦理体系，例如几千年基于血缘的信任传统。费孝通把中国式的信任形象地比喻成水波，最里面的内核层是家族，次之是亲缘、学缘等。它的特点是在一定范围内，重哥儿们义气，轻契约精神。这种义气在遇到复杂环境时就会变味,成为阻碍公司发展的桎梏。以下案例就是最典型的重哥儿们义气、轻契约精神而毁了一个企业家的生动写照。

雷士照明的背景

雷士照明有限责任公司(以下简称雷士照明)成立于1999年。公司的主营业务是生产专业照明电器与电气装置产品,产品涵盖商业照明、家居照明、户外照明、智能照明、雷士电工和光源电器六大种类六十余个系列数千个品种,为客户提供全方位的照明与电气装置项目的产品配套、客户服务和技术支持。公司自成立以来,销售业绩保持高速增长,每年以80%的速度递增,创造了连续八年高速增长的奇迹,在业内以"雷士速度"而闻名,现已成为行业第一。近年来公司积极拓展海外市场,引进国际资本,与机构投资者展开合作。

对于雷士照明来讲,2012年5月25日是一个匪夷所思的日子,创始人吴长江由于个人原因辞去了在雷士照明的一切管理职务。失踪将近两个月后,7月13日,雷士照明重庆总部、惠州基地、万州基地等地的员工开始进行规模浩大的停工行动,工厂里满眼都是深情的"挺吴"横幅:"灵魂领袖吴总掌舵,复兴家园指日可待","热烈欢迎我们的精神领袖归来"。之后供应商也停止供货,经销商、供应商和员工又一次站到了吴长江一边,这是继2005年后又一次"逼宫"事件,而这一次的矛盾聚焦于创始人与机构投资者。在上一次控制权纷争之后,处于扩张期的雷士照明资金极度短缺,雷士照明与机构投资者就此开始了合作之路。

机构投资者闪亮登场

与软银赛富闪电"结婚"

2005年,吴长江和一起创业的两个同学在公司发展战略、控制权分配等问题上产生严重分歧。三人商定吴长江出局，另外两人继续经营雷士照明。但在公司员工、供应商和经销商的突然袭击下，另外两人被赶出了公司，而吴长江留了下来。不仅如此，他们还通过把自己的房子拿去抵押为吴长江贷款、延缓公司的货款等措施，帮助吴长江渡过了难关。虽然这场控制权纷争事件最终以吴长江的胜利而告终，但也给雷士照明造成了重创，与吴长江一起创业的另外两位股东各自拿走8 000万元，使雷士照明资金严重不足。2005年，雷士照明与叶志如、亚盛投资总裁毛区健丽、"涌金系"掌门人魏东的妻子陈金霞、优势资本总裁吴克忠、个人投资者姜丽萍等多方合作，融资将近900万美元，但资金缺口仍比较大。

吴长江心想，光靠一些个人投资者无法融得所需要的资金，要想扩大规模必须依靠强有力的机构投资者。2006年某一天，在一个朋友的引荐下，吴长江和软银赛富的首席合伙人阎焱在深圳五洲大酒店进行了第一次见面。或许由于都是工科出身，而且学的都是飞机制造专业，两人聊得非常愉快。吴长江非常坦诚，如实告知自己的困难并坚持头几年公司盈利必须用于公司再投资，以早日上市。双方一拍即合，一小时后这桩交易的框架便成形了。软银赛富2 200万美元到账，并获得了雷士照明约35.7%的A类优先股，雷士照明与软银赛富就这样闪电"结婚"了。

不过软银赛富也有一定的约束，在每年的绩效、资金、转让限制、优先股购买权、赎回权等方面做了明确的要求。比如在赎回权的协议中规定，如果雷士照明未能在2011年8月1日前上市，软银赛富有权要求吴长江回购投资股份，并支付投资累计利息。这一下子把吴长江推到了风口浪尖上，也算是一场赌局！接着，强势的雷士品牌也换来了3亿多元的贴息贷款，加上专卖店急速回款，雷士照明的资金流问题得到了基本缓解，度过了股权纷争的困难时期。

资本之路的"蜜月期"

与软银赛富"联姻"后，公司重新进入发展轨道，以成为世界第一为目标，不仅在技术方面努力做到行业第一，而且积极拓展海外市场。

在国内市场，风险投资的助力推动着雷士照明加速发展。随后雷士照明斥巨资在广东惠州、山东临沂、重庆万州三地建立大型产品生产基地，完成全国产业布局。雷士照明成功并购了专注于中低端市场的惠州世代照明，完善自己的产品线，同时相继挖到飞利浦照明原销售和工程总监等一批职业经理人加盟。在国外市场，雷士照明在2006年建立海外营销系统，驾轻就熟地将"运营中心＋品牌专营"模式复制到境外市场。软银赛富投资后，吴长江也尝到了融资的好处。2008年，为增强技术能力，公司以现金＋股票的方式收购了世通投资有限公司。由于现金不足，再次融资。在该次融资中，此次风波的另一个机构投资者——美国高盛集团向雷士照明投入3 656万美元，软银赛富追加投资1 000万美元。

有了两大机构投资者的助力，雷士照明可谓如虎添翼，几方展开亲密合作，共同造就了雷士照明的另一个巅峰。在公司治理方面，吴长江坦言，引进国际资本更在于资本背后的资源，国际资本为雷士照明制定规划提供咨询服务，为探索市场经济条件下的企业现代化提供了保证，推动了企业制度的变革，从而提升了雷士照明管理和经营的各种能力，增强了与国际企业抗衡的竞争力。而雷士照明也实现了对软银赛富的承诺，2010年成功赴港上市，双方的联系更加紧密了。

创始人被资本架空

引进软银赛富之时，吴长江的股权比例为41.79%，高于软银赛富的35.71%，占有优势。高盛投资和软银赛富追加投资后，吴长江的持股比例被稀释，因而失去了第一大股东的地位，持股34.4%；而软银赛富则因先后两次投资，持股比例超过吴长江，达到36.05%，成为第一大股东；高盛以11.02%的持股比例成为第三大股东。完成对世通的收购之后，吴长江的持股比例被稀释至

29.33%，依然低于软银赛富 30.73% 的持股比例。这一持股比例一直保持到雷士照明首次公开发行股票之时。2011 年 7 月 21 日，雷士照明引进法国施耐德电气作为策略性股东，由软银赛富、高盛联合吴长江等六大股东，以 4.42 港元/股的价格，共同向施耐德转让 2.88 亿股股票。施耐德耗资 12.75 亿港元，股份占比 9.22%，成为雷士照明第三大股东。与此同时，由软银赛富撮合，施耐德与雷士照明签订了为期十年的销售网络战略合作协议，据此施耐德的电气产品可以通过雷士照明旗下的 3 000 家门店渠道进行销售。这种看似光鲜的"美满姻缘"，对于吴长江而言却是一个资本"局中局"。当财务投资人股东引荐大鳄型的产业投资人进入企业时，其中暗含的含义已经相当清晰了。

从雷士照明的股权结构看，创始人吴长江早已失去第一大股东的地位，而软银赛富在雷士照明上市以前就俨然已是相对控股的第一大股东。而失去第一大股东地位的吴长江非但不担心自己的控制权旁落，反而在上市以后大幅减持股票。转让部分股权给施耐德之后，吴长江的持股比例下降到 17.15% 的最低点，软银赛富拥有 18.48% 的持股比例。

施耐德以溢价 11.9% 的 4.42 港元/股的高价，从软银赛富、高盛等股东手中受让了 2.88 亿股（占比 9.22%）股权。遗憾的是，在施耐德入股雷士照明时，吴长江非但没有应有的警惕，竟然跟随软银赛富及高盛出让了 3.09% 的股权给施耐德，可谓引狼入室而浑然不知。

在第二次危机发生前，吴长江也并非没有察觉。早在施耐德入股后不久就插足雷士照明最核心的商业照明工程时，吴长江就已经意识到他对企业的控制权岌岌可危，施耐德最终的目的可能不仅仅是投资而已。于是，吴长江通过跟汇丰银行签订看涨股权衍生品交易合约和通过融资（即向券商贷款买股票）的方式，开始在二级市场持续增持股份，试图重新夺回控股权。到 2012 年 5 月 15 日，吴长江的持股比例提升 2 个百分点，超过 19%，高于软银赛富的 18.48%，重新夺回第一大股东位置。但吴长江的这种增持无济于事，他依然是弱势第一大股东。软银赛富、高盛、施耐德可视作一致行动人，创业者与投资人双方在董事会的力量对比是 2∶4。董事会一旦被投资人控制，就意味着企业的控制权落在了他们手上。

2012 年 5 月 25 日，在其他董事会成员的逼迫之下，吴长江"由于个人原因"辞去雷士照明一切职务，接替他出任董事长的是软银赛富的阎焱，接替他出任 CEO 的是施耐德的张开鹏。有报道称，朱海、张开鹏在数次内部会议上都表示，雷士照明业务流程和管理极其不规范，要把雷士照明变成一个法治化的公司。

创投矛盾爆发

三赢变三输

在施耐德与软银赛富入主雷士照明时，吴长江、张开鹏以及阎焱都以和气友好的态度去迎接对方，三方都表示合作将会非常顺利，实现三赢。投资方没有想到的是，不在吴长江掌控下的雷士照明完全变成了另一个模样。在吴长江辞职后，雷士照明的业绩一直处于下滑态势。三方过去的笑脸如今已不复存在，取而代之的是怒骂与口水仗。阎焱在接受媒体采访时表示，从未阻碍吴长江回归雷士照明，但是：第一，必须跟股东和董事会解释清楚被调查事件；第二，必须处理好所有上市公司监管规则下不允许的关联交易；第三，必须严格遵守董事会的决议。

面对这"阎三条"吴长江也给予严厉的回应："其实明眼人都知道是在批评我、攻击我：说我对董事会隐瞒了真相；说我有不当关联交易；说我不尊重董事会。这三条罪证够大了，但我绝不接受！"而且，吴长江也公开说明是被迫辞任："5 月 20 日我因公司 2009 年聘请了一位顾问而协助有关部门询问调查，出于对董事和大股东的尊重，我第一时间告诉了阎焱先生。5 月 21 日阎焱告诉我经董事们商量，一致要求我辞去董事长、CEO及附属公司一切职务，并要求我先回避一段时间。"对施耐德，他的态度也异常坚硬："上市之前所有关联交易都在招股书中有所披露，而且我也承诺在适当的时候愿意并入上市公司，没有违规之事，经得住任何调查！至于跟董事会在经营方面的分歧，这是我的错，不该同意过多不懂行业、没有经验的人进入董事会，外行领导内行一定会出问题！"

二度"逼宫"

矛盾再一次升级为声势浩大的停工运动。2012年7月13日，重庆总部及重庆万州生产基地、惠州总部及工厂开始全面停工，36个运营中心停止进货。惠州雷士照明大楼两边挂着几条横幅，分别写着"股价狂跌经营惨淡，施耐德滚蛋"、"吴总不回来，坚决不复工"等。在由董事会与管理层、供应商和经销商参加的内部沟通会上，管理层、供应商和经销商向董事会提出了四项议题："改组董事会，不能让外行领导内行；争取更多员工期权；让吴长江尽快回到雷士照明；施耐德退出雷士照明。"双方因意见分歧而陷入僵局。

这一切均带给公司或外来者一股宣告的意味，甚或是向目前的董事会示威。董事会也陷入进退两难的境地。如果要扭转经营局面，他们应当向吴长江示好。可是，一旦吴长江回归，他们的去路又会成为一个大问题。

为力挺吴长江重回公司，雷士照明的经销商和供应商再度向董事会"逼宫"，并在重庆注册新商标和新公司。如果董事会不对管理层提出的要求做出合理回应，雷士照明全国36个运营中心、3 000家专卖店将撤换旧商标，成立新的照明公司，推出新品牌，在现在的雷士照明产品渠道中销售，以此来回击阎焱、施耐德对吴长江回归的态度转变。这一次又成为吴长江的"逼宫"大戏。

继雷士照明经销商以成立新公司的形式向现任董事长阎焱施压后，8月上游供应商又以停止供货的形式再度向阎焱"逼宫"，雷士照明陷入了更大的不确定性中。一位周姓供应商在接受记者采访时坦承，目前的局面使得大家对雷士照明的未来一片茫然，如果雷士照明出现亏损，他们的利益就很难保障了。面对供应商的停货，雷士照明的库存也难以长久保障。

停产危机给雷士照明造成的损失不小：股价暴跌、高管离职。雷士照明发布的 2012 年上半年业绩显示：营业收入为 2.56 亿美元，同比下降 4.1%；税前利润为 1 176 万美元，同比下降 75.1%，面对各种惨象，雷士照明的高层何去何从？

风波平息

雷士照明风波持续 3 个多月后，终于在 9 月初得到初步平息，公司称将成立一个临时运营管理委员会管理公司日常运营，吴长江任该委员会负责人。或许是企业利益的权衡，或许是大家都看到争执了太久，风波中的雷士照明三巨头再次聚首，握手言和。之后 11 月，CEO 兼临时运营委员会委员张开鹏宣布辞职。

风波接近尾声。国内最大的 LED 芯片产能企业之一德豪润达早已对雷士照明垂涎三尺，以期望在照明行业有所突破，在此时抓住机会，成为风波的另一个主角。在雷士照明股票跌入谷底之时，12 月底，德豪润达全资子公司德豪润达国际（香港）以总价 13.4 亿元获得雷士照明 20.05% 的股份，成为雷士照明第一大股东，而吴长江则通过定增成为德豪润达第二大股东。此次闪电"联姻"打破了僵局，吴长江借力此"外援"重新上位，出任 CEO。

在危机中，针对机构投资者一直强调公司需要契约治理、人治不可长久的呼声，吴长江大喊："我相信伟大的人治而不是虚伪的契约治理。"他也竭力反驳外界对他的指责："雷士照明能做到今天，超越许多世界知名公司，能说我们这是运气好吗？能说我们的团队都是草莽吗？如果这是人治，也是非常伟大的人治。"吴长江接受记者采访时说："东方的企业精神远远高于西方，西方的契约精神就是把对自己有利的写上去，对自己没利的不承诺。只会在法律范围内、在法律边缘上钻各种空子,为了一己私利不顾合作对手、合作伙伴的利益。"那么,雷士照明人治的成功原因是什么呢?契约治理真的是虚伪的吗?

信奉人治葬送了极有前途的企业家

人治模式占了上风的原因

吴长江的人治模式使其在雷士照明两次控制权之争后重新回归。2005年矛盾初现,与另外两位创始人经营理念的不合导致吴长江主动退出,然而经销商聚集总部,强行介入此事,呼吁吴长江继续执掌雷士照明。2012年风云再起,与境外机构投资者之间的公司治理矛盾又导致吴长江被迫辞职,雷士照明再次落入他人之手。此时雷士照明的上下游厂商和上次一样再次站到了前台,"不负吴望",最终董事会把吴长江请回雷士照明负责总体运营,之后重掌管理大权。然而,吴长江的人治取得了极大的成功,也有其特殊的因素。

首先,吴长江的严格践行——特殊的人。

雷士照明人治模式的成功有着极强的特殊性。这种特殊性在于创始人吴长江对信义的严格践行。吴长江非常重视口头承诺,讲信义。只要承诺过的就一定会实行。对于经销商,雷士照明的优惠政策一如既往,深入人心,意欲和经销商实现共赢。雷士照明创始人吴长江信奉家族文化,把自己的企业当成一个家,把经理、供应商、经销商称为兄弟,把企业员工当作兄弟姐妹,而吴长江则被员工当作家长。当家庭成员出现经济困难时,家长肯定会伸出援助之手,且以这种"家庭式的人情"为信誉。据调查,当经销商有困难时,比如需要周转资金100万元,吴长江可以凭着兄弟之情不用打欠条就借给他们。再如2008年金融危机时,国内有近七成照明企业亏损,只有一成盈利。雷士照明在艰难时期拿出2亿元补贴全国1 500家经销商。无论盈利还是亏损,雷士照明都与经销商共进退,这是雷士照明对经销商的承诺。正是这种对信义的严格践行成就了雷士照明的人治模式。

雷士照明刚成立就定下企业的长期目标："创世界品牌,争行业第一。"如此狂言在当时的业内人士看来几乎不可能实现,而吴长江却对此充满信心。英特尔总裁格鲁夫说只有偏执狂才能生存,而吴长江就是为灯狂的偏执狂。实现行业第一,雷士照明仅仅用了8年时间。在这期间,吴长江近乎狂热地运作资本、研发品牌、创新营销、兴建园区,以剑走偏锋的执着横空创造了"雷士速度"与"雷士现象"。在2006年取得15亿元的可观销售收入之后,吴长江很"狂"地定下"2007年30亿元、2008年50亿元、2010年100亿元"的发展目标。2006年向软银赛富融资时,对方更是提出在2010年上市的要求,否则将撤回资金。而这一切吴长江都不负众望,一一实现了。

正是吴长江严格践行对经销商的承诺、对员工的承诺、对投资者的承诺,才使得其人治模式得以成功。

其次,渠道的优势——特殊的执行。

专卖店模式并不新奇,但在国内照明领域却是雷士照明率先引入的。雷士照明刚成立时,照明产品的销售终端主要是杂货店或五金店。当时因资金有限无法支付广告费用,雷士照明开始引入专卖店模式,并以3万元的补贴政策吸引经销商开设专卖店。如此优惠的政策吸引了大量经销商加盟,雷士照明很快建立了自己的渠道,在行业率先导入品牌专卖模式和运营中心模式,先后领导了中国照明行业的"品牌革命"和"渠道革命"。雷士照明成立10年后,销售增长超过110倍,年均复合增长近70%——雷士照明成长故事的背后,是发轫于渠道的商业模式。雷士照明与经销商所建立的利益关系与特殊的人际关系,为雷士照明的人治模式奠定了一定的基础。具体来说,雷士照明的专卖店模式会根据销量的大小、在当地的影响度等采取事先垫付、共同出资装修以及货款返还等多种措施，让经销商免费开张。这样的免费午餐笼络了大多数白手起家的经销商，由此为人治奠定了很好的基础。随着市场的不断扩张，雷士照明的专卖店模式升级为运营中心模式，与隐形渠道相结合，从而又加固了人治。从另一个角度说，雷士照明的渠道建设从专卖店升级到运营中心，加上之后的隐形渠道和返利政策，这四者在建设过程中实现了有机的统一，一般企业很难做到，这又是另一个特殊性所在。

从上面的叙述来看，雷士照明的人治模式是特殊背景之下的特定人物形成的特殊案例，是小概率事件，别的企业并不能复制，不具有可持续性。

"人治是伟大的，而契约治理是虚伪的"吗

在与阎焱的矛盾爆发时，吴长江说："西方的契约是白纸黑字上写的，中国的企业精神不仅是白纸黑字，我们连口头承诺都要践行。"有雷士照明合作伙伴认为，再好的契约制度也难以约束雷士照明的工厂、供应商和经销商，而吴长江的人治理念可以。

然而，吴长江的人治在两次"逼宫"时均取得了成功，并不能说明东方的人治具有普遍性；而西方的契约治理经过实践的检验，并不是虚伪的。

第一，雷士照明的人治具有很强的特殊性。吴长江非常讲信义，一诺千金，他的人治只是在特殊背景、特殊情况之下的特殊案例，不能成为一个普适的制度安排。我们不能由个人的特殊实践推导出治理制度的普遍性。

两次"逼宫"事件都说明了雷士照明人治模式的成功，经销商和供应商十分拥护吴长江。但如今的雷士照明已经规模庞大，股权分散，正一步步地向现代化企业靠拢。公司步入现代化，个人对于整个企业的影响力就会逐渐下降。企业有一个发展壮大的过程，在特定的情况下以人治为主的江湖式管理也有一定的可取之处，但随着企业的发展壮大，江湖式管理逐渐显露出其不足。

第二，与冷冰冰的契约相比较，大多数讲人情的企业并不能走到最后，在面临利益冲突时撕破温情面纱而相互残杀的例子比比皆是。与吴长江人治模式极端成功的个案相比，我们所见的多是层出不穷的由于人治而导致的悲剧。事实表明，在利益冲突面前，人性往往露出虚伪的真面目。以人情为基础的人治永远代替不了以规则为导向的契约治理。

第三，西方企业讲究契约精神，以规则为导向，崇尚制度的约束。契约治理是西方市场经济的产物，经过了西方几百年商业文明的实践检验。虽然契约在制定的时候也是粗线条的、不完善的，但是通过谈判、争执甚至法律诉讼而不断走向完善。这是契约发展的一个必然过程，并不能因为契约的这种不完善性而认定契约治理是虚伪的。

蔑视契约的企业家被判14年有期徒刑

2014年8月，雷士照明董事会因吴长江"若干不当行为"罢免其CEO职务。随后，德豪润达多次发布风险提示公告，称雷士照明发现吴长江与多家银行存在重大违规担保，且雷士照明董事会毫不知情。

这是吴长江第三次被驱逐离开雷士照明。前两次在全体员工、经销商等合作伙伴的大力声援下胜利回归公司，然而这次再也不见往日誓死捍卫吴长江的人马。

2014年10月，惠州经济犯罪侦查支队就吴长江涉嫌挪用资金罪正式立案侦查；2015年1月，经惠州市人民检察院批准，吴长江被依法逮捕；同年12月，惠州市人民检察院向惠州市中级人民法院提起公诉。2016年12月22日，惠州市中级人民法院判决吴长江因挪用资金、职务侵占等罪一审获刑14年。

经法院查明，吴长江曾为个人实际控制公司旗下的"雷士大厦"项目，利用雷士照明的银行存款提供质押担保申请贷款，雷士照明为此先后出质保证金约9.24亿元，造成实际损失5.565亿元。

法院审理查明：2012 年至 2014 年 8 月间，吴长江在担任雷士控股总裁、雷士照明董事长等职务期间，为筹措资金建设其个人实际控制的重庆无极房地产开发有限公司所开发的"雷士大厦"项目，以其本人实际控制的 5 家公司作为贷款主体，利用雷士照明的银行存款提供质押担保，向银行申请流动资金贷款；后吴长江在没有经过雷士照明控股授权及经过雷士照明董事会决议通过的情况下，个人决定将雷士照明存于银行的流动资金存款转为保证金存款，为前述 5 家被其实际控制的公司向银行先后申请的 9.016 2 亿元流动资金贷款提供质押担保，雷士照明为此先后出质保证金 9.238 8 亿元。

上述贷款发放后，均由吴长江支配使用，用于"雷士大厦"项目建设、偿还银行贷款、个人借款等，后由于吴长江好赌而欠下巨额赌债，无力偿还上述贷款，致使银行将雷士照明的 5.565 亿元保证金强行划扣，造成该公司巨额损失。

一个有强大企业家能力的企业家，没有对法律和契约的敬畏意识，最终把自己送进了牢房。幸亏施耐德、软银赛富等机构投资者有丰富的公司治理经验，对吴长江可能造成的风险有高度的警惕性，否则不仅吴长江这个企业家消失，雷士照明这个企业一样会消失！

国有企业改革不能无视企业家精神

公司治理模式与企业家治理的逻辑

近代社会最伟大的创新是公司制度。起始于航海大发现的公司制，自诞生之日起就是为了分散风险和共享收益，这使得这一制度成为市场经济的发动机。

公司作为哈耶克所说的扩展的秩序，是人类对市场未知领域探索过程中最有效的制度。它把具有冒险精神的人、有资本又愿意冒一定风险的人、有资本但比较保守的人、既没有资本又没有冒险精神但愿意忍受各种程序化工作的人等各种生产要素组合在一个组织里，使得这种扩展的秩序在第二次世界大战后成为世界上最耀眼的风景，美国也由此成为世界上独一无二的霸主。

在世界经济史上，美国公司是最有效率的组织。其成功得益于许多得天独厚的条件：第一，幅员辽阔的自然资源和世界上强劲的消费需求。第二，自由市场竞争理念。它可以说和美国《独立宣言》倡导的立国理念一样重要。第三，以新教伦理为意识形态的宗教伦理，激发了人们工作的热忱。

正是基于这些先天因素，美国资本主义大发展时期，诞生了一支职业经理人队伍，使美国的经济得到了空前的发展。

研究经济史的诺贝尔经济学奖得主诺斯把制度变迁的原因归结为意识形态和行动集团。这个行动集团又分为第一行动集团和第二行动集团。它们是政治结构中的各种力量，包括立法时的各种游说团体。美国就是不断随着环境的变化，在这些力量的作用下通过游说、听证等方式，来推动公司制度不断创新和发展的。

公司作为扩展的秩序的新阶段是伴随着资本市场的发展而发展的。更多的资本和股东、更多的金融工具，都把合作的边界不断推向新的高度。而把所有复杂要素组合起来的最核心的要素是企业家。

因研究企业家如何得到激励和成长而出现的一个经济学科叫"公司治理"，该学科形成了一系列相关理论，研究什么样的治理方式最有利于企业和企业家成长。

其中关于治理方式问题，一般认为有两种模式。第一种是美国上市公司"弱所有者，强管理者"的模式。由于没有处于控制地位的大股东来约束管理者，只有靠分散的小股东"以脚投票"，因此这种模式外部治理比较发达。而日本和德国由于金融机构相互交叉持股，大的金融和产业机构掌握了公司的控制权，因此这是一种内部治理模式。

这两种治理模式在不同时期都取得了很大的成功，也在不同时期都出现了不少的问题。所以学界认为应该结合内外部治理的优势而形成自己的治理模式。其实这样的结论对公司治理的优化没有任何意义。

洛在《强管理者弱所有者》一书中得出了一个非常与众不同的结论。传统观点认为，美国强管理者、弱所有者的治理结构是由经济环境和技术特点决定的。他却提出了完全不同的看法：这种治理结构是由意识形态和政治力量决定的。例如，美国的意识形态就是强调自由竞争，不允许任何金融机构分享企业的权力。基于这样的意识形态，就会形成各种政治力量制定各种法律来贯彻这一思想。美国的法律体系限制了金融机构的控制权。这种限制表现为三种形式：（1）对银行的禁令以及在20世纪的大部分时间里对大保险公司的禁令。（2）金融机构的分散化。（3）机构投资者的分散化。

同样，日本、德国的内部治理模式也是由当时的政治力量和意识形态决定的。

由此，该书给了我们一个很大的启示：无论是美国的外部治理还是德日的内部治理，都不是一个市场自发演化的结果，而是由本国的意识形态以及现实的政治结构决定的。也就是说，外部治理和内部治理本身不存在讨论的余地，它们是由相应的意识形态和现实的政治力量决定的。我们只能在这样的大框架下去探讨怎么提高公司治理的效率。

同样的道理，今天中国的公司治理模式也有两种基本形式：一是国有股一股独大；二是民营企业家族股东一股独大。这是由中国政治结构和意识形态决定的结果。也就是说，如果说某种治理结构有效率，我们也无法去仿效，除非改变目前的政治结构以及相应的意识形态。

每个国家的上市公司各有其不同的治理结构，也决定了它们相应的治理效率。由于不同的政治结构和意识形态，各种上市公司的治理结构存在很大的差异。尽管治理结构不同，改进的方向和手段也各异，但有一点是完全一样的，那就是公司里必须有企业家！因为企业家是创造价值的人，是不断创新的人，是保证公司可持续发展的人。由此，不论哪个国家、哪种治理结构的公司，也不论是外部治理还是内部治理，不论是单边治理还是多边治理，不论是强管理者还是强所有者，公司治理的目标都是选拔、激励和监督企业家。或者说，公司治理的逻辑就是遵循企业家成长的逻辑。一旦公司治理的逻辑违背了企业家的逻辑，企业家就会消失，公司就会走向衰亡。

在我国，经过改制并成长起来的企业当中，有很大一部分属于国有企业。与民营企业、外资企业相比，我国国有企业最大的特点就是资本所有者缺位，由国资委代表国家行使资本所有权。国资委实质上是代理人而不是资本所有者，没有足够的时间、信息和动力来监督企业，并为企业选择优秀的经理人员。因此，政府委托给它的资本所有权成了一种真正意义上的"廉价投票权"。在我国的行政管理体系下，国有企业的经理人是由国资委行政任免的，表面上看选拔出来的是经理人，实际上带有很大的官员色彩。这个行政任免过程往往体现的是代理人的意志，他们更青睐那些服从指挥、听从命令的人，而具备企业家精神的人更喜欢创新、喜欢冒险，所以最终选拔的经理人往往不是企业家而是代表国资委意志、与国资委关系密切的官员。很遗憾，大多数国有企业的低效率都可以推定是该制度安排下经理人缺乏企业家精神的反映。

基于上述原因，我国大部分国有企业经营效率都不是很高，只有少部分国有企业除外，而且带有一定的特殊性和偶然性。其中，一部分还是在初始阶段经营不善、濒临破产的企业，成为阻碍当地政府经济发展的包袱和累赘。例如红塔集团曾经连年亏损，导致国有资产严重贬值。还有一部分是国家投资规模很小的企业，比如联想集团，国家当初仅仅投资20万元。由于其规模小、价值低，往往得不到政府的重视甚至被忽略。正是出于这些原因，以上两类企业政府管制少、政策宽松，使得具有企业家精神的人脱颖而出。他们在很大程度上掌握着企业的剩余控制权，成为经济学家所说的内部人。内部人控制的治理结构对企业家产生了激励效果，加之内心做企业家的理想和抱负，他们在危机时刻扭转了企业的危局，推动了企业的成长。可见，这些成功企业的发展过程遵循的是企业家逻辑而不是代理人意志。

在企业家逻辑的治理下，上述企业发展到一定阶段之后，政府往往会进行大规模的改制。改制过程中，由于种种原因，政府往往没有遵循企业家逻辑，而是一味地追求产权多元化，不断引入新的投资者和代理人，使得企业的发展因违背企业家逻辑而遭受挫折。健力宝改革之际，创始人李经纬提出集团内部实行员工股份合作制方案，管理层自筹4.5亿元资金买下政府所持有的股份，而三水市政府执意将健力宝75%的股份作价3.38亿元转让给了浙江国投的张海。不料，无心经营实业的张海使用空手套白狼的伎俩把健力宝掏空了；佛山照明改制的关键时刻，创始人钟信才希望采用管理层收购（MBO）的方式，进一步加强企业家团队对公司的控制力，而佛山市国资委偏偏将其股份转让给欧司朗和佑昌两家外资公司，引发了大股东与企业家之间的纠纷，导致企业发展遭受重创。这些企业的改制都因违背企业家逻辑而失败。相反，格力集团改制的成功就在于其遵循了企业家逻辑，不是国资委委派的周少强而是企业家朱江洪器重的董明珠接任董事长。所以，无论是民营企业还是国有企业，只有延续企业家逻辑才能可持续发展。

作为上海国有企业改制的先锋，上海家化的改制过程也涉及代理人意志与企业家精神之争。由于改制过程违背了企业家逻辑，这个化妆品行业的龙头企业急剧衰落，教训不谓不深刻。

一个由企业家打造的明星企业

　　上海家化成立于 1898 年，公司经营范围包括开发和生产化妆品及日用化学制品等。公司 2001 年在上海证券交易所上市，是国内化妆品行业首家上市企业，是少有的可以同跨国公司开展全方位竞争的本土企业。公司在 2006 年 7 月完成了股权分置改革，上海家化集团成为股份公司唯一的大股东。而上海家化集团是国资委授权经营的上海国盛集团的全资子公司。2011 年 11 月 15 日，平浦投资受让上海市国资委持有的上海家化（集团）有限公司 100% 股权，公司的实际控制人由上海市国资委变更为中国平安保险（集团）股份有限公司。

　　回顾上海家化的历史，其发展过程也是一波三折。1985 年，38 岁的葛文耀接任上海家化厂长一职，那时上海家化只是一个仅有 400 万元资产的小厂。到 1990 年，上海家化各类产品的销售额已经达到 4.5 亿元，占全国市场的 1/6。然而，在政府的三次干预之后一切都变了样。1991 年，在政府招商引资的指令下上海家化被迫与美国庄臣公司合资成立了露美庄臣有限公司，销售额猛跌 2.5 亿元，面临被市场淘汰的危险。1995 年，为扶植上实日化在香港上市，上海家化被要求让出自己的 7 600 万股股权。1998 年，为支持政府的国有企业改制，上海家化花 5 亿元兼并了连年亏损的上海日化集团公司，导致其品牌影响力和销售量急剧下降，连续亏损上百万元，沦落为一个政府不愿干预、几近破产的"烂摊子"。在这种情况下，上海国资委放松了对上海家化的管制，葛文耀挺身而出，扭转了上海家化的危急局面。

　　葛文耀接管上海家化以后，不断开拓创新，以极其敏感的市场觉察力推动了一个又一个战略品牌的诞生。包括 20 世纪 80 年代曾遥遥领先、位居市场第一的美加净，与跨国公司竞争最艰难时期诞生的六神，公司内外交困时扶植的佰草集以及其他一系列基于市场嗅觉和实验精神进行布局的品牌。在这些品牌从概念、研发到市场推广的过程中，葛文耀的强力介入都起到了关键的作用，他的企业家才能得到了淋漓尽致的发挥。

在管理构架上，葛文耀率先采用接近跨国公司的市场管理架构和流程，大力推动产品研发、国际合作以及规范运作和转型升级，打造了上海家化完备的内部管理系统；通过对中国哲学、医学、美学在品牌、产品和营销推广方面的全面运用，上海家化有别于诸多以洋制华的跨国公司，形成了独特的市场竞争优势。这些成绩在上海家化逐年增长的经营业绩上得到了很好的反映，2001年上海家化的净利润为0.73亿元，2014年升至9.08亿元，是2001年的12倍，净利润年均增长率达到了26%，远高于日化行业的增长率11.7%。

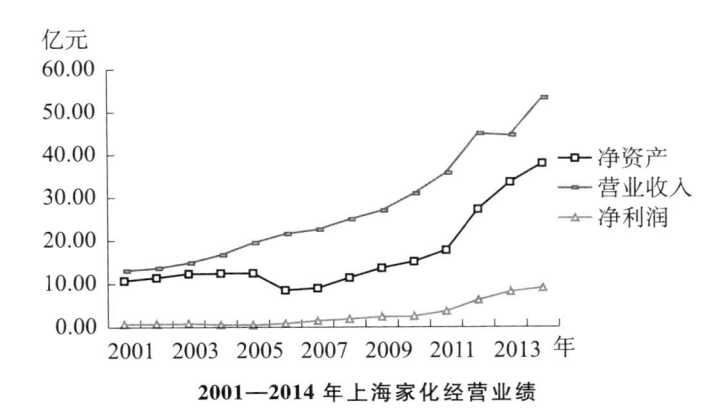

2001—2014年上海家化经营业绩

一手打造出上海家化的辉煌的葛文耀，被公认为非常强势。2009年，他在接受采访时曾公开说："上海家化被国家干预了三次，每次都差点死掉。现行管理体制不改革的话，国有企业的状况会越来越差。"强势的葛文耀说话直截了当，直抵问题的要害。这种特立独行的个性和快人快语的说话风格，恰恰是一个企业家真我的体现。

不过，尽管葛文耀如此锋芒毕露，但因上海家化出色的业绩，他一直稳坐上海家化当家人位置，甚至没有受60周岁就退休的红线约束。葛文耀出生于1947年，上海家化改制这一年他63岁，这个年纪仍居一线的企业家在国有企业中颇为罕见。

多次公开抨击国资委对上海家化干涉的葛文耀，在2009年就谋求将上海家化"去国资化"，他的方案是将上海家化全资出售。可以毫不夸张地说，葛文耀拥有相当的发言权、较充裕的时间、大把的选择来决定将上海家化嫁给谁。

"改制"只是葛文耀的一个梦，他的另一个梦是"时尚产业梦"。2007年，葛文耀向上海市政府建议，上海要打造时尚产业；同一年，上海家化的愿景进行调整，从在日化的若干领域打造领导品牌，改变为要成为时尚消费品的中国代表企业。

可以说，上海家化作为一个优秀的本土日化企业被认同，但葛文耀早在2007年给上海家化的定位就是成为时尚消费品的代表企业，而不是传统的日化企业。

一场强势资本侵蚀企业家精神的改制

为适应市场经济体制的发展，2011年上海家化启动国资改革。上海市国资委依然实行"放松管制"的政策，把改革的主动权交给企业家葛文耀。当时，海航集团比平安信托的开价高出7亿元，而平安信托却因公开承诺暂不改变上海家化现任董事会成员或高级管理人员，并且为上海家化拓展时尚产业追加投资70亿元，表现出对葛文耀经营战略的支持和迎合而得以胜出。更重要的是，平安舵手马明哲表现出相当的诚意，支持葛文耀"下很大一盘棋"，投后负责人陈刚对葛文耀收购天津海鸥的计划充满兴趣，也支持其打造时尚产业的战略布局。恰巧，葛文耀也希望借助改革以及平安集团的全球视野和资本力量，实现打造时尚帝国的梦想。

但是，改制后的上海家化由于资本方和创业企业家在根本理念和价值观上的尖锐对立，合作过程危机四伏。这个过程大致经历了四个阶段。

第一阶段：短暂的蜜月合作期

2012年4月，上海家化公告了股权激励计划；两个月之内，监管层、董事会、股东会一路绿灯。这一股权激励计划向上海家化中高层共395人授予2 535万股股权。上述股权占上海家化总股权的5.66%。当时上海家化的股价一直在50元以上，也就是这部分股权高达10亿元。而2007年上海家化进行股权激励时，由于国资身份的限制，只向上海家化的中高层发放股份500多万股。当时，葛文耀和其他高管多是借钱来购买这些股权。从这一角度说，葛文耀的"去国资化"成功了一部分。

上海家化发布的2011年年报显示：2011年，上海家化营业收入超过35亿元，同比增长15.6%；营业利润高达4.35亿元，同比增长近50%。上海家化的市盈率此后维持在40倍以上，平安信托已然获得不菲的账面回报。

此时，平安信托受益于上海家化的良好业绩，葛文耀和其他中高层管理人员受益于大股东首肯的股权激励计划，一切看起来都那么完美。

第二阶段：理念不和，矛盾突起

然而好梦不长，在经历短暂的蜜月期后，由于根本理念的冲突，双方的矛盾不可调和。

在上海家化的发展问题上，大股东认为上海家化所在的行业只要推动管理的职业化和现代化，未来的高速增长是大概率事件；此外，尽管前董事长对上海家化的发展有一定贡献，但其更多地代表一种落后的体制，其愿景、价值观和做事风格与现代职业经理人格格不入，因此"改朝换代"势在必行。

在这些价值判断的背景下，大股东对为什么在市场上有上海家化这家企业没有深刻的认知。他们实际上否认了"企业是企业家的企业，没有企业家就没有企业"这样一个根本逻辑。可以说，没有葛文耀以及由此衍生的企业家精神，就没有今天的上海家化！

正是因为没有认识到这一点，平安信托刚进入上海家化就提出让麦肯锡为上海家化进行一次战略诊断。而葛文耀对这些与国际竞争对手有千丝万缕联系的咨询公司充满戒心，不想亮出家底；同时葛文耀认为，麦肯锡给另一大型企业的战略建议出现了失误，故任由平安信托如何劝说，他都拒绝该诊断。

平安信托认为上海家化的战略和治理不规范，而葛文耀认为平安信托三番五次要做这个战略诊断，背后有更多的考虑：是为了组织和人事大调整。

第三阶段：强势资本赶走偏执于时尚产业梦的企业家

双方这一阶段冲突的一大焦点是葛文耀念念不忘的海鸥手表。

海鸥手表是天津海鸥手表集团公司（以下简称天津海鸥）生产的产品。依靠自主创新，天津海鸥研发生产出具有完全自主知识产权、代表国际高端手表技术水平的"三问表""万年历表""轨道陀飞轮表"等国际领先产品。

而就是否参股天津海鸥、以怎样的方式收购，平安信托与葛文耀前后发生过数次争执。

早在2009年葛文耀就开始跟踪天津海鸥，通过一年的分析思考，他认为这是"最有希望、最有意义、投资回报可能最高的一个项目"。

此前，平安信托对上海家化做尽职调查时对天津海鸥表现了相当的兴趣，也支持葛文耀试图在时尚产业布局的计划，这是平安信托在众多竞争者胜出的一个重要原因。

然而，时间来到2012年11月，平安信托却变脸了。它对天津海鸥兴趣不再。了解平安信托投资风格的人认为，它放弃天津海鸥不是偶然，而是必然。

平安信托的投资原则是"安全第一"，这在内部人所共知。这时的天津海鸥还处于亏损状态。葛文耀和上海家化此时去投资存在行业跨度，而且跨度还很大。因此，这个看起来风险很大的项目不符合平安集团"安全第一"的原则要求。

而葛文耀则用完全产业的逻辑来看天津海鸥。他认为："天津海鸥的核心技术很强，很多方面并不亚于瑞士，但高层的市场化运作水平有待提高，企业没有市场部，也没有设计师。上海家化有40个工业设计师都不够用，还要外聘设计公司。别人可能会认为这是不足，但对于企业家而言，发现问题就是找到机会——天津海鸥只需要建立一个7~10人的市场部，然后根据市场反应来开发、生产、销售、推广产品，很快就能盈利。手表能做好，它比化妆品分量重，可以做成奢侈品。"

当平安信托在算天津海鸥的亏损账时，葛文耀则认为："按市场方法，天津海鸥只要卖两三万块表，就能达到上海家化目前七八个品牌、一千多个品种、三四亿件产品的销售额和更多的毛利额，而营销人员和费用只要增加若干分之一。"

2013年5月，葛文耀与平安信托矛盾激化。5月13日白天，葛文耀在微博上公开指责平安信托。当天，上海家化股价下跌5.3%至每股69.99元。

晚上9点，平安信托发表公开声明，免去葛文耀上海家化董事长和总经理的职务，并称收到举报"集团管理层在经营管理中存在设立'账外账、小金库'、个别高管涉嫌私分小金库资金、侵占公司和退休职工利益等重大违法违纪问题，涉案金额巨大。目前，相关事项在进一步调查中"。

双方的理念那时已经产生严重分歧，平安信托此举的目的是拿下葛文耀，好按自己的意图行事。葛文耀想基于品牌发展高附加值产业，最终在被外资品牌多年的欺压中翻身。他以前认同平安信托，是觉得平安集团在中国金融行业做到了这一点，而且，平安信托进入前承诺要帮他在时尚产业中实现相同的梦想。但进入后，平安信托不但不向上海家化输血，反而要从这里抽血，比如卖上海家化三亚酒店、卖上海家化大楼，葛文耀觉得可能被忽悠了。

平安集团后任接手家化项目的童恺和开始对接家化项目的陈刚对葛文耀的态度不同。陈刚看重企业家的作用，而平安信托的思路就是用制度体系来保证投资的安全，企业不应该依赖某一个人。陈刚曾试图在葛文耀与童恺之间调和，他当时对童恺说："你要把老葛拿掉。那我问你，如果把马明哲从平安拿掉会怎么样？"童恺反问："有这么严重吗？"陈刚说："比那更严重。化妆品这样竞争激烈的行业，非常依赖团队。"但最终，陈刚无果而终。5月22日，陈刚从平安信托辞职。

"收拾"了葛文耀以后，平安信托又刻意要去掉葛文耀的接班人王茁。

王茁2004年1月进入上海家化工作，2012年12月18日开始担任总经理一职，并于2013年11月19日与上海家化签订了无固定期限劳动合同。2014年5月12日，上海家化董事会会议罢免了王茁上海家化总经理的职务，次日公司通过电子邮件向王茁发送了《员工违纪处理通知书》，并要求其于5月14日17时前完成各项离职手续。

6月12日，上海家化又召开股东大会，通过了罢免王茁董事职位的议案。罢免的主要理由是："公司内部控制被会计师事务所认为存在重大缺陷并出具否定意见，公司总经理作为公司内部控制制度制定及执行事宜的主要责任人，对此负有不可推卸的责任。"

王茁后来在《劳动争议仲裁申请书》中指出，他"既未违反公司规章制度，也不存在失职的情形"，"被解雇，完全是作为总经理的申请人与代表实际控股股东平安信托利益的董事长因经营战略和理念不同发生分歧，董事长在蓄意报复"。在另一份提交的《劳动争议仲裁补充申请书》中王茁补充称，是因为其"反对董事长与普华永道中天会计师事务所利益输送，反对董事会仅给董事长一人搞特权（安排实施股权激励），由此得罪了董事长谢文坚。"所以后者利用普华永道出具的《内控否定意见审计报告》做文章对其蓄意进行打击报复。2014年4月，谢文坚提出将标的额451.9万元的上海家化供应链优化咨询项目给普华永道，王茁基于"该服务收费可能会影响到注册会计师的审计独立性"，对此提出了反对意见。4月8日，谢文坚又提出给其一人安排的股权激励方案，王茁以"董事会不应当只批准董事长一人享受股权激励，而应当从公平角度安排其他二十余名公司骨干一同享有"为由，再次对此提出了质疑。他的不听话导致了后来被扫地出门的下场。

第四阶段：职业经理人型 CEO 取代企业家型 CEO

平安信托以让他们二人出局，扫清了上海家化发展道路上的障碍。

2013年11月，上海家化董事会全票通过了谢文坚担任第五届董事长的议案。谢文坚2006—2013年担任强生医疗中国区总经理、强生医疗中国区总裁，具有纽约州立大学工商管理硕士（MBA）学位和波士顿大学生物化学硕士学位。

谢文坚带着众多质疑进入上海家化。谢文坚进入后，多次自鸣得意地谈到强生，并喜欢讲战略、流程、关键绩效指标法（KPI）、预算指标等，让人感觉他来自世界一流大企业，懂一流的管理，甚至有种高高在上的感觉。

谢文坚进入后，请了贝恩咨询进来——这也是以前平安信托想做而被葛文耀拒绝的事；贝恩咨询挑挑错，谢文坚在此基础上再来做品牌和战略梳理。谢文坚当时52岁，绝大部分时间是在跨国公司做职业经理人，并无比相信外企的那套流程、程序、规范，有人对此表示担忧。这种致命的自负后来被证明正是上海家化逐渐衰落的原因。

以谢文坚为代表的职业经理人团队，对自己在MBA课堂上所学到的管理模式过于自信。他们认为只要对企业进行核心竞争力的梳理，借鉴平衡计分卡等各种工具，然后请战略咨询公司梳理战略，推行一整套 KPI 考核和风险控制措施，企业成长就水到渠成了。

他们最大的特点就是注重程序、稳定性，不是说这个不需要，但是作为企业的带头人，更需要对市场和消费者的动向保持高度的敏锐和觉察，而这些都必须是企业家型 CEO 才能胜任的工作。企图把战略外包给外部咨询公司，哪怕是最出名的咨询公司都与企业家精神是背道而驰的。如果战略都可以外包，世界上就没有企业家了，或者说，企业家都在咨询公司里了！

在激烈的市场竞争面前，上海家化最急需的是通过产品创新来巩固和抢占市场份额。由于面临新的市场形势，加上上海家化经过了几十年的高速发展，这个时候恰恰需要的是企业家的破坏能力，或者是破坏性创新的能力。对既有的市场格局、产品格局进行破坏性创新，才能使企业走向一个新时代。但是，他们挤走了创业元老葛文耀，因为不认同葛文耀的行事风格和做派，所以其代理人就千方百计地论证原有的管理不规范，并要以建立所谓现代企业制度为先机，致使整个管理团队在这方面消耗了大量的时间和精力，严重影响了企业产品开发和市场创新等战略性工作。今天的上海家化，往日企业家的创造力和想象力不见了，在市场上披荆斩棘的精神不见了，一句话，企业家精神不见了，留下的是按照管理学教材里的管理规范进行管理的职业经理人！

违背企业家逻辑的企业急剧衰落

2016 年 11 月 25 日，爆炸性新闻自然是上海家化董事长谢文坚正式辞职，作为回应，上海家化和大股东平安的股票都涨了，被股民戏称为"董事长辞职概念股"，董事长辞职却换来股民"喜大普奔"，这正验证了群众的眼睛是雪亮的。

在中国化妆品行业，所有的行业媒体在过去三年中一直在拍谢文坚马屁，都是他为上海家化带来了外企的科学管理、期待他为上海家化实现百亿营收之类的溢美之词。现在谢文坚辞职了，上海家化的现状是千疮百孔，流星般坠落，从一家风华正茂众人追捧的明星企业到这般境地竟是如此之快，怎不令人唏嘘？

谢文坚三年的科学管理到底做了什么，导致上海家化如此急剧地衰落？

顺我者昌，逆我者亡

谢文坚上任上海家化时葛文耀刚辞职不久，平安将上海家化完完整整地交到他的手上，当时的上海家化家底丰厚、基础牢固，几乎聚集了中国化妆品行业各个领域的顶尖人才。在这种情况下，即使没有突出的企业家才能，也不至于几年时间就把一个优秀企业弄到如此地步。

等到谢文坚拍屁股走人时，他已经把几乎所有高管都赶走了：总经理王茁、研发总监李慧良、设计中心总监袁宗磊、电商总经理王荔杨……这个名单几乎可以涉及每一个重要部门。优秀人才走了，他却大力扩招，基础岗位一招就是1 000人，员工总数整整翻了一番！上海家化人满为患，而谢文坚的亲信工资"一涨就是十倍"。取消老功臣的期权，却每年给自己大幅加薪，不知是何种企业管理的道理？

没有任何市场开拓意识，市场占有率急剧下滑

之前在葛文耀的带领下，上海家化在本土品牌阵营中一骑绝尘，是唯一能跟外资品牌一争高下的明星选手。大家都说谢文坚的运气挺好，因为他在位的这三年刚好是中国化妆品民族品牌集体大爆发的三年，上海家化有着最好的外部环境和市场空间。

特别是2015年，被认为是中国化妆品行业历史上具有里程碑意义的年份，因为这一年，民族品牌真正在营收规模、市场占有率上开始与外资品牌分庭抗礼，百雀羚、自然堂、丸美等品牌逐渐成长为中坚力量。

可惜的是，民族品牌纷纷上位，却没了当年翘楚上海家化的席位。在这样的大好形势下，上海家化居然掉头向下，市场占有率持续下滑。有评论说，当年上海家化如果换个什么都不干、天天在家睡觉的董事长，也不至于沦落到今天这个地步。如此逆势下滑，可见谢文坚作为职业经理人的毁灭能力有多大。

兵败如山倒，从曾经的绩优股到下滑专业户

谢文坚任期的最后一份财务报告是2016年的三季报，财报显示前三季度上海家化营收同比下降7%，净利润下滑45%，同时预警全年净利润预计下滑80%~90%，引起业内一片哗然。

屋漏偏逢连夜雨，一直给上海家化带来强劲收入的花王代理业务，这个当年葛文耀的得意之作，也宣布在约满后不再续约，上海家化120亿元年营收的梦更是遥遥无期。

明星品牌变成明日黄花

现在谈到上海家化，大家的评论尽是"可惜了""想当年"，民族瑰宝级品牌佰草集日渐平庸，不懂化妆品的谢文坚毁掉的不是一个个品牌，而是上海家化的大好前程。

面对自己一手创办的企业落得今天这个下场，作为创始人的葛文耀只有靠实名举报来宣泄心中的郁闷。

2016年11月28日早上，葛文耀发微博称要举报谢文坚。举报内容如下：

> 谢文坚仅用3年时间就掏空了上海家化这个极优秀的企业。渠道上塞满了货，2014年下半年开始赊账塞货，他一句以产定销（在强生时是美国人拿产品让他推销，他至多算个销售总监）使将要到期的产品成本价就有几亿元。如果不计提坏账坏货，不做假账，年报估计也没什么利润。（他走了，业绩的洞也会暴露。）按理说业务下滑，财务也不会坏得这么快，员工说他用洪荒之力花钱，每年出国10余次，头等舱不算，还多报费用（当年就因他要报十几万元旅行社发票，王茁按制度

让他拿合同，他就罗织罪名开了王茁）。他私相授受，月薪15万元，涨了10倍，他招的关系户月薪都10万元以上，他带来的秘书工资可比上海家化总监高。他在上海家化上市公司拿五六百万元的工资，还在集团拿一份工资，报销大量私人费用（应该查一下，平安有没有知道和批准）。他带400人去台湾5天，花了2000万元，造新工厂准备花15亿元，天潼路的上海家化大厦不用却在江湾租办公室，每年租金6000万元，装修时家具都用进口的，还趁机把保定路的办公楼全部拆光，家具全扔。合同已全部订了。3个办公室就花费四五亿元，这些投资会给上海家化带来沉重负担。他从强生带来的高某大权独揽，破坏上海家化的公司治理机制，一个人3年管了40亿元采购（20亿元固定资产，3年广告18亿元，还有物料以外的所有采购，包括咨询、出差、佰草集柜台、电脑等办公用品等）。谢文坚的制度设计是让高某一人负责，还不许上海家化的审计部门审计，背后的用心昭然若揭！他把天江卖掉，上海家化应有50多亿元现金，现在已大部分花掉，以前有近10亿元净利润的上海家化竟有可能会亏损！这绝不是个人能力和管理问题，强烈要求对谢文坚进行离任审计，3年就掏空原本这么优秀的国有企业，谢文坚不能离境。这几天许多员工和朋友让我呼吁：必须严查谢文坚！半夜醒来，就以此文向证监会、公安局、上海家化董事会、平安集团，以我个人名义举报谢文坚，应立即限制谢文坚出境，对他进行离任审计和调查！

参考文献

1. 吉度·克里希那穆提．心智的力量．武汉：长江文艺出版社，2015．
2. 卡尔·波普尔．猜想与反驳：科学知识的增长．上海：上海译文出版社，2005．
3. 埃德蒙·费尔普斯．大繁荣．北京：中信出版社，2013．
4. 克莱顿·克里斯坦森．创新者的窘境．北京：中信出版社，2010．
5. 丹尼尔·戈尔曼．情商．北京：中信出版社，2010．
6. 杰克·韦尔奇，约翰·拜恩．杰克·韦尔奇自传．北京：中信出版社，2010．
7. 马丁·洛．强管理者弱所有者．上海：上海远东出版社，1999．
8. 哈耶克．致命的自负．北京：中国社会科学出版社，2000．
9. 艾丽丝·施罗德．滚雪球：巴菲特和他的财富人生．北京：中信出版社，2009．
10. 黑格尔．精神现象学．北京：商务印书馆，1997．
11. 马尔科姆·格拉德威尔．异类：不一样的成功启示录．北京：中信出版社，2009．
12. 戴维·兰德斯，威廉·鲍莫尔．历史上的企业家精神：从古代美索不达米亚到现代．北京：中信出版社，2016．
13. 吴晓波．大败局．杭州：浙江人民出版社，2001．
14. 丁栋虹．企业家精神．北京：清华大学出版社，2010．
15. 马尔科姆·格拉德威尔．引爆点：如何制造流行．北京：中信出版社，2009．
16. 马特·里德利．自下而上：万物进化简史．北京：机械工业出版社，2017．
17. 阿里·德赫斯．长寿公司：商业"竞争风暴"中的生存方式．北京：经济日报出版社，1998.

18. 马克斯·韦伯. 新教伦理与资本主义精神. 上海：上海人民出版社，2010.

19. 陈春花. 成为价值型企业. 北京：机械工业出版社，2016.

20. 乔治·吉尔德. 重获企业精神. 北京：机械工业出版社，2007.

21. 路遥：平凡的世界. 北京：人民文学出版社，2004.

22. 奥斯特洛夫斯基. 钢铁是怎样炼成的. 上海：上海译文出版社，1979.

23. 甘地. 甘地自传. 武汉：长江文艺出版社，2007.

24. 华姿. 德兰修女传：在爱中行走. 重庆：重庆出版社，2011.

25. 老子. 道德经. 长春：吉林文史出版社，1999.

26. 古斯塔夫·勒庞. 乌合之众：大众心理学研究. 武汉：华中科技大学出版社，2017.

27. 卡尔·克劳塞维茨. 战争论. 北京：中国社会出版社，1999.

28. 维克多·弗兰克尔. 活出生命的意义. 北京：华夏出版社，2010.

29. 彼得·德鲁克. 创新与企业家精神. 北京：机械工业出版社，2009.

30. 凯文·凯利. 失控：全人类的最终命运和结局. 北京：电子工业出版社，2016.

31. 维克托·迈尔-舍恩伯格，肯尼思·库克耶. 大数据时代：生活、工作与思维的大变革. 杭州：浙江人民出版社，2013.

32. 王东华. 发现母亲. 北京：中国妇女出版社，2003.

33. 黎鸣：中国人性分析报告. 北京：中国社会出版社，2003.

34. 杰弗里·塔克. 奥巴马为什么失败？. ［2017-01-14］. http://www.sohu.com/a/124293588_488669.

35. 彼得·圣吉. 第五项修炼：变革篇（上）：学习型组织如何面对持续发展的挑战. 北京：中信出版社，2011.

36. 彼得·圣吉. 第五项修炼：变革篇（下）：学习型组织如何面对持续发展的挑战. 北京：中信出版社，2011.

37. 吴军. 浪潮之巅. 北京：电子工业出版社，2011.

38. 彼得·林奇，约翰·罗瑟查尔德. 彼得·林奇的成功投资：修订版. 北京：机械工业出版社，2007.

39. 南怀瑾. 论语别裁. 上海：复旦大学出版社，1990.

40. 陈志武. 金融的逻辑. 北京：国际文化出版公司，2009.

41. 潘沩. 平安信托 VS 家化集团：一场尚未终结的战争. ［2014 – 03 – 31］. http：//finance.sina.com.cn/stock/s/20140331/025818659792.shtml.

致谢

写作本书，我有幸结识了政协第十二届全国委员会常务委员、中国石油化工集团原董事长傅成玉先生。第一次见到他时，我没有丝毫的陌生感。这不就是我书里描绘的企业家吗？多年来他也一直大声疾呼企业家精神。作为一位曾经掌管上万亿元市值企业的企业家，一位在中国"三桶油"时期就掌控过其中"两桶油"的董事长，他有着谦逊的品格、宽广的胸怀以及中西合璧的广阔视野。从他身上我深切感受到使命和担当的企业家精神，深深体会到，一个人的生命只有和民族的命运紧紧结合在一起，才会流光溢彩。多次和他探讨开阔了我的视野。基于对企业家精神的强烈呼唤，他欣然为本书作序。

带领两家企业进入世界500强，有着"中国的稻盛和夫"之称的中国建材集团党委书记、董事长宋志平，是一位"笃行志远"的企业家。他对本书的推荐，使我倍受鼓舞。

还有著名财经作家、企业家吴晓波，著名企业家、北京大学教授陈春花，他们都是业内翘楚，乐意推荐本书，让我感到他们对中国企业家的拳拳之心。

本书是我管理实践的切身感受。广西丰业投资集团陈军董事长为我提供了丰富的管理实践机会。没有这些实践体会，本书就会逊色得多。书中关于企业家的立体形象，许多都是从他那里感知的。

广东弘基时尚生态健康集团周作明董事长为我写作本书增添了生动的感受。企业家是愿景的塑造者，他早就提出公司的愿景就是让生活更美好。企业家都是拼命三郎，他现在正带领整个集团朝着美好生活的愿景日夜兼程。

天创时尚的梁耀华董事长和李林副董事长，让我感到唯有远大的理想才能把整个团队聚合起来。二十年来，他们的团队坚定地朝着既定目标前进。

在千古名楼岳阳楼畔,我和岳阳兴长的李华董事长、彭东升总经理、刘庆瑞财务总监、谭人杰董事会秘书,原岳阳兴长现上海高桥石油化工公司侯勇董事长一起经历了许多复杂的公司治理过程。国有企业既要在市场上突破,又要符合各种政策的要求,让我真切体验到什么叫"居庙堂之高则忧其民,处江湖之远则忧其君"。

富时基金董事长李秋鸿让我知道什么叫果敢,什么叫永不放弃。

还要感谢很多企业家朋友,他们的精神、管理风格、人生追求为我的写作提供了灵感。他们是:

芜湖康卫生物科技公司董事长井力敏,广东鸿泰科技集团董事长余学聪,广州天金健康药业董事长黄岳招,广东宏景科技公司董事长欧阳华、总经理林山驰,广东驱动力生物科技公司董事长刘平祥、刘金萍夫妇,宏大爆破董事长王铁,新天柱集团董事长余同森,安徽中信智力服务机构董事长汪姜峰,广东省经济学家企业家联谊会秘书长李克伟,广东岭南通公司副总经理方秋水,清远农商银行理事长陆松开,四会农商银行理事长梁荣锋,鼎湖农商银行理事长方宇霞,广州一栈购网络科技公司董事长赵泫岚,宏大国源总经理翟英,广州中职信会计师事务所所长聂铁良等。

还有刘帆董事长、杨善龙董事长、黄思憬总经理,他们都为我的写作提供了灵感和火花。

每章写完后,我都要让著名管理学教授丘磐审读。他犀利的批判让我不敢懈怠。著名会计学教授胡玉明一直关心本书的写作。杨年松教授和我有着相似的人生经历,他的精神和斗志为本书提供了素材。企业家研究专家邓地博士为本书提供了有力的帮助。

我的妻子乔东枝从事图书情报工作,每次她阅读书的初稿都让我倍感压力。我的女儿黄润酥经常督促我,为我早日完成书稿添加动力。

我是一个喜欢写诗的人。一切在写诗的人眼里都有诗情画意。在我看来,人生就像一趟坐着绿皮火车一样的美丽旅行。人在旅途,窗外鸟语花香，远山如黛。车内的旅人，温软细语，谈笑风生。就这样翻过一座座山，穿过一道道梁，留下一路欢歌笑语。在这样美丽的旅途中，各位朋友和亲人，遇见你们是我人生最大的幸运。在这样美丽的旅途中，一路有您，真好！

后记

新年伊始，很想写一点关于故乡的文字。

多少年来一直为所谓的前程奔波，需要抽个时间回望故乡。

20世纪80年代上大学时，最喜欢18岁的程琳唱的一首歌《故乡情》：

> 故乡的山
>
> 故乡的水
>
> 故乡有我幼年的足印
>
> 几度山花开
>
> 几度潮水平
>
> 以往的幻境依然在梦中

这就是我的故乡！我的故乡四季分明，每个季节的变换都听得见她的脚步声。春天姗姗来临时，乍暖还寒。河岸的柳树慢慢发出绿芽，真是"碧玉妆成一树高，万条垂下绿丝绦"。这时的风有些微寒，有些细柔，把万物吹得红肥绿瘦。"不知细叶谁裁出，二月春风似剪刀"，这时的"杨柳岸，晓风残月"别是一番美景。

《故乡情》的每句歌词都好像是为我的故乡所写，"几度风雨骤，几度雪飞春"。故乡春天的雨水特别多，一旦水漫过池塘，就有许多鱼儿流到小沟小渠，那也是孩子们欢乐的天堂。小时候经常下大雪，白皑皑的世界晶莹剔透。依稀记得大雪把房子周围的竹子都压弯了。我们打雪仗、堆雪人，不亦乐乎。

我还非常喜欢《我衷心的谢谢你》这首歌，"我们在春风里陶醉飘逸，仲夏夜里绵绵细雨，吟听那秋虫它轻轻在呢喃，迎雪花飘满地"，四季轮回，赋予生命无限的遐思。每每哼唱这首歌，就想起故乡的美好。我们每天都在奋斗的征途中，对这种大自然赋予我们的美丽、美好无心去欣赏，忘记了停下脚步去感受生命中最美的风景。所以我经常说，我们为了追求幸福天天奋斗，到最后却把幸福本身弄丢了！

故乡的春天是美丽至极，"江南好，风景旧曾谙，日出江花红胜火，春来江水绿如蓝"，"春风又绿江南岸，明月何时照我还"，"春色满园关不住，一枝红杏出墙来"。我到大学时才知道这些美丽的诗句，它们也真真实实地描绘了故乡的春天。所以，上大学时我大部分时间在长江边逛荡，不务正业，就喜欢吟诵这些诗句，很像个破落的游吟诗人。

我喜欢春天的脚步声，"天街小雨润如酥，草色遥看近却无"，我喜欢春天的"雨巷"，一个撑着油纸伞的姑娘，走在雨巷青石板上的姑娘，和着春雨声交织成一首美妙的诗。

我喜欢故乡春天的春意阑珊。"清明时节雨纷纷，路上行人欲断魂"，就像在描写我多雨的故乡。

我也喜欢故乡秋天的落英缤纷，喜欢秋虫的吟唱。俄罗斯的油画《秋收》描绘了一望无际的田间，沉甸甸的稻谷在收割。我喜欢故乡秋天给人充实、丰满、希望的感觉。我微信的头像就是故乡秋天收割的镜头。

我喜欢故乡没有改造的原生态小路，"乡间小路，带我回家"，即使是用英文演唱都能打动我的心。我在广州生活多年，很喜欢广州的文化，我甚至认为广州文化是中国最先进的文化：开放、包容、务实、进取、创新。但我到现在都不喜欢广州四季如春没有变化的季节，我怀念故乡四季的轮回，让我感到生命在歌唱，生命在成长。

我的故乡文化底蕴深厚。有次遇到海螺集团的老总，他说你那个地方的人有个显著的特点，就是不抱团，特别讲真理。这不就是陈独秀的遗风吗？我们确实有这个特点，不因为是同乡就结党。

故乡的人不论怎么穷困，砸锅卖铁也要供孩子读书。每年高考，我们那个地方的录取率都非常高。当年读书时，全国的录取率为4%，我们学校却是70%！

海子的《面朝大海，春暖花开》使他进入诗歌的殿堂，让人纪念。诗中"给每一条河每一座山取一个温暖的名字"，我明显感受到他就是汲取了故乡的营养。《日记》中的"姐姐，今夜我不关心人类，我只想你"，读了让人潸然泪下。海子多次以麦芒作为题材，这些都是和故乡紧密相连的。我原来喜欢写诗，但是一读海子的诗，就再也不敢写了！他的诗句充满了磁性，充满着太阳的光辉，充满着对人类的关怀。

如果说有什么遗憾的话，那就是我小时候从来没有听过黄梅戏，也不会唱黄梅戏。不知是故乡的基因还是其他原因，我特别喜欢黄梅戏的意境和腔调。经过我的详细考证，黄梅戏起源于我的故乡月山镇旁的黄梅山，人们劳作时边说边哼，慢慢就出现了这个在全国有影响的剧种。我的普通话到现在还特别差，就是黄梅戏调改不了。黄梅戏的《打猪草》就描绘了人们在田间劳作时欢快的心情。故乡的人热爱生活，热爱劳动，现在有许多老人年近九十还在田间劳作，他们把劳动当作生命的一部分，这个传统非常久。还有大家耳熟能详的《夫妻双双把家还》。无论哪个时代，无论是盛世还是乱世，人们追求幸福、追求爱情的心都是不变的，这也是人类幸福美好的源泉、艺术家创造灵感的源泉。我喜欢原生态，喜欢故乡描写原生态生活的黄梅戏。

上高一时，天没有亮、腹中空空，老师就要我们起床早读。"孔雀东南飞，五里一徘徊"，一千多年前就有这样凄美哀怨的爱情悲剧。故事发生地离我们上课的学校不到十公里，那时老师要求记下要点，背熟，高考会考。对于发生地，也就是焦仲卿和刘兰芝投河的地方，也没想过要去看看，因为高考是压倒一切的大事。现在悲剧发生的地方已经变成故乡的旅游景点。我喜欢"孔雀东南飞，五里一徘徊"的调，也为一千多年前有情人的命运而哀叹。

我一直认为，任何技术的东西，包括 iPhone，都会被历史的潮流淘汰、淹没，唯有文化生生不息。因为文化就是生活在这片土地上的人们的情感、情怀、爱恨离愁的艺术反映。文化像一条川流不息的河流，一直会在人类的生命里奔流不息。我喜欢弦歌不辍这个词。故乡的黄梅戏、孔雀东南飞、面朝大海春暖花开的诗歌，一定会随着岁月变迁而焕发出新的光彩。

我们所处的时代有幸遇到了改革家邓小平，开启了中华民族伟大时代的大幕。邓小平是一个有胆有识的改革家，面对错综复杂的社会矛盾敢于往前冲，同时又能够维持改革之车的平稳，把国家由封闭系统变成了一个开放系统。

小时候故乡的贫穷给我留下了难以磨灭的印象。因为穷，婆媳为了一点粮食争吵，甚至发生悲剧，兄弟为了谁赡养父母不和。所以，我一直希望周围的世界富足，人们生活幸福。我一直不太懂，小时候书上写的地主老财为什么家里富有、吃香的喝辣的，而周围都是连饭都吃不上的穷人。要我是那个老财主，我一定不幸福。

我一直认为自己是为市场而生的，就像柳传志说自己是为企业而生的一样。关于市场，我多年前说的话至今依然是对的：

只有充分的市场竞争，才能练就健全的国格和人格。

企业家永远都是在市场九死一生的检验中产生的。

企业家不仅是物质文明的创造者，也是精神文明的创造者。

和所有人比起来，相对来说企业家人格是最健全的人格。一个社会是否有希望，就要看年轻人是否都愿意到市场上去拼搏、是否有企业家成长的环境。如果一个社会的年轻人都争着去做公务员，这个社会就是有问题的。

我的性格耿直、简单，不会花言巧语。我最怕大好的青春时光被无谓地消磨掉，也不愿意天天在书斋里做模型、收集数据、做一些纯粹的智力游戏、讲别人的故事。我非常认同马云的观点：企业家不能完全听信经济学家，否则你的灾难就大了！

企业家是社会最稀缺的资源，是社会前进和文明的发动机。

我还在各种场合说过，20世纪60年代魏巍写了《谁是最可爱的人》，那时候志愿军是我们最可爱的人，而现在企业家是最可爱的人！

今天，"大众创业、万众创新"战略下的中国，正在不断激发市场的活力，企业家将越来越成为时代最可爱的人。

美国社会之所以保持旺盛的创造力和经济活力，就是由于有一批又一批的企业家。我国当前的经济创造出辉煌的成绩，也是由于涌现了一批企业家。

我一直认为人有两条生命：一条是物质的，一条是精神的。企业家人生大部分的时间是在满足精神的生命，物质的生命早已满足。但这个世界上的绝大多数人，终生在物质的生命里沉迷搏杀。有种说法和我所说的相似，就是人一直为两种东西在奋斗：一是为了欲望而奋斗，一是为了生命而奋斗。而企业家大部分时间是在为生命而奋斗。

企业家天生具有悲天悯人的情怀，对物质的欲望很少。所以乔布斯"活着就是为了改变世界"，盖茨希望每人桌面上都有台电脑。扎克伯克年纪轻轻就希望世界上所有人有更多的自由和幸福。这种情怀有许多是天生或者受童年的环境影响的。小时候饭都吃不饱，但只要看到小孩子讨饭到门口，母亲就特别受不了，宁可自己不吃也要匀一些给他们吃。

杜甫的"安得广厦千万间，大庇天下寒士俱欢颜"就是这种悲天悯人情怀的写照。知识分子包括白居易也写了不少同情劳动人民悲苦的诗歌，但他们无能为力，只能停留在同情的情感上。企业家用自己的整个人生改变自己周围甚至整个世界。如果由于自己使世界变得更美好、更幸福，他们就觉得最幸福。所以，从哲学上讲，人生有三个层次。第一个层次是为了自己，许多人连赡养父母都逃避，这是动物的层次。第二个层次是为了自己的家庭或家族，这个也是有责任感的层次。第三个层次是为了不知名的他人、为了这个世界，就是我们经常说的给予，这是企业家的层次。

企业家在残酷的市场上顽强拼搏，慢慢铸就了自己强大的内心。无论经受多少挫折、多少磨难，他们从不抱怨。所以企业家心里有着强大的正能量。我在企业里经常说，经营企业就是集聚正能量，一个不断发展壮大的企业，其正能量也是不断集聚的。

从故乡走出来26年有余，我度过了1978年、1988年、1998年、2008年，现在已经到了2018年。我的祖国从来没有这样好过，因为我看到一批批企业家在成长。中华民族是最有智慧、最勤劳的民族，当人民有充分的市场选择的自由时，就会涌现一批批伟大的企业家，这才是一个国家繁荣昌盛的根本！

行文至此，回望故乡，离家的游子在新的一年有什么感慨呢？两句诗最能代表此时的我：

"我见青山多妩媚，料青山见我应如是。"

我的故乡就是那如黛的青山，清秀妩媚，无论何时何地，永远那么亲切和美丽。

"相看两不厌，只有敬亭山。"今天的故乡面临城镇化改造的大潮，这是历史的潮流。故乡在时代的大潮里，也一定会变得越来越好、越来越有韵味。故乡是永远不会厌烦的。

我想，我遇到了最好的时代，遇到了一群企业家朋友，到了改革开放最前沿、竞争最充分的地方，所以才有少年的心、诗人的豪情、奋斗者的梦，才有相看两不厌的情怀，才有青山多妩媚的雅致。既然这样，那就加满油，收拾好行装，向着美好的人生征程继续前进！

图书在版编目（CIP）数据

企业家精神/黄文锋著.—北京：中国人民大学出版社，2018.3
ISBN 978-7-300-25468-5

Ⅰ.①企… Ⅱ.①黄… Ⅲ.①企业家-企业精神-研究 Ⅳ.①F272.91

中国版本图书馆 CIP 数据核字（2018）第 020680 号

企业家精神
——商业与社会变革的核能
黄文锋　著
Qiyejia Jingshen: Shangye yu Shehui Biange de Heneng

出版发行	中国人民大学出版社	
社　　址	北京中关村大街 31 号	邮政编码　100080
电　　话	010－62511242（总编室）	010－62511770（质管部）
	010－82501766（邮购部）	010－62514148（门市部）
	010－62515195（发行公司）	010－62515275（盗版举报）
网　　址	http://www.crup.com.cn	
	http://www.ttrnet.com（人大教研网）	
经　　销	新华书店	
印　　刷	北京联兴盛业印刷股份有限公司	
规　　格	160mm×230mm　16 开本	版　次　2018 年 3 月第 1 版
印　　张	19.25 插页 2	印　次　2019 年 3 月第 2 次印刷
字　　数	240 000	定　价　58.00 元

版权所有　　侵权必究　　印装差错　　负责调换